地铁工程设计与创新实践

张兆元　陈　欣　梁春圃　主编

中国石化出版社

图书在版编目(CIP)数据

地铁工程设计与创新实践/张兆元，陈欣，梁春圃
主编.—北京：中国石化出版社，2022.12
ISBN 978-7-5114-6872-7

Ⅰ.①地… Ⅱ.①张… ②陈… ③梁… Ⅲ.①地下铁
道-铁路工程-工程设计 Ⅳ.①U231

中国版本图书馆CIP数据核字(2022)第252393号

未经本社书面授权，本书任何部分不得被复制、抄袭，或者以任何形式
或任何方式传播。版权所有，侵权必究。

中国石化出版社出版发行

地址：北京市东城区安定门外大街58号
邮编：100011 电话：(010)57512500
发行部电话：(010)57512575
http://www.sinopec-press.com
E-mail:press@sinopec.com
北京柏力行彩印有限公司印刷
全国各地新华书店经销
*
787×1092毫米 16开本 12印张 328千字
2022年12月第1版 2022年12月第1次印刷
定价：128.00元

《地铁工程设计与创新实践》编委会

主　编　张兆元　中交第三公路工程局有限公司

陈　欣　广州地铁设计研究院股份有限公司

梁春圃　北京城建设计发展集团股份有限公司

副主编　倪士浩　中铁上海设计院集团有限公司

李　利　中铁第六勘察设计院集团有限公司

邓森林　湖南中铁山河建设工程有限公司

编　委　郑　超　深圳市市政设计研究院有限公司

唐志辉　中铁第六勘察设计院集团有限公司

王建鹏　中铁第六勘察设计院集团有限公司

蔡宗洋　北京城建设计发展集团股份有限公司

郭　青　中铁第六勘察设计院集团有限公司

杨明新　深圳市市政工程质量安全监督总站

张　鹏　铁科院(深圳)研究设计院有限公司

PREFACE
前 言

随着我国经济的迅速发展，生活水平的不断提高，城市轨道交通进入快速发展阶段，不同类型的轨道交通也进入了并行发展时期，呈现出多元化发展趋势，人们开始注重轨道交通与城市环境的协调发展。

地铁相对于既有的公路交通系统而言，具有运量大、能耗低、效率高、准时准点、快速安全等优点，已成为现代城市地下空间建设的重点。就地铁工程设计的特点而言，其建设周期往往很长，并且投资很大，同时，由于其沿线的方向上周边环境都在不断地变化，使得其规模要求也就不尽相同，设计中还必须关注施工技术是否具有很好的成熟性和可靠性等。由此可见，地铁工程设计的重要性。正是由于地铁工程设计的这些特点，使得在设计中往往会存在各种缺点或者问题，所以必须在现有技术的基础上，进一步地改进和完善相关技术设计，以便能够让设计更加合理，提高地铁的实际经济效益。

本书主要探讨地铁工程建设的设计流程和方法，提出自己的观点，做出最优的设计方案，更合理地应用于地铁建设。当前地铁工程设计中还存在一些缺点和问题，需要设计人员在现有的技术水平下不断学习，不断地改进，设计出最为合理、经济、科学的方案；对现状进行分析，对未来不断探索，寻求更为理想的设计方案。

PREFACE
前言

CONTENT

目录

第一章 绪论

第一节 地铁工程特点

随着城市的快速发展，拥挤空间已成为城市发展的瓶颈。近年来，高层建筑在大城市得到了迅速发展，但仍然不能解决城市空间资源拥挤的问题。各种高架桥、立交桥都根源于城市道路的拥堵，但它们并不能完全解决目前城市道路交通拥堵的现状。充分利用地下空间资源潜力已成为突破城市发展能力瓶颈的有效途径。

为了满足日益增长的交通量需求，有必要建设新的交通设施，提高交通设施的使用效率。当浅层地下空间得到充分开发利用时，研究、开发和利用深部地下空间是构建新型城市交通网络的最佳途径。从 1969 年北京长安街下的 1 号线建成到现在，我国城市轨道交通发展实现了长足的进步。特别是随着我国城市化进程的加快和小汽车的普及，各城市交通供需矛盾逐步显现，我国城市轨道交通的建设发展进入了一个快速发展时期。截至 2021 年底，中国大陆地区(不含港澳台)共有 50 个城市开通城市轨道交通运营线路 283 条，运营线路总长度 9206. 8km。其中，地铁运营线路 7209. 7km，占比 78. 3%；其他制式城轨交通运营线路 1997. 1km，占比 21. 7%。当年新增运营线路长度 1237. 1km。中国建设的速度和规模在世界上是罕见的。中国已成为世界上最大的城市轨道交通市场。中国各大城市对轨道交通项目建设有着强烈的需求，并正在积极发展。随着城市化的发展，我国一些大城市已经建成了自己的轨道交通网络，极大地提高了市民的出行效率，推动了城市化进程。

地铁是现代化城市交通系统体系中的重要组成部分，同时也是国家政策扶持的一个城市建设重点项目之一。随着业内企业的不断发展，地铁工程建设呈现出了迅猛地发展趋势。我国当前所开展的城乡一体化建设，其规模越来越大，需要城市交通的不断发展来为其提供条件。为此，地铁作为民众出行方便快捷的交通手段，在城市中受到了广大民众的青睐，越来越多的城市作出了地铁交通发展规划。地铁工程有以下特点：

(1) 地铁工程建设规模宏大，需要投入的工程资金较多。通常情况下，在开展地铁建设项目过程中，其车站造价会保持在 5 亿~6 亿元资金水平。以 15km 左右的地铁建设项目为例，在进行车站建设过程中通常需要设置 10~15 个地铁车站，平均造价大概需要 7 亿元/km，遇到较为复杂的地质条件时，所需资金甚至会达到 8 亿元/km。整个地铁总造价通常都超 100 亿元。在地铁工程建设过程中，其投资高、收益慢的特点，决定了其投资主体主要是以地方政府为主导。地方政府从当地财政资金中进行拨款建设，还有的城市地铁工程的部分项目选择了 BOT(即建设-经营-转让)或者 PPP(即政府和社会资本合作)模式，吸引社会资金参与到地铁工程建设中。

(2) 地质条件复杂，需要多专业交叉施工。地铁工程受工程地质复杂的影响，整个施工过程技术要求非常高。同时，工程建设中还包含了土建、轨道、机电设备安装、装修、通信信号、给排水、空调通风、供电、电力牵引、房屋建筑工程等许多专业。随着现代化城市建设的需求，地铁交通系统也在不发展，施工技术也得到突飞猛进的发展。现代地铁工程中，采用了超深基坑、超大面积车站等施工技术。此外，地铁工程多以地下工程为主，不同城市的地质水文条件各有差异，其条件复杂多变。在建设过程中经常会遇到人工填土、黏性土、淤泥质土、砂类土、残积土、花岗岩、微风化岩或孤石等土层。在部分地区，还存在溶洞及地层断裂破碎底层环绕的地质环境。为此，在施工过程中，则需要采取新工艺、新技术、新材料、新设备来保证工程质量。

(3) 工程建设需要大量的协调工作，对社会产生较大影响。地铁工程投资建设规模较大，并与社会民众的出行问题有着紧密的关联性。作为城市建设项目的一个重要工程，地铁工程施工选址通常都会在人流密集的市区中心或其周边地域。地铁工程在每个城市都是政府的重点工程，受地方政府和当地百姓的关注度极高。地铁参建单位包括建设、勘察设计、施工、监理、监测及质量检测等单位，专业多、环节多、接口多。同时，地铁工程与周边居民、与工程周边环境的权属管理单位的利益攸关、关系密切，沟通协调工作量大。

(4) 大交叉作业多，影响因素多。通常情况下地铁工程涉及的专业较多，施工位置也都是以市区为主且工期较紧。在地铁建设过程中，专业交叉作业较多，城市地下管线众多，交通状况复杂，线路部分还涉及征地拆迁。管道搬迁、道路搬迁和征地的进度将直接影响后期地铁项目的建设。地铁项目节点工期和总工期在项目可行性阶段已基本确定，因此需要在地铁建设过程中投入大量的人力、物力和财力，以促进管道、道路和征地拆迁的改造。需要政府多部门联动、协调和大力支持。

(5) 安全风险高，容易发生安全事故。地铁工程的安全风险主要包括工程本身和周围环境的风险。地铁工程的工作面大多在地下 10m 以上或更深。复杂的地质和水文条件给地铁建设带来了巨大的风险，水沙泛滥、围护结构失稳、坍塌等安全事故频发。此外，周边有许多建筑和市政管网，大多数施工现场都位于拥挤的区域。如果风险控制措施不到位，很容易发生安全事故，给项目本身及周边环境造成巨大损失和无法弥补的后果。

第二节　地铁发展简介

1863 年 1 月 10 日，在伦敦，地下铁路的诞生地，一条由查尔斯·皮尔逊于 1843 年设计和资助的 6km 长的城市地下铁路(“大都会区地铁”)，从帕丁顿运行到法林顿。动力是从英国铁路公司租用的蒸汽机车。虽然距离只有几公里，但这条线路仍然很成功。第一年，这条地铁载客 950 万人次，被誉为“地铁之父”。早期，地铁由蒸汽机车牵引。为了排烟，车站没有屋顶。尽管地铁设备简陋，污染严重，但它受到了公众的广泛欢迎。1890 年，第一条长 5. 2km 的电气化地铁开通。隧洞为圆形，内径 3. 10～3. 20m，内衬铸铁管段。地铁开始进入电力牵引的发展时期，显示出强大的生命力。1915 年，伦敦地铁开始形成一个大型网络。

有轨电车是中国最早的城市轨道交通系统，北京有轨电车早在 1900 年就出现了。最初从德国引进的有轨电车已建成马家堡至永定门的有轨电车线路，全长 7. 5km。后来，城市轨道交通发展缓慢，上海、沈阳、天津和哈尔滨都修建了有轨电车。有轨电车虽然给市民带来了方便，但也存在一些缺陷。例如，轨道影响路面改造和市政建设，容易造成交通拥堵、速度慢和噪声高。这一阶段可以说是中国轨道交通系统的萌芽阶段。由于经济实力和技术水平的原因，我国大运量城市轨道交通的建设起步较晚。北京是中国第一个建造地铁的城市。在新中国第一个五年计划期间，国务院决定修建北京地铁。1969 年 9 月 20 日，长 23. 2km 的北京地铁 1 号线正式通车。20 世纪 80 年代以前，我国地铁的规划建设不仅实现了城市客运的功能，而且考虑了战备的要求。20 世纪 90 年代，为了满足城市快速发展的需要，缓解城市交通紧张状况，中国政府加大了对城市交通基础设施的投资，开始强调轨道交通在城市交通系统和城市发展中的导向作用，发展大运量轨道交通系统的概念开始出现。20 世纪 90 年代，上海、广州、深圳和大连开始建设轨道交通项目，

截至 2019 年 6 月 6 日，已开通地铁的 33 个城市中，有 13 个运营里程超过 303km。其中，上海以 669km 的运营里程排名第一，北京以 617km 排名第二，广州以 473km 排名第三。在运营线路数量方面，北京、上海和广州分别以 20 条、15 条和 14 条线路排名前三。值得注意的是，虽然深圳也是一线城市，运营里程 285km，排名第四，但仍远远落后于北京、上海和广州。此外，武汉、成都、重庆等二线城市正在迎头赶上，运营里程与深圳的差距正在逐步缩小。就地铁计划总长度而言，北京、上海和广州的一级地铁超过 1000km，其次是深圳、武汉和成都的二级地铁，总长度超过 800km

第三节　我国地铁发展前景

随着一个个城市的地铁线宣布建设完工并投入使用，城市轨道交通网络布局越来越完善，我国的城市轨道交通迎来了发展高峰期，同时，其建设项目和规模的不断扩大，为轨道交通的周边产业也带来了新的发展机遇。根据当前各个城市发布的相关数据显示，我国的城市轨道交通规划总里程已接近 3 万公里，越来越多的城市加入轨道交通建设的大军之中。由此可见，我国的轨道交通建设即将进入高峰期。随着我国城市人口总量的不断上升，大型城市、超大型城市的增多，轨道交通的建设规模也随之壮大起来。作为重要的服务业，轨道交通显然是改善城市交通环境，提升城市整体形象的关键所在。从当前看，城市轨道交通建设已经是城市可持续发展的必然趋势。并且，轨道交通的建设也带动相关产业链的发展，促进了城市 GDP 总量的增长。在可以预见的未来，随着大数据、物联网等一系列先进信息技术的助力下，智慧城市的理念将极大推动现代化城市的发展。而城市轨道交通智能化、数字化、现代化也是必然的发展趋势。根据《关于进一步加强城市轨道交通规划建设管理的意见》中城市轨道交通建设申报条件的要求，现阶段我国已经有 50 多个城市符合建

设条件，而当前，拥有城市轨道交通配套设施的城市数量也不过 30 多个左右，所以说，我国将全面迎来城市轨道交通建设和发展的高速期。

（1）利用技术促进地铁发展，采用多系统共存的地铁模式。从规划或建成的地铁项目可以看出，地铁的发展离不开科学技术的进步，地铁交通网络的建设也应满足城市交通的需要。在建设过程中，地铁结合现代通信、现代网络等技术，推动地铁朝着智能化、便捷化的方向发展，使其在城市交通发展中发挥更大作用，提高地铁服务水平，确保地铁的安全和质量。

（2）探索各种融资方式和途径，解决地铁建设的财务问题。在城市地铁建设中，政府起着主导作用。地铁建设的大部分费用由政府出资。在地铁建设过程中，市政府拥有较高的银行金融信用，国内银行积极支持城市地铁建设。政府可以通过贷款获得资金，确保地铁建设的顺利实施。从相关数据可以看出，国内银行贷款资金约占总投资的 60%。以中国国家开发银行为例，自 1997 年以来，开发银行为政府的基础设施建设提供了巨大的财政支持。国家开发银行充分发挥中长期投融资和基础设施建设主力银行作用，大力支持我国城市轨道交通发展。截至 2020 年末，国家开发银行累计承诺贷款 3. 66 万亿元，累计发放贷款 1. 1 万亿元，支持了 47 个城市超过 1. 1 万公里在建和已开通运营的城市轨道交通建设项目。

城市轨道交通是现代大城市交通的发展方向。当越来越多的大城市面临交通拥堵等突出问题的时候，发展轨道交通不仅能够通过提供便捷的运输服务直接使市民获益，还能带动上下游产业链发展，并为沿线物业带来升值，是各地解决“大城市病”，推动经济社会高质量发展的有效抓手。除了国家开发银行的支持外，政府还从其他方面吸收资金，促进地铁设施的建设，并采取各种手段获得支持。从我国地铁建设的案例来看，银行在交通建设中的投资风险相对较小，回报相对较大，可以促进国内银行的可持续发展。对此，银行贷款强度越大，交通建设积极性越高。在推进城市交通建设的同时，也给政府财政带来了巨大压力。政府应采取其他融资方式来缓解融资压力。例如，公共部门和私营企业相互合作，促进地铁建设的发展，拓宽融资方式和途径，成为城市地铁交通网络发展的主力军。

（3）重视地铁安全，提高地铁安全性能。与其他公共交通工具一样，地铁在运营中也会遇到各种问题，如自然灾害和人为灾害。为了确保乘客的安全，地铁人员应做好准备，及时解决地铁运营中出现的问题，提高地铁安全性。有关部门和工作人员应高度重视地铁安全，确保人民生命财产安全。在地铁建设和运营过程中，有关部门应始终按照《关于进一步加强地铁安全管理的意见》的要求，加强地铁安全管理，建立交通安全评价体系。

（4）按照社会的城市地铁发展目标。在项目建设之前，首先要确立发展目标，努力朝着目标的方向发展，推进城市地铁交通建设。据目前 30 份城市地铁建设规划报告统计，地铁建设势不可挡。地铁可以促进城市经济的发展，方便居民的日常生活，刺激城市经济的发展，提高国民经济和社会效益。在制定地铁建设目标之前，有关部门应充分调查分析城市，实事求是，根据城市的具体发展情况，制定科学的地铁发展目标，以减少浪费，避免城市经济倒退，制定科学的城市发展目标。根据市民调查，首先确定地铁建设的方向和位置，尽量选择客流大的地区，可以大大提高地铁的利用率，减少政府的经济损失，促进交通的发展，带动城市的经济发展。

（5）推进城市地铁信息化建设。将地铁与信息技术结合在建设过程中，可以利用信息技术对地铁运营的全过程进行监控，实时监控和调整地铁运营速度、客流承载能力和实际运营情况。这种方法可以减少人力物力的浪费，充分发挥信息的优势，提高信息传输的速度，保证地铁的安全。相关部门可以在地铁内部建立专门的信息沟通渠道，将信息技术应用于地铁运营的各个方面，使信息沟通更加便捷，确保地铁的正常运营。

第二章

地铁车站建筑设计

第一节　地铁车站设计原则

一、地铁车站设计基本原则

（1）车站布局应符合城市总体规划、轨道交通线网规划和城市管线规划的要求，并与城市发展和周边环境相适应。

（2）地铁车站的建筑设计应符合地铁规范的技术要求。同时，在满足各项技术指标的情况下，结合近年来的技术进步、设计创新和规范更新，最大限度地优化车站的建筑方案。

（3）根据周边环境，确定合理的车站选址、车站用地性质、车站间距等因素，最大限度地吸引周边客流，使乘客安全、方便、快捷地进出车站。

（4）注重地铁建设与周边城市发展的均衡互动，为可持续发展创造条件。并妥善处理与地面建筑物、地面道路、地下管线和地下构筑物的关系，最终稳定站位，选择车站类型，合理控制车站规模。

（5）车站规模应根据初期、近期和远期最大设计客流和交通密度，以及车站自身交通管理和设备占用的需要进行控制。此外，考虑车站位置和该地区长期发展计划的重要性。

（6）车站布局合理，便于运营管理。还应确保客流的安全、顺畅和快速分布，并有许多明显的标志和消防设施。

（7）合理规划车站地面四小部分的位置：出入口、无障碍电梯、风亭、冷却塔，并根据车站及周边建筑的地面环境因地制宜灵活布置。如果可能的话，应与周围的建筑物一起建造。风亭的建筑形式应多样化，与环境相协调。

（8）车站建筑设计还应充分考虑与其他交通系统的衔接，形成顺畅、人性化、零距离、便捷的旅客换乘系统。

二、地铁工程设计中需要注意的事项

（1）地下车站公共区按通风系统设计，开、闭式运行。通风系统按远期高峰小时运行条件进行设计。

（2）高架车站公共区采用自然通风系统，开窗面积满足排烟要求；站厅公共区设供暖系统。

（3）满足地铁系统各种运行工况对通风系统的功能要求。

（4）地铁系统正常运行时，控制地铁系统内(车站和区间隧道)温度、空气质量、气流场和气流速度，为乘客提供过渡性较舒适的乘车环境，为管理人员提供较舒适的工作环境。

（5）列车阻塞在区间隧道时，对阻塞的区间隧道进行机械通风，提供列车空调系统运行所需的空气冷却能力，以在阻塞期间维持列车内乘客能接受的热环境条件。

（6）地铁系统内发生火灾时，根据火灾发生地的具体情况，采取有效的排烟措施，以便乘客安全撤离火灾区域和消防人员进行灭火工作。

（7）地铁针对火灾应贯彻“预防为主，防消结合”的方针。一条线路、一座换乘车站及其相邻的区间的防火设计应按同一时间发生一次火灾计。

（8）系统设计要安全可靠、技术先进、经济合理，系统运营模式注重节能运行，设备选型注重高效、节能和环境保护要求，特别是国产化要求。

（9）与地铁结合的物业开发建筑，其通风、空调系统单独设计，但进、排风井是否与地铁风井合用，需要根据具体情况来定。建议物业开发的排风井原则上与地铁分开设置。

第二节　地铁车站分类及规模

一、地铁车站分类

车站是轨道交通系统中的一座重要建筑。这里是乘客上下车、换乘和等待列车的地方。要确保乘客方便、安全、快速地进入车站，并有良好的通风、照明、卫生和防灾设备，为乘客提供舒适、清洁的环境。

城市轨道交通车站通常按车站结构、轨道设置和运营功能以及其空间位置进行分类。根据车站的空间位置，城市轨道交通车站有三种类型：地面站、地下站和高架站，主要适用于不同的线路。

（1）地面站。设置在一楼。由于其占用地面空间，很可能导致轨道交通线路通过的地面区域划分出现拥挤问题。因此，这种类型的车站普遍用于城乡接合部，其最大的优点是成本非常低。

（2）地下车站。受地面建筑物影响，轨道交通线路均设置在地下，车站也设置在地下，主要是根据埋深节省地面空间，可分为两种类型：浅埋台站和深埋台站。就成本而言，车站埋得越深，成本就越高。

（3）高架车站。位于高架桥桥面，结构相对简单，成本远低于地下车站。

（4）功能返回站。由于地理限制，城市轨道交通大部分中间站基本上没有道岔，直接通过上下游正线路。其缺点是后方车辆不能超车，没有调车作业条件。当车辆发生故障或其他事故时，不能进行紧急处理。为了提高设施设备发生意外故障时的应急处理能力，设计规范规定，每2~4个运营站应设置一个具有调车和存储能力的车站以及道岔、道口，车站应增加存储线或折返线，以增加车站的驾驶功能。具有调车、储存或折返功能的车站可称为功能性折返站，功能性折返站仅具有调车、存储和折返功能，用于在特殊情况下提供紧急备份。当正常运行且没有发生特殊事件时，这些功能基本上处于空闲状态。因此，在日常运营期间，功能性折返站不需要完全激活。

(5) 操作返回站。城市轨道交通在城市和郊区有不同的交通量。每条线路都很长，通常从城市的一边到另一边。这样就存在运营线中部客流密度高、运营线两端客流密度低的问题。为了有效利用运输能力，我们可以从客流出发，在城市地区选择客流密集的路段，增加往返列车的数量，这相当于公共交通系统的跨区域车辆。一些列车到达车站后会改变方向并折返。这样可以在一定程度上缓解交通拥堵，合理安排车辆利用率。拐点位置的选择依据：一是根据客流调查，二是根据车站线路配置，是否有折返功能。此类车站不仅具有折返功能，而且在日常客运过程中正式实施运营折返，称为运营折返站。运营折返站和功能折返站之间的主要区别在于，功能折返站不一定用作运营折返站。运营折返站必须首先满足功能折返条件；否则，无法执行折返操作。

对于地铁车站规模而言，可以将其划分为：A 级、B 级、C 级 3 个规模。

A 级：适用于客流量大，地处大型客流集散点以及地理位置十分重要的车站。

B 级：适用于客流量较大，地处市中心或较大的居住区的车站。

C 级：适用于客流量较小地处郊区车站。

二、地铁车型规模

地铁车型是指地铁(城市轨道交通)所用车辆的型号。一般而言，世界各地地铁车型没有统一的标准，往往是按照某个地方的地铁所需量身定制，比如纽约地铁的 A 系统和 B 系统。在中国大陆，地铁车型往往被分为 A、B、C 三种型号以及 L 型。

A 型车：车辆长度 21~24m、有效长度 22. 1m；车辆宽度 3m；每辆最大载客量 310 人；每辆列车通常一侧有五个门。

B 型车：车辆长度 19~21m、有效长度 19. 8m；车辆宽度 2. 8m；每辆最大载客量 240 人；每辆车辆通常一侧有四个门。

C 型车：车辆长度 15~19m；车辆宽度 2. 6m；每辆最大载客量 210 人；每辆车辆通常一侧有四个门。

L 型车：L 型车属于直线电机列车，不分尺寸和车辆定员以及每辆车辆的车门数。

见表 2-1。

表 2-1　地铁车型规模参数汇总表

参　　数	Ⅰ级	Ⅱ级	Ⅲ级	Ⅳ级	Ⅴ级
系统类型	高运量地铁	大运量地铁	中运量轻轨	次中运量轻轨	低运量轻轨
适用车辆类型	A 型车	B 型车	C 型车	C-Ⅱ型车	现代有轨电车
最大客运量/(单向小时人次)	4. 5 万以上	3. 0~5. 5 万	1. 0~3. 0 万	0. 8~2. 5 万	0. 6~1. 0 万
路形态	隧道为主	隧道为主	地下或架空	地面或地下	地面
路用情况	专用	专用	专用	隔离或少量混用	混用为主
平均站距/m	800~1500	800~1200	600~1000	600~1000	600~800
长度/m	200	200	120	<100	<60

续表

参　数	Ⅰ级	Ⅱ级	Ⅲ级	Ⅳ级	Ⅴ级
高低	高	高	高	低(高日)	低
车辆宽度/m	3.0~3.2	2.8	2.6	2.6	2.6
车辆定员/(单个车厢)	310	240	220	220	200
最大轴重/t	16	14	11	10	9
最大时速/(km/h)	80~160	100	80	70	40
平均运行/(km/h)	34~40	32~40	30~40	25~35	15~25
轨距/mm	1435	1435	1435	1435	1435
额定电压/V	DC1500V (1200V)	DC1500V (1200/750V)	DC1200V (750V)	DC600V (380V)	DC380V
受电方式	架空接触网	架空接触网/第三轨	架空接触网/第三轨	第三轨/地面轨道	地面轨道
列车自动保护	有	有	有	有/无	无
列车运行方式	ATO/司机驾驶	ATO/司机驾驶	ATO/司机驾驶	司机驾驶	司机驾驶
行车控制技术	ATC	ATC	ATP/ATS	ATP/ATS	ATS/CTC
列车编组	3~8	4~8	2~5	2~4	2
列车最小行车间隔/s	90	90	90	150	300

第三节　地铁车站总平面设计

一、设计原则

车站总平面布置设计应满足城市规划、轨道交通线网、城市交通规划、环境保护和城市景观的要求，最大限度地吸引客流。妥善处理城市交通、地面建筑(规划建筑)、地下管线(规划管线)和地下构筑物之间的关系，实现综合平衡，最大限度地减少房屋拆迁、管线拆迁和施工对地面建筑、城市交通、商业活动和市民的影响。

二、设计控制因素

(1) 现场施工现状。对现场周围现有环境进行客观、详细的调查是确保设计质量的关键步骤，也是现场方案设计的主要输入条件。主要调查内容包括：①车站环境；②当前道路交通状况；③地下管线。车站周边地块规划是客流预测的重要因素。它对车站规模的确定起着决定性的作用，影响着车站的布局。在地铁等交通方式的总体规划中，需要考虑车站与地面公交之间的换乘，实现有效衔接，以确保城市总体交通规划和地铁客流的需求。地面公共汽车作为城市公共交通系统的重要组成部分，必须与地铁出入口相连。这是衡量出入口布局合理性最重要的考虑因素之一。

(2) 车站配套工程与环境综合开发。为了实现社会的可持续发展，土地的综合开发利用势在必行。地铁车站作为城市重要的地下建筑，应加强与周边环境的协调和综合开发。这也是实现地铁建设可持续发展的重要途径。外部边界条件与外部条件的协调关系决定了总平面布置设计能否实施。在设计过程中，积极与周边相关单位就设计方案进行沟通协调，争取支持。

根据沟通情况及时修改和完善设计方案。主要内容包括：①车站相邻区段、配线设置（如有）及施工现场协调；②进出口、空气亭、冷却塔的设置及与周边边界的协调；③协调站场建设范围内的管线搬迁。地铁车站总平面布置设计的成果主要体现在车站位置及附属设施的布置方案中。地铁建设项目，不仅要考虑自身的建设和运营需要，还要尊重客观环境，以上述设计原则为指导，综合考虑各种设计控制因素，提高设计质量，确保方案的实施。

第四节　地铁车站建筑设计

地铁工程建筑学是一门综合性、系统性、综合性的专业。地铁车站的总体规划、配电功能和布局组织与建筑设计密切相关。

一、地铁车站功能及构成

1. 车站功能

（1）地铁站是供乘客进入和换乘的公共交通建筑。它是地铁大楼向乘客开放的重要窗口。需要满足列车停车、客流分布、合理客流引导、运营管理和系统设备正常运行的功能要求。车站设计的关键是合理有效地组织客流，使乘客能够方便、安全、快速地进出车站和换乘。

（2）地下车站应满足人民防空的功能要求。

（3）车站应满足消防要求。站房地下结构耐火等级为一级，设置防灾自动报警监测系统。车站紧急疏散应符合现行规范的要求。

（4）车站应便于残疾人进出。

（5）每个车站应配备适当数量的自动扶梯，以方便乘客进出。车站应配备良好的通风、空调和适当的照明。

（6）在条件允许的情况下，车站入口和出口处应考虑人行横道的功能。

2. 车站内部功能

通常根据车站的功能要求，车站由站厅、站台、管理设备用房、出入口及风道等组成。车站站台宽度、出入口通道、楼梯、自动扶梯数量及宽度、闸机数量等根据车站远期超高峰客流确定，并满足紧急情况下的安全疏散要求。各构件的承载力应相互匹配。

大厅公共区域平面应根据车站形式、客流、安保设施、自动售票机、楼梯、无障碍电梯等客运设施的布局综合确定，尽量减少客流交叉，使客流短、快、有序。站厅公共区域的布局应根据站台的形式、楼梯扶梯的布局来确定。公共区域应划分为非付费区和付费区，并用栅栏隔开。

AFC 闸机是付费区和非付费区的边界。应沿客流方向垂直布置，不得在出入境客流的交叉口，并应有足够的空间保证检票前客流的分布。一般情况下，进出境检票应分开安排，在售票处至候车台的客流线上设置入境检票机。出口值机柜台应位于从站台到出口通道的流线上。当入口和出口门机呈直线布置时，应提供适当数量的双向门。检票机除满足远期高峰小时设计客流要求(根据近期设计客流要求，预留远期设计客流要求的设置位置)外，还应与楼梯、自动扶梯的通过能力相匹配。检票口、出入口与自动扶梯、出入口之间的距离应符合《地铁设计规范》(GB 50157—2013)的要求。

3. 售票机的要求

售票机应位于乘客过街和干扰较少的地方。售票前应预留足够的空间供乘客查询、排队和工作人员使用。车票数量应能满足长期高峰小时客流的需要。各线路标准站公共区域出入口大门及售票、检票设备的布置应统一。各车站应根据客流情况，专业调整 AFC 计算的出入口门数量和车票数量。对于边站和换乘站，应根据车站客流、各出入口的定向客流、各设备与建筑楼梯和出入口的距离，合理布置站内设备。

4. 自动扶梯布局

对于标准岛式车站，为了使车站大厅层和站台层的上下客点均匀布置，最常用八字形布局，在有效平台中部设置无障碍电梯到达站台层。为了增加车站在紧急情况下的疏散能力，在电梯一侧设置 L 形楼梯，有的车站为了客流均匀，采用 T 形布局。自动扶梯布置应符合《地铁设计规范》(GB 50157—2013)的要求。

5. 站台层要求

站台是地铁停靠、乘客等候、上下车的地方。站台宽度主要根据车站远期高峰小时客流、楼梯宽度、结构布置等确定，并应满足《地铁设计规范》最低站台宽度要求。平台形式包括岛式平台和侧式平台。平台总宽度由侧平台宽度、立柱宽度、楼梯宽度和自动扶梯宽度组成。站台宽度按《地铁设计规范》(GB 50157—2013)第 9. 3. 2 条公式计算。一般来说，在计算中，普通车站的 b 值小于 2. 5m，在计算有效站台宽度 $BD(BC)$ 时，b 值取 2. 5。为统一全线标准站的布局，目前标准站站台宽度可设计为 11m。对于客流较大的车站，应根据远期高峰小时客流和超高高峰小时系数计算侧站台宽度，以确定有效站台宽度。需要特别指出的是，位于有效平台中间的自动扶梯三角机房侧平台的宽度以及机房两端伸入有效平台的宽度应考虑装修厚度的影响。因此，结构面到有效平台边缘的距离应设计为 2. 8m。侧站台宽度大于 2. 5m 的车站，侧站台宽度应考虑墙面装饰厚度。站台两端设备和管理室的计算长度不得超过一辆车的长度，与梯子或通道的距离不得小于 8m。

6. 平台板下设备层的自动扶梯和垂直升降机

车站站台应布置在纵轴上，占据站台板下侧的空间走廊，另一侧的走廊应连接并可用于铺设其他管道、服务通道和检查井。车站一般采用局部抬高站台板的方法来解决电缆夹层高度的问题。变电站夹层位于电柜下方，低点设置集水井。对于无坡度的车站，在车站一端设置废水池。在坡度为 2‰的车站，在线路最低点设置废水池，轨道沟内的排水通过套管引入废水池。一些城市已经在研究取消轨道底部和顶部的风道。环境控制与建筑密切配合，合理布置风室和风道。

7. 管理及设备用房

设备及管理用房是满足地铁运营及各系统设备技术要求的用房。地下车站的规模应结合车站的布局尽量控制规模。

(1) 管理室。包括车站控制室、站长室、接警处、警务监控机房、会议室、车站备品库、广告备品库、站务休息室、站台应急间、正线派班室及轮值值班室、乘务换乘室、乘务更衣室、票务管理室、男女更衣室、工作人员卫生间、保洁间。

(2) 设备间。牵引降压变电所：包括 0.4kV 开关柜室、35kV 开关柜室、1500V 直流开关柜室、整流变压器室、控制室、检修兼储藏室、制动能量回馈装置室等。弱电室：通信、信号、主控、警用等设备室、值班室。还有环控机房(包括冷水机房)、消防、给排水、屏蔽门、防淹门等房间。

(3) 其他类型。专用、综合等商业用房，商铺等主要管理设备用房应布置在一端。

根据车站情况，采用地下暗挖法修建的地下车站和高架车站的大型设备用房可布置在车站主体结构外。设备区不得有水管穿过变配电室。车站牵引变电所应位于站台层的一端，并与降压变电所相结合，形成牵引降压混合变电所。特殊情况下，也可根据土地条件设置在车站主体结构外，但电缆通道必须处理好。

二、地铁站建筑设计原则

地铁站的功能是聚集和疏散乘客、换乘和等待列车。也是设置地铁运营设备和办理运营业务的场所。其功能决定了其景观设计必须遵循实用、美观、经济的原则。

1. 实用性原则

实用性包括地铁站的公共性、舒适性和安全性。在宣传方面，车站建筑和景观应满足公众的需求，如与民用设施、乘客休息和等待期间的公共服务设施相结合，以及车站运营和指挥场所的舒适性。因此，在建筑设计中，我们应该充分利用不同的色彩来满足空间的采光，力求实现空间色调柔和舒适。在安全方面，车站建筑物的设计应考虑所有安全因素，例如，电梯和楼梯的数量、宽度和位置必须满足发生灾害时紧急疏散的要求；消防出口和应急避难所的说明必须详细明确。

2. 美学原则

地铁站是城市地铁文化最直接的体现，在设计中应予以考虑。此外，乘坐地铁时，乘客的所有活动基本上都是在地下进行的。因此，当从地面移动到地下时，环境会形成对比。乘客的第一反应是对车站整体环境设计效果的视觉和触觉体验，而艺术景观设计更容易满足乘客的视觉需求。

3. 经济原则

地铁建设投资巨大，建成后运营成本高，经济性往往受到实用性和美观性的限制。此外，中国的一些地铁项目在早期阶段就采用了国外贷款，附带条件是从贷款国购买技术设备，这增加了项目成本。降低工程造价的主要途径在于地铁车站的设计。最基本的要求是采用节能设备，避免追求豪华装修。国产化是工程设备国产化最基本、最有效的手段。

4. 车站安全

为了缓解城市地面交通日益紧张的局面，有必要建设城市地铁，地铁以其高效、安全、便捷、舒适的特点，已成为城市交通的发展趋势。然而，地铁作为地铁车站的主体，空间狭小，交通密度高，封闭性强。如果发生火灾，损失严重。因此，地铁防灾非常重要。地铁必须贯彻安全第一的宗旨，确保乘客的生命、健康和安全，确保车辆和设备运行的安全。做好地铁安全防护工作；预防为主，消防与工作方针相结合。安全防护主要是指防火、防洪、防雪、防滑以及地震、风灾、雷击、停车事故等防灾措施。防灾设计主要由建筑消防、消防给水、自动喷水灭火系统、气体灭火系统、事故通风排烟、防灾电源系统、防灾通信系统、防灾报警和综合监控系统组成。

第五节　车站环境设计

一、车站环境设计概述

在城市轨道交通车站外部环境的艺术设计方面，设计师在设计阶段主要注重城市轨道交通车站与外部环境的有机结合，使车站与周边环境和谐统一，在一定程度上对美化环境起到了重要作用。城市轨道交通车站占地面积大，部分城市轨道交通车站位于城市核心地带。车站周边有城市 CBD(中央商务区)、大学、政府行政机构等。因此，在城市轨道交通车站场外环境的艺术设计中，有必要考虑如何将城市轨道交通车站与外部环境相结合，以确保城市轨道交通车站在场外环境中不会显得突兀低俗。因此，设计人员需要充分调查城市轨道交通车站周围的外部环境，设计合理的连接通道、嵌入方案和集成方案，以最大限度地实现城市轨道交通车站的总体设计。同时，城市轨道交通车站外生态环境的可持续发展也是设计者应考虑的主要问题之一，也是公共建筑环境设计的主要要求之一。对于城市发展来说，生态环境保护已成为各行各业普遍关注的问题，关系到人们未来生活的延续。

作为一种绿色、环保、节能的交通方案，城市轨道交通场外环境艺术设计也必须遵循这一原则。因此，设计团队通常会在城市轨道交通车站建筑材料的选择上投入大量精力，以使建筑材料满足绿色、环保和节能的要求，如使用太阳能电池板、可降解材料等能够体现可持续发展设计理念的建筑材料。花卉、雕塑、绿化带等艺术装饰元素也能有效改善城市轨道交通车站外部环境。城市轨道交通车站已成为人们日常生活中不可或缺的一部分。人们每天或每天多次出现在城市轨道交通车站。因此，城市轨道交通车站场外环境的艺术装饰和设计非常重要，可以最大程度上美化城市轨道交通车站的形象。从宏观上看，城市轨道交通车站外部环境所呈现的景观构成了每个城市的独特景观，这在城市居民的视野中是不可忽视的。从城市轨道交通的角度来看，它可以从城市轨道交通和自然娱乐的角度吸引更多的城市居民，促进城市轨道交通的发展。

二、车站环境设计标准

1. 新风量标准

当地下车站公共区采用通风系统开式运行时，每个乘客每小时需供应的新鲜空气量不少于 $30m^3$；当采用通风系统闭式运行时，每个乘客的新风量不应少于 $12.6m^3$，且系统的新风量不少于总送风量的10%。

地下车站设备及管理用房内每个工作人员的新风量不应少于$30m^3/h$。

区间隧道内每个乘客每小时需供应的新鲜空气量不小于$12.6m^3/h$。

2. 人防设计标准

清洁式通风新风量应不小于$5m^3/h \cdot p$。

3. 二氧化碳浓度及含尘量标准

（1）地下区间隧道、地下车站公共区空气中的CO_2日平均浓度应小于0.15%。

（2）地下车站设备及管理用房空气中的CO_2日平均浓度应小于0.1%。

（3）地下车站公共区空气中粒径小于或等于10μm的颗粒物日平均浓度应小于$0.25mg/m^3$；车站设备及管理用房内空气中粒径小于或等于10μm的颗粒物日平均浓度应小于$0.15mg/m^3$。

4. 防排烟设计标准

（1）地铁针对火灾应贯彻"预防为主，防消结合"的方针。按一条线路、一座换乘车站及其相邻区间同一时间内发生一次火灾考虑。当同一区间隧道内存在有两列车同时运行的情况时，为减少烟气对非火灾列车乘客的影响，应考虑设置区间风井。

（2）地下车站的站厅公共区和设备管理区应采用挡烟垂壁或建筑结构划分防烟分区，防烟分区不应跨越防火分区。站厅公共区内每个防烟分区的最大允许建筑面积不应大于$2000m^2$，设备管理区内每个防烟分区的最大允许建筑面积不应大于$750m^2$。

（3）下列场所应设置排烟设施：地下或封闭车站的站厅、站台公共区；同一个防火分区内总建筑面积大于$200m^2$的地下车站设备管理区，地下单个建筑面积大于$50m^2$且经常有人停留或可燃物较多的房间；连续长度大于一列列车长度的地下区间和全封闭车道；车站设备管理区内长度大于20m的内走道，长度大于60m的地下换乘通道、连接通道和出入口通道。

（4）防烟楼梯间及其前室应设置防烟设施。地下车站设置机械加压送风系统的封闭楼梯间、防烟楼梯间宜在其顶部设置固定窗，但公共区供乘客疏散、设置机械加压送风系统的封闭楼梯间、防烟楼梯间顶部应设置固定窗。

（5）排烟风机及风管的风量应符合下列规定：①排烟量应按各防烟分区的建筑面积不小于$60m^3/(m^2 \cdot h)$分别计算。②当防烟分区中包含轨道区时，应按列车设计火灾规模计算排烟量。地下站台的排烟量除应符合本条①、②规定的要求外，还应满足站厅到站台的楼梯或扶梯口处具有不小于1.5m/s的向下气流。排烟风机的风量应按所负担的防烟分区中最大一个防烟分区的排烟量、风管（道）的漏风量及其他防烟分区的排烟口或排烟阀的漏风量之和计算。排烟风机的风量不应低于$13000m^3/h$。

（6）机械排烟系统中的排烟口和排烟阀的设置应符合下列规定：排烟口和排烟阀应按防烟分区设置。防烟分区内任一点至最近排烟口的水平距离不应大于30m，当室内净高大于6m时，该距离可增加至37.5m。排烟口底边距挡烟垂壁下沿的垂直距离不应小于0.5m，水平距离安全出口不应小于3.0m。排烟口的风速不宜大于7m/s。正常为关闭状态的排烟口和排烟阀，应能在火灾时联动自动开启。建筑面积小于或等于$50m^2$且需要机械排烟的房间，其排烟口可设置在相邻走道内。

（7）排烟区应采取补风措施，并应符合下列规定：当补风通路的空气总阻力不大于50Pa时，可采用自然补风方式，但应保证火灾时补风通道畅通。当补风通路的空气总阻力大于50Pa时，应采用机械补风方式，且机械补风的风量不应小于排烟风量的50%，不应大于排烟量。补风口宜设置在与排烟空间相通的相邻防烟分区内；当补风口与排烟口设置在同一防烟分区内时，补风口应设置在室内净高1/2以下。排烟风机宜设置在排烟区的同层或上层，并宜与补风机、加压送风机分别设置在不同的机房内，排烟管道宜顺气流方向向上坡或水平敷设。地下车站的排烟风机确需与补风机、加压送风机共用机房时，设置在机房内的排烟管道及其连接件的耐火极限不应低于1.50h。地下车站的排烟风机在280℃时应能连续工作不小于1h。

5. 用于防烟与排烟的管道、风口与阀门应符合的规定

（1）管道、风口与阀门应采用不燃材料制作。

（2）排烟管道不应穿越前室或楼梯间，必须穿越时，管道的耐火极限不应低于2h。除承担轨行区域的防排烟系统外，其他区域的防排烟系统管道应采用金属或其他非土建井道。金属防烟或排烟风管道内的风速不应大于20m/s，非金属防烟或排烟管道内的风速不应大于15m/s。除隧道通风系统外，下列部位应设置防火阀，防火阀的动作温度应根据风管的用途确定：垂直风管与每层水平干管相接处的水平管段上；排烟风机的入口处；风管穿越防火分区的防火墙和楼板处；风管穿越有隔墙的变形缝处。排烟管道的耐火极限应满足《建筑防烟排烟系统技术标准》（GB 51251—2017）第4.4.8条的要求。机械加压送风管道的耐火极限应满足《建筑防烟排烟系统技术标准》（GB 51251—2017）第3.3.8条的要求。补风管道耐火极限不应低于0.50h，当补风管道跨越防火分区时，管道的耐火极限不应小于1.50h。排烟管道不应穿越前室或楼梯间，必须穿越时，管道的耐火极限不应低于2.0h。

6. 噪声标准

（1）通风、空调设备传至站厅、站台的噪声≤70dB（A）。

（2）通风、空调设备传至设备与管理用房各房间的噪声≤60dB（A）。

（3）通风、空调机房的噪声≤90dB（A）。

（4）通风、空调设备传至地面风亭的噪声应符合《声环境质量标准》（GB 3096—2008）的要求。

7. 风亭设计标准

（1）地面进风风亭应设在空气洁净区域，并尽量设在排风亭的上风侧，排风亭口部的设置应尽量避开当地年最多风向。进、排风亭的口部宜错开方向布置，且距任何建筑物的直线距离应大于5m。

（2）当进、排风亭合建时，排风口应比进风口高出5m，或风口错开方向布置，且进、排风口最小间距应大于5m；当采用敞口低风亭时，其他建筑物的口部与风井之间以及进、排风井之间的最小净间距不宜小于10m，风井底部应设排水措施，风口最低高度应满足防淹要求。

（3）当排风口单独设置时，可采用敞口低风井，风井底部应有排水设施，风口最低高度应满足防淹要求，开口处应有安全装置，风井的周边应绿化。

(4) 进风亭格栅底部距地面的高度应大于2m，当布置在绿地内时，高度不宜低于1m。

(5) 风亭出口的噪声应符合现行国家标准《声环境质量标准》(GB 3096—2008)的规定。

8. 系统构成及功能

通风系统由车站公共区通风系统、区间隧道通风系统以及设备和管理用房通风空调系统组成。其中，车站公共区通风系统、区间隧道通风系统集成设置，通过运行模式的转化，可以实现车站与区间的开式运行、闭式运行、区间阻塞通风、区间火灾排烟和夜间通风。

地铁通风、空调与供暖系统应具有下列功能：地铁系统正常运行时，控制地铁系统内(车站和区间隧道)温、湿度、空气质量、气流场和气流速度，为乘客提供过渡性较舒适的乘车环境，为管理人员提供较舒适的工作环境。

地铁系统内发生火灾时，根据火灾发生地的具体情况，采取有效的排烟措施，以便乘客安全撤离火灾区域和消防人员进行灭火工作。

第三章 有轨电车车站设计

第一节 有轨电车设计原则

一、与城市土地的关系

现代有轨电车网络规划应与城市发展、空间结构和土地布局紧密结合，支持城市总体规划，引导城市发展，实现交通与城市发展的互动。现代有轨电车系统的功能定位应与区域特色相协调。根据不同城区的规划发展特点，制定不同的功能定位和发展目标。现代有轨电车规划应与城市土地利用性质相协调，高效便捷地连接主要步行中心、发达商业区和主要居住区。沿线用地布局还应考虑客流的产生和吸引，以确保线路的运营效率。为保证现代有轨电车的实施，应严格控制规划线路沿线及车站设施周边用地。为了充分发挥现代有轨电车对城市发展的促进作用，实现交通与城市的一体化发展，需要制定现代有轨电车与土地的协调发展战略，优化完善车站周边土地利用规划和基础设施规划，提高交通设施利用率，促进沿线土地集约利用。

二、与其他运输方式连接

现代有轨电车系统与城市对外交通相连接，城市常规轨道交通、机动车、自行车和步行系统合理连接，形成多层次、复杂、高效的综合交通系统。现代有轨电车系统依赖于交通枢纽与其他交通方式之间的连接。枢纽应根据运输功能进行分类。不同层次的枢纽形成相应的土地布局特征和配套交通服务。

（1）与大型外部交通枢纽或轨道交通换乘的车站被视为主要枢纽。

（2）与 3 条以上常规公交线路换乘的车站视为二级枢纽。

（3）其他车站被视为三级枢纽。

现代有轨电车与轨道交通换乘，换乘距离应小于 150m。加强车站周边慢行设施的布局规划，完善有轨电车。

三、与道路系统的关系

现代有轨电车作为一种主要布置在城市道路上的地面公共交通方式，应加强道路铺设方式和路段布局形式的规划设计，实现有轨电车与道路交通的协调。现代有轨电车原则上不安装在高速公路和主干道上，而是安装在一般主干道或二级公路上，以实现道路交通功能和通道上公共交通功能的分流，有利于交通组织，减少相互干扰。对于布置在支路或绿化带上的有轨电车线路，应根据土地利用规划和线路两侧的交通特点，采用特殊的交通组织方式。在线路选择的专项规划阶段，应对现代有轨电车沿线的道路交通组织方案进行专项研究，并采取相应的交通管理措施，以实现全线列车运行速度的目标。

四、与常规公共交通系统的关系

现代有轨电车网络是在常规公交网络的基础上规划的，是对常规公交系统的整合和完善。有轨电车线路常规公交线路，应优化调整线路，加强换乘衔接。

五、选线布置及运营组织原则

线路走向和车站布局应与城市用地布局和交通紧密联系，支持区域发展，引导城市扩张。有轨电车规划首先要形成网络，每条线路之间要预留网络运营条件，为有轨电车线路的灵活运营组织提供依据。线路走向应与城市主要客流方向一致。线路规划应与城市轨道交通建设、城市道路建设紧密结合。

六、网络设施资源共享

资源共享是集约利用土地、充分发挥设备效益、节约投资的主要措施。资源共享要求每条线路连接到整个网络，每条线路上的设备成为网络上的公共资源。在资源共享线路之间建立通信通道是资源共享的必要条件之一。根据不同模型的分类，同一模型的资源一般是共享的。运营管理趋于集中统一，体现了运营管理的先进性、完整性和网络化。通常在新市镇设立车辆段和控制中心。现代有轨电车车辆段应充分考虑与其他设施的结合，集约利用土地。建设重点应与常规公交车站、社会公共停车场、公共设施相结合，并预留合建条件。

七、环境景观

有轨电车的环保设计应遵循统一规划、合理布局、综合治理、防治结合的原则。有轨电车车型的选择应优先考虑成熟、安全、经济、可靠、环保的车型。有轨电车的外形设计应考虑区域形象和周边环境的影响。有轨电车运行引起的振动和噪声应符合现行国家或行业设计规范的要求。线路选择阶段应充分考虑有轨电车沿线现有和潜在的环境影响源，并在实施阶段采取相应措施，以满足环评要求。

第二节　有轨电车分类及规模

现代有轨电车可根据层高、系统和供电方式进行分类。

一、按地板高度

为了满足人性化设计，适应有轨电车的发展趋势，现代有轨电车系统大多采用低地板车辆。由于传动系统和电气设备布置的限制，现代有轨电车分为50%～70%低地板有轨电车、100%低地板有轨电车和超低地板有轨电车。该划分基于低地板部分面积与客室面积的比率。通常低层部分占客房面积的比例等于1的面积，是100%低层，小于1是部分低层。目前，我国低地板有轨电车的形式主要有70%和100%，两种低地板车辆各有优缺点。70%低地板现代有轨电车在长春、大连等中国城市拥有成熟的生产运营经验，车辆购置成本为1200万～1700万元/组。全寿命周期的平均维护费用为每年60万～100万元(因模块数量、车辆结构和性能的不同而不同)。国产化率高，可达90%以上，车辆价格相对较低。

二、根据轮轨系统

根据形状系统的不同，现代有轨电车主要分为钢轮钢轨和橡胶轮+导轨两种系统。例如，广州海珠有轨电车示范线为钢轮轨道有轨电车，天津新交通试验线为橡胶轮+轨道有轨电车。钢轮轨系统有轨电车的建设成本为每正线公里1亿～1.8亿元。橡胶轮+导轨的建设成本仅为每正线公里7亿元左右。橡胶轮导轨有轨电车具有加速度大、爬坡能力强的优点，但也存在一些缺点，如橡胶轮胎容易磨损，橡胶颗粒容易污染环境，路面需要定期保养。钢轮轨道车的性能相当，但车身更宽更长，载客量增加。同时，钢轮钢轨系统经过一百多年的发展，技术已经非常成熟，性能相对可靠，维护相对容易。因此，国内绝大多数城市都选择钢轮钢轨系统。

三、根据供电系统

根据供电系统，主要分为接触网供电、地面供电和储能供电。地面电源分为阿尔斯通APS系统、庞巴迪PRIMOVE系统和安萨尔多TramWave。储能电源分为电池、超级电容器和氢燃料电池。

(1)阿尔斯通APS系统：APS系统的原理是第三轨的接触供电(分为供电段和绝缘段)，即当有轨电车通过中央轨供电段时，中央轨将通电，并由安装在车下两个转向架上的集电靴供电。有轨电车配有存储装置。有轨电车通过绝缘区段时，依靠存储设备运行到下一区段。地面电源不能适应雨雪等自然环境，对运行影响较大。

(2)庞巴迪PRIMOVE系统：当车辆运行或静止时，PRIMOVE系统可以充电。该技术基于非接触式感应电力传输，与该公司的MITRAC节能系统相结合，使有轨电车能够存储和制动运行期间获得的能量。电源在汽车和轨道下是看不见的，可以适应任何天气，不受地面条件的影响。

(3)安萨尔多电车波：是安萨尔多公司开发的地面供电系统。主要通过设置在地面上的内部电源模块传输电流，该模块由车辆在本段移动状态下激活，以达到供电的目的。这种供电方式除车辆相应区段外不充电，在保证工程建设的前提下属于更安全的供电方式。

(4)蓄电池供电方式：通常与接触网供电结合使用。当线路通过点无法架设架空线路时，可利用蓄电池作为短距离电源通过区间，然后通过接触网电源给蓄电池充电。虽然蓄电池不满足架空线路供电的可靠解决方法，但也存在一定的问题，如充电时间过长。

(5) 超级电容器供电方式：有轨电车超级电容器作为供电系统供电，满足有轨电车在无连接道路上的运行。超级电容器最大的优点是充电和放电速度快。随着超级电容器能源技术的进步，超级电容器已逐步应用于有轨电车中。车载储氢瓶由碳纤维制成，可承受高达1000kg的高气压。智能检测系统还为氢燃料电池系统提供两级保护。此外，氢燃料电池在整个反应过程中的最高温度不超过100℃，不会产生氮氧化物，唯一的产物是水，既安全又环保，作为有轨电车储能装置，一次充氢15min，可连续运行100km。

综合来看，各种供电系统各有优缺点。基于国内有轨电车线路和车辆的安全可靠性，主要采用接触网供电。至于接触网对城市整体景观的影响，国内有轨电车线路规划中也在研究取消接触网的问题。目前，电池、超级电容器和氢燃料电池存在明显的安全风险。在充分保证安全的基础上，随着技术的进步，有轨电车必然会朝着车载储能供电的方向发展。

第三节　有轨电车车站形式设计

一、车站设计原则

有轨电车车站设置要符合地方城市国土空间规划，按照“安全可靠、技术先进、经济适用”的原则，妥善处理与城市道路交通、地面建构筑物、地面与地下管线之间的关系，并满足城市景观及环境保护要求。要在积极融入地方、城市景观环境的同时，塑造新型城市景观形态。站位和车站形式的选择应根据周边建筑、用地规划、道路条件、线路条件、交通条件、行车组织、地下管线、施工工法等因素，综合确定。车站设计必须满足客流和行车组织与运营管理、机电设备的要求，保证乘客使用安全、方便。车站设计规模和平面形式应根据近远期客流和车辆运营进行控制，保证站台通行能力，便于乘客快速方便进出站。具体来说，应遵循以下原则：

(1) 车站的总体布局应符合城市交通规划、环境保护和城市景观的要求，妥善处理好沿线建(构)筑物、地下管线等的关系，尽量减少影响。

(2) 为充分体现“安全、可靠、经济、适用”的建设目标，应合理确定车站类型、规模和车站布置形式。在满足乘客需求、运营管理与行车安全的前提下，充分利用地形、地貌条件，有效控制车站规模，使车站设计能够体现出综合最优效果。

(3) 站台形式应结合城市风貌、环境条件、道路条件、路幅构成等，选择合理的方案，最大限度地方便乘客，并减小对地面交通的影响。

(4) 有轨电车通常都行走在城市道路上，应合理组织乘客进出站，以及行人的过街，避免人行系统和车流的干扰和交织。

(5) 车站建设需考虑对周边环境、交通、既有建(构)筑物的影响，强调车站的可实施性。

(6) 车站位于城市道路上，作为城市的主要组成元素之一，应结合城市文化、历史、区域环境考虑车站造型，并结合车站设备布局进行景观设计，营造适合本地环境的车站形象。

（7）车站应注意建筑体量、造型、材料对周围环境的影响。车站宜采用敞开式风雨棚，以达到通风良好、通透明亮的效果。建筑造型应充分体现交通建筑简洁、明快的特色，富有时代气息，同时车站应考虑无障碍设计。

（8）车站进出口和过街斑马线的位置应符合规划部门的规划要求，尽量与周边现有或规划情况结合考虑，减少影响。

二、地面站车站设计分析

（一）根据与道路的关系分析

根据车站与道路的关系，车站有路中敷设、路侧敷设、双向同侧敷设 3 种方式。3 种地面敷设方式的比较如表 3-1 所示。

通过对地面站 3 种敷设方式的比较，路中敷设方式优势较大，建议对于路中有绿化带的既有道路和新建道路优先推荐路中敷设，结合隔离带设置，可减少对交通的影响；对于路中无绿化隔离带的既有道路，可优先考虑双向同侧敷设。

表 3-1　3 种地面敷设方式的比较

敷设方式	路中	双向同侧（单侧）	路侧（两侧）
站台形式	岛式、侧式、混合式、单侧式	岛式为主侧式	侧式为主岛式
交叉口通过能力	强	较强	弱
与沿线交通关系	与交通相互影响小，可利用中央分隔带	对一侧交通影响十分严重	受交通影响大，效果差
乘客乘降	利用路口人行道进入车站，路中站台可称为路人二次过街的安全岛	方便	如换到侧方乘车极为不便
道路改造	既有改造不便，未来改造不影响	既有改造方便，未来改造影响小	既有改造方便，未来改造影响大

（二）根据站台形式分析

车站根据站台形式的不同可选用岛式、侧式或岛侧混合式。岛式车站有标准岛式、分离岛式和加长岛式（组合岛式）3 种；侧式车站有对称侧式、错开（位）侧式、单侧式 3 种；混合式车站包含岛式站台和侧式站台，通常应用于换乘车站，使用较少。

标准岛式车站，站台位于两线之间，两线共享一个站台，站台设置于路口一侧；分离岛式车站，站台位于两线之间，宽度为标准岛式站台的 1/2，上下行站台一般分设于十字路口两侧；加长岛式（组合岛式）车站，站台位于两线之间，宽度为标准岛式站台的 1/2，长度为标准岛式站台的 2 倍，进出站可以为一端进出站、两端进出站、中间进出站 3 种形式；对称侧式车站，两线位于站台中间，上下行两个方向站台对称布置，站台设置于路口一侧；错开（位）侧式车站，两线位于站台中间，上下行两个方向站台对称布置，上下行站台一般分设于十字路口两侧。各种站台形式特点比较如表 3-2 所示。

表 3-2 各种站台形式特点比较(以路中设站为例)

站台形式	特 点
标准岛式	占用道路断面宽度比对称侧式小，较分离岛式和加长岛式大，宜采用鱼腹式站台方式；乘客中途折返方便，站台利用率高，可以分散人流； 站台共享，乘客不易乘错车； 当车站采用天桥或地下通道进出站时，便于设置无障碍电梯
分离岛式	站台宽度小，占用道路资源较少，有利于交叉口交通组织； 车辆单侧停靠，乘客容易乘错车，且早晚高峰时段站台单侧客流不均衡； 乘客进出站必须单侧过轨
加长岛式	站台宽度小，占用道路资源较少，有利于交叉口交通组织； 站台长度大，根据线位条件及道路情况设置，一般较少用； 车辆单侧停靠，乘客容易乘错车，且早晚高峰时段站台单侧客流不均衡； 乘客进出站必须单侧过轨； 当只设一处进站通道时，一侧站台乘客需要通过另一侧站台到达进站通道
对称侧式	乘客对冲相对较小； 占用道路断面宽度大； 车辆单侧停靠，侧式站台乘客容易乘错车，且早晚高峰时段站台单侧客流不均衡
错开侧式	乘客对冲相对较小； 占用较少道路资源，有利于交叉口交通组织； 车辆单侧停靠，侧式站台乘客容易乘错车，且早晚高峰时段站台单侧客流不均衡
单侧式	一般用于首末站(少用)，乘客不会上错车，但站台宽度应适当加宽； 设于路中时占用道路资源多，一般设置于路侧

岛式站台较侧式站台优势明显，一般优先选择标准岛式站台和分离岛式站台，位于既有道路且道路较窄可考虑设置加长岛式，设置加长岛式车站可将进出站设置于站台中间，避免一端进站需通过另一侧站台情况。单侧式站台可用于一侧无交通情况。

(三) 根据进出站形式分析

车站根据进出站形式分为地面进出站、高架进出站、地下通道进出站 3 种形式。地面进出站一般结合人行横道进行设计；高架进出站和地下通道进出站要综合考虑无障碍设施开展设计，势必增加工程成本。因此一般情况下优先选择地面进出站，在既有交通客流量较大时可采用高架进出站，当有景观要求时，可考虑地下通道进出站。

(四) 地面车站形式

系统分析梳理与道路的关系、站台形式、进出站方式 3 要素后，有轨电车地面车站形式总结如表 3-3 所示。

表 3-3　现代有轨电车地面站车站类型表

站台形式		路中			双向同侧(单侧)			路侧(两侧)		
		地面进出站	地下通道进出站	高架进出站	地面进出站	地下通道进出站	高架进出站	地面进出站	地下通道进出站	高架进出站
岛式	标准岛式	常见	有时	有时	常见	特殊	特殊	特殊	特殊	特殊
	分离岛式	常见	有时	有时	常见	特殊	特殊	特殊	特殊	特殊
	加长岛式	常见	有时	有时	常见	特殊	特殊	特殊	特殊	特殊
侧式	对称侧式	常见	有时	有时	常见	特殊	特殊	特殊	特殊	特殊
	错位侧式	常见	有时	有时	常见	特殊	特殊	特殊	特殊	特殊

有轨电车地面站造价低、工期短，是车站设计中的首要选择。当地面站位于路中时，常见的进出站方式是采用地面进出站，若所在道路交通量大，为不影响道路交通，有时会采用高架进出站、地下通道进出站的方式，苏州有轨电车有的就采取此种形式。当地面站位于单侧时，常见的进出站方式也是采用地面进出站，受周边环境影响极特殊情况会采用地下通道和高架进出站，黄浦区有轨电车 5 号线一期工程中有过类似车站。特殊情况下有轨电车会采用两侧敷设的方式，一般只采用地面进出站，若受道路影响另一侧客流不方便地面进出站，可采用高架或地下通道进出站。

一般地面站车站形式可以采用岛式和侧式站台的任何类型。

三、高架站车站设计分析

高架车站根据与道路的关系一般分为路中敷设和双向同侧(单侧式)敷设，一般不采用路侧敷设。根据与站台的形式分析，高架站一般只有高架标准岛式和高架对称侧式，以侧式车站居多。

根据高架车站的进出站形式分析车站可分为天桥与站台平接进出站、天桥在高架车站上面进出站、天桥在高架车站下面进出站 3 种进出站方式。当没有过轨要求时可以采用平接进出站，当有过轨要求时，可采用天桥在高架车站上面或下面进出站的方式。

根据与道路的关系、站台形式、进出站方式 3 要素进行系统分析梳理后，有轨电车高架车站形式总结如表 3-4 所示。

表 3-4　现代有轨电车高架站车站类型表

站台形式		路中/双向同侧(单侧)		
		天桥与站台平接	天桥在高架车站上面	天桥在高架车站下面
岛式	标准岛式	常见	常见	特殊
侧式	对称侧式	常见	常见	特殊

当有轨电车有周边环境影响，或者有行车速度要求时采用了高架站，则一般车站站台形式为对称侧式或者标准岛式，其他车站站台形式不予考虑。敷设方式一般只选择路中或单侧敷设，一般不考虑两侧敷设。进出站方式在没有过轨要求时可采用天桥与站台平接方式；不能过轨时一般选择天桥在高架车站上面或下面进出站。

四、车站其他设计

（一）站台宽度

有轨电车车站站台宽度受不同因素影响，取值大不相同。现以某工程可研阶段的客流数据为例，对有轨电车站台宽度进行计算，客流控制期为远期早高峰，岛式车站 $Q_{上、下}$ 约为4000 人次/h，侧式车站 $Q_{上}$ 约为 2200 人次/h，行车对数为 20 对。

站台宽度计算公式为：

$$B=(Q_{上,下}\times\rho)/L+b+z+w \tag{3-1}$$

式中：B 为站台宽度；$Q_{上、下}$ 为客流控制期超高峰时段每辆车上下车设计客流量，换乘车站含换乘客流量，高峰小时系数取 1.1～1.3；ρ 为站台上人流密度，m^2/人；L 为供乘客降区域的站台长度，m；b 为站台安全防护带宽度，取 0.4m；z 为站台上设施设备和结构柱宽度，m；w 为流动客流占用宽度，m。

（1）无楼扶梯及垂直电梯。

标准岛式站台：$B=[(4000/20)\times0.5]/40+0.4+0.15+0.9=3.95$m，取 4m 即可满足客流要求。

侧式站台、加长岛式、分离岛式站台：$B=[(2200/20)\times0.5]/40+0.4+0.15+0.9=2.825$m，取 3m 即可满足客流要求。

（2）站台设置楼扶梯及垂直电梯。

标准岛式车站：$B=[(4000/20)\times0.5]/40+0.4+0.15+1.8+0.9=5.75$m，取 6m 即可满足客流要求。

侧式站台、加长岛式、分离岛式车站：$B=[(2200/20)\times0.5]/40+0.4+0.15+1.8+0.9=4.625$m，取 5m 即可满足客流要求。

（3）过轨影响站台宽度问题。当地面站采用地面进出站、高架站天桥与站台采用平接方式，且允许行人直接通过轨道时，无需通过高架实现过轨，进而无需在站台设置楼扶梯，站台宽度计算同(1)；如不允许行人通过轨道，则地面站需采用高架进出站，高架站需采用天桥在高架站上面或下面实现进出站，此时应在站台设置楼扶梯，站台宽度计算同(2)。

（二）站台长度

站台长度受列车编组影响，一般为标准岛式车站或对称侧式车站 40m 左右。

（三）车站候车亭与外立面景观设计

车站候车亭设施必须防雨、抗震、防风、防雷，并且应设置夜间照明装置。候车亭的建筑式样、材料、颜色应根据地方建筑特点和特定环境特征设计，宜实用与外形美相结合。候车亭应选择不燃、无毒的材料，放射性指标应满足国家环保要求，具有经济、耐久、便于设备管理和清洁的性能；地面材料应防滑、耐久、耐磨、耐腐蚀；装修材料应安全可靠，尽量选用具有成熟使用经验的材料，选用标准化、模块化的材料，便于施工、维护和长期供货保证。

（四）车站无障碍及人性化设计

高架站或高架进出站、地下通道进出站的车站均应设置无障碍设施，车站为乘客服务的各类设施，均应满足无障碍通行要求，并应符合现行国家无障碍设计标准的有关规定。无障碍设施须与车站周围城市无障碍交通系统衔接，当周围无城市无障碍交通系统时，应预留相关的设施及接驳条件。站台候车区设置无障碍提示盲道和缘石坡道连接过街设施和室外广场。在车站装修设计时，在无障碍乘客流线上设计盲道。车站应结合广告灯箱，设置车辆信息动态显示屏。车站站台除设置有必要的钢结构雨棚外，还应设置乘车信息牌、候车座椅、垃圾箱及照明灯具等。

（五）车站导向标志设计

车站站台必须设足够明显而引人注目的导向标志，引导乘客以最便捷的路线流动。车站导向标志必须按相关规范制定的统一标准和规格执行。车站导向标志必须大小适度，高度和宽度应符合乘客的视觉要求，造型应美观、新颖。在站台设置站牌应符合站台限界要求。

第四章

地铁消防设计

第一节　建筑消防设计

地铁作为重要的城市基础设施，不仅服务于城市，而且融入城市。地铁建设应体现城市特色，地铁建设应适应城市特色。因此，地铁建设的基本要点应该是：增强城市的经济活力；体现城市文化特色；美化城市生活环境；提高地铁网络的经济效益。一旦发生火灾，将给人民的生命和安全造成巨大损失。因此，消防设计主要考虑人的生命安全，较少考虑经济因素。

一、地铁消防安全管理存在问题

（1）地铁消防设计审查的依据和条件有限。《地铁设计规范》（GB 50157—2013）和《建筑设计防火规范》（GB 50016—2018）是审查验收的主要依据。《地铁设计规范》（GB 50157—2013）第28章对建筑防火、消防给水与消防、防排烟、排烟与事故通风、防灾通信等方面有明确要求，但规定内容有限，不能涵盖所有消防设计要求。

（2）设计图纸在施工过程中经常发生变化，无法及时审查。地铁工程建设规模大，工期长。例如，南宁市轨道交通3号线、4号线同时在建，两条地铁线路共有42个车站、两个车辆段和两个停车场，涉及专业图纸100多卷。如果申请一次消防设计审查，图纸审查任务非常繁重，很难在20个工作日的法定期限内完成审查。每个车站均需要申请消防设计审查。由于设计和施工图纸的频繁变更，项目竣工后现场与消防报建图差别较大，给消防审查带来不少困难。

二、地铁建设项目消防设计审查建议与对策及监督管理

1. 跟踪项目建设并提供技术服务

地铁项目建设的性质和特点决定了地铁项目的消防设计审查不是一蹴而就的，也不能按照建设项目的一般审批程序和节奏进行。消防部门要树立“服务第一”的领导意识，创新审批模式，成立地铁消防技术服务小组，聘请地铁消防专家，通过政府采购服务充实小组，全程跟踪服务，及时解决消防设计中遇到的问题。专家提前进行地铁设计审查，确保地铁初步设计和施工后的消防设计能解决所有困难，专家提前参加消防设计初审，确保地铁设

计和施工中的所有困难都能解决，消防设计符合规范要求，按消防设计条件进行审查。

2. 地铁工程消防设计的合理审查

在地铁建设项目消防设计审查过程中，由于与消防相关的标准条款有限，条款的选择和应用往往与设计单位存在差异，难以准确把握审查规模。以下是对具体审计内容的审查原则。①合理选择审计依据。地铁消防设计审查应以《地铁设计规范》(GB 50157—2013)为主要依据，与《建筑设计防火规范》(GB 50016—2018)条款不一致，仍以《地铁设计规范》(GB 50157—2013)为优先，设计内容无规范，可根据《建筑设计防火规范》(GB 50016—2018)的相关条款进行审核，但应结合地铁工程的特殊使用功能要求，对于以上规范中未规定的消防设计内容，可参考当地标准或其他城市的行业标准，与设计人员讨论完善相关消防措施。②严格审核总平面及各层平面布置。应符合城市规划、城市交通规划、环境保护和城市景观的要求，妥善处理好与地面建筑、地下管线、地下构筑物之间的关系。大原则，要处理好方方面面的关系，如规委、发改委、交委、环保局、园林绿化局、市政、各种各样的业主。在平面布置过程中需要做好以下工作。(1)站厅层布置应分区明确，依据出入口的位置和数量、楼梯与扶梯的位置和数量、售检票系统的位置和数量以及换乘要求对客流进行合理的组织，避免和减少进出站客流的交叉，合理布置管理、设备用房，应满足各系统的工艺要求。(2)站台层布置需以车站，上下行远期超高峰小时设计客流量来计算站台宽度，根据线路走向及换乘要求确定站台形式。根据车站需要布置设备或管理用房区。(3)车站出入口应设置于道路两边红线以外或城市广场周边，需具有标志性或可识别性，以利于吸引客流、方便乘客。有条件的出入口考虑地面人行过街的功能。出入口规模应满足远期预测客流量的通过能力，并考虑与其他交通的换乘和接驳大型公共建筑所引起的客流量。(4)车站主要服务设施应包括自动扶梯、电梯、售票机、检票机、空调通风设施等。

地下车站消防设计主要包括以下内容：①地上建筑防火间距。重点检查地下车站每个防火分区面积多少、有几个出入口，其中几个直出地面、几个疏散到相邻的防火分区。最不利点到疏散口的距离是否达到规范要求。车辆基地建筑之间的间距，每栋建筑分几个防火分区，每个防火分区面积多少、有几个出入口，其中几个直出地面、几个疏散到相邻的防火分区。最不利点到疏散口的距离是否达到规范要求。车站、区间及附属建筑与相邻建筑之间防火间距的设置，应根据《建筑设计防火规范》(GB 50016—2018)中民用建筑之间的防火间距确定。建筑构件耐火极限，耐火等级越低，耐火距离越大。决定耐火极限的主要因素是建筑构件的燃烧性能和耐火极限。因此，有必要重点验证地铁地下建筑承重结构和维护构件的燃烧性能和耐火极限。确保建筑符合与防火间距相对应的耐火等级要求。②消防车通道设置。高架车站、地面车站，车辆基地建筑应设置消防车道，确保消防车能够到达出入口并停车灭火救援。此外，由于车站地面外建(构)筑物大多设置在城市市区道路两侧，需要重点检查新建地铁的建(构)筑物是否占用周边建筑的消防车通道和消防车攀爬救援场地，是否影响消防车的停放、消防和救援。确保新地铁站台及其附属建筑不会影响现有建筑的消防安全。③消防给水方式应符合实际。地铁消防用水设计主要为室内外消火栓系统、自动喷水灭火系统提供可靠的消防用水。在满足现行国家标准的前提下，还受到地形和地铁车站面积的限制。难以兼顾设置两个或两个以上消防水池和泵房的实际情况，坚持综合利用、节水的原则，以确保供水安全和消防系统的可控性为目标，结合项目周边市政供水情况灵活把握，不能笼统地要求设置消防水池、消防水泵供水。具体做法：消防供水方式应根据全线一处发生火灾的情况进行设计，并充分考虑市政供水条件。当车站周围有两路市政水源，水压和水量满足消防供水系统要求时，允许市政直接供水。当站场周围有2路市政水源，但压力或流量不满足消防供水系统的要求时，在征得当地水务公司同意后，消防泵可直接从市政供水管网取水的前提下，只设置消防泵房，不设置消防水箱。当车站周围只有一路市政水源时，必须安装消防泵房和消防水池。④站厅公共区域超标准进行全性能消防设计论证。在地铁建设项目的多线换乘车站中，两个或多个站台共用一个公共站厅，客流比一般车站大。为了容纳所有站台上的乘客，公共车站大厅需要很大的建筑面积，这不符合《地铁设计规范》中规定的车站大厅公共面积不应超过5000m^{2}的要求。这种情况在各城市的地铁建设项目中较为普遍。《城市轨道交通技术规范》(GB 50490—2009)中提到，当多线换乘站共用一个站厅公共区域，且面积超过标准单线站厅公共区域的2.5倍时，应通过基于防火性能的安全设计分析，采取必要的防火措施。所以多线换乘的公共站厅由于功能要求在5000m^{2}范围内难以控制时，应具有可靠的防火措施，以确保可以实现设置防火安全。例如，在公共车站大厅采取有效的防火分隔措施，划分建筑防火分区面积不超过5000m^2，措施包括整体增加防火墙、防火卷帘划分为不同的防火分区。具体见《地铁设计防火标准》(GB 51298—2018)的相关条文。车站需要设置疏散指示标志，站厅、站台的装饰材料采用不燃材料。上述消防安全加强措施应采用科学的分析方法，并经过充分论证，方可作为审计参考。

二、地铁车站消防设计要点

（一）建筑分类和耐火等级

按《地铁设计规范》(GB 50157—2003)规定，地铁车站工程属一类建筑，地下主体工程、出入口风道、风井的耐火等级为一级，出入口、风亭等地面建筑的耐火等级为二级。

（二）防火分区

车站站台和站厅公共区划为同一个防火分区，车站设备管理区与站厅、站台公共区划为不同的防火分区，每个防火分区面积均小于1500m^2，每个防火分区之间采用防火墙分隔，防火墙上的门均采用A类隔热门，开启方向为疏散方向。风道不列入防火分区。车站每个站厅公共区安全出口数量应经计算确定，且应设置不少于2个直通地面的安全出口；地上车站的设备管理用房区域安全出口的数量不应少于2个，其中有人值守的防火分区应有1个安全出口直通地面。

（三）建筑材料

两个防火分区之间采用耐火极限4h的防火墙和A类隔热防火门分隔，在防火墙上设有观察窗时，窗户玻璃采用C类甲级防火玻璃窗。防火墙墙体砌筑至该层顶板底面，防火门均向疏散方向开启。

重要设备用房以耐火极限不低于2h的隔墙和耐火极限不低于1.5h的楼板与其他部位隔开。

车站公共区和设备与管理用房的顶棚、墙面、地面装修材料及垃圾箱，应采用燃烧性能等级为 A 级不燃材料；设备与管理用房区内的装修材料，符合现行国家标准《建筑内部装修设计防火规范》(GB 50222)的有关规定；所有装修材料除广告灯箱、导向标志、休息椅、电话亭、售检票机等固定服务设施的材料按 B1 级考虑外，其他均按不燃材料控制。

当管道、电缆、风管等穿过防火墙、楼板及防火分隔物时，采用防火封堵材料将空隙填塞密实，并达到防火分隔物的耐火极限。

(四) 防烟分区

车站公共区充分利用楼板下混凝土梁划分防烟分区，每个公共区防烟分区面积不大于 $2000m^2$，防烟分区不得跨越防火分区，梁高度不小于 500mm。无条件采用梁分隔时，应采用固定式挡烟垂壁。站台公共区的楼梯、扶梯开孔处和站厅的人行通道口应充分考虑利用不燃的装修材料作为挡烟垂壁进行防烟分隔，挡烟垂幕下缘至楼梯踏面垂距不小于 2. 3m。

(五) 紧急疏散

1. 疏散通道和疏散出入口

车站公共区按客流量设有足够宽度的通道及楼梯，数量及宽度满足紧急疏散要求。口部附近有较开阔的空间，通道和出入口无影响乘客疏散的障碍物。在公共区的付费区与非付费区的栏栅设疏散门，平时兼做员工通道。

设备管理用房区房间的门距最近的安全出口不超过 40m，位于尽端封闭通道两侧或尽端房间的门距最近安全出口不超过 20m。安全出口及楼梯净宽不小于 1. 2m，单向布置房间的疏散通道净宽不小于 1. 2m；双向布置房间的疏散通道净宽不小于 1. 5m。

2. 疏散标志

车站疏散标志根据车站实际情况进行布置。应急逃生辅助系统中，墙面布置逃生定位灯箱或其他类型逃生标识，地面、步梯布置嵌入式自发光或蓄光等逃生标识，具体按照总体要求布置。其疏散指示方向按照下述的紧急疏散方向设置：乘客离开站台层—从站台层到达站厅层付费区—从站厅层非付费区到车站出入口—从车站出入口前往目的地。电致发光型(电光源、电子显示器)应急逃生标识，设计时采用不燃材料或难燃材料制作，地面应急逃生标识采用蓄光材料制作，设计中承载蓄光材料的标识基体材料应指定为防火、耐高温、防腐蚀、耐磨、不易形变、刚性强的材料。

3. 紧急疏散时间计算

火灾发生时紧急疏散量为远期高峰小时一列车乘客人数(1 个行车间隔)，加上 1 个行车间隔内在站台上候车的设计客流量，一列进站列车所载乘客及站台上的候车乘客能在 4min 内全部撤离站台，并应能在 6min 内全部疏散至站厅公共区或其他安全区域。车站内部设备管理用房区设直通地面的疏散通道及安全出口，通道净宽≥1500mm。在站台每端均设到达轨行区的楼梯，楼梯宽不小于 1100mm。紧急疏散时(火灾工况)，车站内的自动扶梯及楼梯均朝向疏散方向，其疏散能力按正常情况下的 90%计算。同时所有进站、出站检票机及设于分隔带上的门应能全部打开。

车站内的自动扶梯及楼梯应保证在控制期高峰小时客流时发生火灾的情况下，4min 内将一列列车额定载客数量的乘客和站台上候车的乘客全部撤离站台。紧急疏散时(火灾工况)，车站内的上行自动扶梯及楼梯疏散能力按正常情况下的 90%计算，防灾疏散计算公式如下：

$$T=(Q_1+Q_2)/0.9[A_1(N-1)+A_2B]\leq 4\text{mim}$$

式中 Q_1——超高峰时段一列车进站的断面流量，(取上下行方向中较大者)(人)；

Q_2——超高峰时段站台两侧候车乘客，人；

A_1——自动扶梯通过能力，人/(min·m)；

A_2——人行楼梯通过能力，人/(min·m)；

N——下行自动扶梯台数；

B——人行楼梯总宽度，m。

人行楼梯总宽度应按楼梯扶手带中心线之间的间距计算，并按每股人流核算(每股人流宽度取0.55m宽)。站厅层设备区(有人区)设一条直通地面的疏散通道及安全出口，净宽≥1200mm。站台每端均设到达轨行区的楼梯，楼梯宽1100mm。紧急疏散时(火灾工况)，车站内的自动扶梯及楼梯均朝向疏散方向，其疏散能力按正常情况下的90%计算。同时所有进站、出站检票机及设于分隔带上的门应能全部打开。

第二节　通风空调消防设计

一、设备及管理空调系统新风值

地下车站设备及管理用房空调系统简称小系统。根据《地铁设计规范》(GB 50157—2013)，“地下车站设备及管理用房新风量不小于30m³/h；空调系统新风量不小于总风量的10%”。同时，总体技术要求还规定，小系统的新鲜空气值是人员新鲜空气与系统风量之间的较大值。结合实际工程设计，小系统新风量通常按系统风量的10%计算，得出空调冷负荷。当小系统新风量按系统送风量的10%选择时，新风冷却量占空调总冷却量的27%。按室内风量选择新风量时，新风冷量占空调总冷量的3%。可以看出，当按系统送风量的10%选择新风量时，系统的制冷能力大于人员新风的制冷能力。然而，在当前流行的做法中，设计师根据系统风量的10%选择新风量。根据《地铁设计规范》(GB 50157—2013)，“地铁车站设备及管理用房每名工作人员提供的新鲜空气量不得小于30m³/h，且……”，并对相应的条款进行了分析。

二、防排烟设计

1. 防排烟设计范围

(1) 车站公共区通风空调和防排烟系统。根据地铁运营环境要求，在车站站厅、站台的公共区部分设置通风空调和防排烟系统，正常运行时为乘客提供过渡性舒适环境，事故状态时迅速组织排除烟气。

(2) 车站管理及设备用房的通风空调和防排烟系统。根据地铁设备管理用房的工艺要求和运营管理要求设置通风空调和防排烟系统，正常运行时为运营管理人员提供舒适的工作环境和为设备正常工作提供必需的运行环境，事故状态时迅速组织排除烟气。

2. 防排烟设计标准

(1) 按全线同一时间发生一次火灾考虑，对于换乘车站(通道换乘车站除外)，按同一车站同一时间发生一次火灾考虑。

(2) 一辆列车火灾规模按5MW设计，考虑1.5倍的安全系数。

(3) 连续长度大于60m，但不大于300m的区间隧道和全封闭车道宜采用自然排烟；当无条件采用自然排烟时，应设置机械排烟。

(4) 列车发生火灾且停在区间隧道内时，控制烟气流动的风速应根据隧道内烟气控制模型的临界风速计算确定，但断面风速不小于2m/s，隧道内最大风速不得大于11m/s。

(5) 地下车站站厅、站台应设置机械排烟，每个防烟分区的建筑面积不应超过2000m^2，且防烟分区不得跨越防火分区；排烟量应根据一个防烟分区的建筑面积按1m^2/(m^2·min)计算，并考虑不小于1.2倍的安全系数。当排烟设备需要同时排除两个或两个以上防烟分区的烟量时，其设备能力应按排除所负责的防烟分区中最大的两个防烟分区的烟量配置；当站台发生火灾时，保证站厅到站台的楼梯和扶梯口处具有不小于1.5m/s的向下气流。设备与管理用房每个防烟分区的建筑面积不应超过750m^2。

(6) 地下站设备区、管理用房区同一个防火分区面积超过200m^2或单个房间面积超过50m^2且经常有人停留，应设置机械排烟。设备区机械排烟系统的排烟量：担负1个防烟分区时，按60m^3/(h·m^2)计算；在担负2个及2个以上防烟分区时，应按最大防烟分区面积120m^3/(h·m^2)计算，并应考虑1.2倍的安全系数。单台风机排烟量不小于7200m^3/h。

(7) 最远点到地下车站公共区的直线距离超过20m的内走道，连续长度大于60m的地下通道和出入口通道，应设置机械排烟。排烟口距最不利排烟点不超过30m，且排烟口不应被下方管线或设备遮挡。

(8) 防烟楼梯间设置机械加压送风系统；车站控制室在车站发生火灾时相对周边区域保持正压。

(9) 排烟区域应有补风措施：车站公共区采用自然补风；设备管理用房区采用机械补风，补风量不小于排烟量的50%。

(10) 在排烟风机入口处的总管上应设置当烟气温度超过250℃时能自行关闭的排烟防火阀，该阀应与排烟风机联锁，当该阀关闭时，排烟风机应能停止运转。

(11) 区间隧道通风系统、车站隧道通风系统、地下车站排烟设备及烟气流经的辅助设备要求在250℃时能连续有效工作1h。

(12) 防火阀设置原则：(a)大系统送回风管在穿越防火分区隔墙处、楼板处、环控机房隔墙处、变形缝两侧隔墙处时设置防火阀且防火阀的位置便于手动复位。(b)小系统风管在穿越下列部位时设置防火阀且防火阀的位置便于手动复位：防火分区的防火墙、环控机房隔墙及楼板处、楼梯间、车站控制室、气瓶间、消防泵房、穿越变形缝且有隔墙处；走道自然引风口或正压排风口也应设防火阀。(c)小系统风管穿越且服务于自动灭火保护区域(具体的保护区域由自动灭火系统确定)应设置防烟防火阀且防烟防火阀的位置应便于手动复位。(d)当有多套服务于不同防火分区的排风管接入相同的排风道时，风管接排风道处设置防火阀。

3. 车站防排烟设计

1）车站公共区排烟系统

本站公共区与设备管理用房区分别为独立的防火分区。

车站 A、B 端各设置一套排烟系统，各负责公共区一半的烟量。排烟风机可在 250℃高温下连续有效运转 1h。各层跨越公共区与设备管理用房区送、回风管上设有防火阀，大系统风管上设有电动风阀，为车站公共区排烟。

2）车站设备及管理用房排烟系统

车站设备及管理用房排烟系统根据车站不同用房具体布置情况和消防要求进行防排烟设计：

（1）当自动灭火系统保护的设备用房发生火灾时，如房间相邻内走道设置有排烟系统的，开启相邻走道的排烟和补风系统（和设有加压送风系统的防烟楼梯间、车站控制室加压送风系统）；同时控制盘控制关闭该保护区的送、排风管上的防烟防火阀，然后喷洒灭火气体，待达到设计要求的淹没时间后消防人员进入保护区内确认已灭火，再将通风系统转换到相应的排除灭火气体模式运行后再恢复正常通风空调系统模式。

（2）当非自动灭火系统保护、面积超过 $50m^2$ 且经常有人停留的设备及管理用房发生火灾时，火灾自动报警系统收到某房间确认的火灾信号后，服务于该房间的通风空调系统将转换到相应的预定排烟模式；同时如房间相邻内走道设置有排烟系统的，开启相邻走道的排烟和补风系统（和设有加压送风系统的防烟楼梯间、车站控制室加压送风系统），消防有关人员进入该着火区域利用有关消防灭火设备进行灭火。

（3）当非自动灭火系统保护、面积不超过 $50m^2$ 的设备及管理用房发生火灾时，如房间相邻内走道设置有排烟系统的，开启相邻走道的排烟和补风系统（和设有加压送风系统的防烟楼梯间、车站控制室加压送风系统），即走道排烟，消防有关人员进入该着火区域利用有关消防灭火设备进行灭火。

（4）最远点到地下车站公共区的直线距离超过 20m 的内走道应设机械排烟系统，并设置补风量不小于排烟量 50%的补风系统。

（5）车站控制室所在端设备区发生火灾时，相对周边区域保持正压。

（6）车站防烟楼梯间及前室所在端设备区发生火灾时，对该防烟楼梯间及前室进行加压送风。

第三节　给排水及水消防

《地铁设计规范》（GB 50157—2013）要求地下车站设置消火栓系统，在车站大厅、站台公共区、长出入口、车站设备室公共区走廊、车站系统环境控制室设置消火栓系统。本规范还要求在重要电气设备室安装气体灭火系统。因为地铁站电气设备用房比较多，车站内设有专用的气瓶室。一般选用烟烙尽或七氟丙烷等灭火剂。与民用建筑一样，地铁站也需要灭火器，但重要的是要强调，应根据地铁站风险等级的严重程度配备灭火器。

一、地铁车站消火栓系统设置要点

地铁车站消火栓系统设计应注意以下几个方面。地铁车站的生产、生活和消防水源一般来自城市管网，应引入双水源。对于位于城市地区的车站，引入双水源基本没有问题；对于位于城市郊区的车站，由于市政管网不完善，很难引入双水源。此时，有必要设置一个消防水池。消防水池的大小根据消防期间站内室内外消防水量的总和计算。同时设置压力泵房。与一般民用建筑消火栓系统的服务范围不同，地铁车站消火栓系统的服务范围为车站一半及相邻两段范围内的消火栓用水。对于满足双水源要求的站场，检查消防压力，检查站场室外水压是否满足消防服务范围内最不利点的要求。否则，应采取增压措施，并设置增压泵房。由于站场位于道路下方，用地有限，因此升压泵房应尽可能位于站场。压力泵房消火栓系统的消防设备主要为两台主消防泵、两台增压稳压泵和一个气压罐，而不是民用建筑中通常设置的高位消防水箱。需要注意的是，对于满足双水源要求的车站，可以不设置消防水池。

二、地铁车站给排水消防设计探讨

鉴于地铁车站结构复杂、环境封闭、人员密集、消防困难等特点，建议在车站增设自动喷水灭火系统。其原因如下：

(1) 火灾的特点：火灾是在时间和空间上不受控制的燃烧引起的灾难，它是失控的、易燃的和灾难性的。有效扑灭火灾，减少火灾造成的财产损失和人员伤亡尤为重要。地下建筑等特别危险、重要或人口密集的场所，由于场所的特殊性，很难扑灭火灾，往往达不到预期的目的。

(2) 地铁车站自身特点：地铁建筑结构复杂，环境封闭。只有入口、出口和通风井与地面相连，人员密集。车站大厅和站台公共区域有自动扶梯、楼梯和其他开放区域。一旦发生火灾，疏散压力大，火势蔓延迅速，灭火困难，往往造成重大人员伤亡和财产损失。因此，地铁车站火灾应以自救为基础。虽然气体灭火系统安装在地铁车站重要电气设备用房，但仅安装在车站大厅和站台的消火栓系统不能保证车站消防的独立性。

(3) 消火栓系统的弱点：一是火灾的确认需要依靠火灾自动报警系统或由人来确定；二是消防栓和消防卷轴需要专业消防人员和经验丰富的工作人员操作。火灾失控的性质也反映在时间上。无论多早或多晚，它都可能发生。火灾是否能及时有效扑灭，消防队的反应速度也需要讨论。因此，消防栓系统是被动的。地铁建筑结构复杂，环境封闭，人口密集。仅在车站大厅和站台公共区域使用消火栓系统是不够的。

(4) 自动喷水灭火系统的优点：自动喷水灭火系统可以自动启动，也可以通过报警系统联动，无须现场人员操作。该系统在不同用途的建筑中具有响应速度快、灭火成功率高的特点。自动喷水灭火系统的成本取决于火灾危险程度和受保护建筑物的供水。在国外，一般系统占总成本的1%~3%。对于地铁站，该系统所占比例较小。

从自动喷水灭火系统的应用实践和统计数据来看，自动喷水灭火系统具有较高的灭火率和消防控制能力，对建筑灭火具有较高的实用价值。事实上，中国已经在地铁站建立了自动喷水灭火系统。自2003年2月韩国大邱发生导致198人死亡的悲惨地铁火灾以来，上海消防局要求所有地铁站都配备自动喷水灭火系统。天津地铁也有类似的要求。

三、地铁车站自动喷水灭火系统设计

正常情况下，车站应按规定设置消火栓系统和灭火设备，重要电气设备用房应设置气体灭火系统。设备管理区可设置自动喷水灭火系统。应在与所有入口和出口相连的人口密集车站的大厅楼层安装自动喷水灭火系统。站台层还应配备自动喷水灭火系统，与站厅层属于同一防火区。风险等级的确定：由于地铁站公共区域的装修、办公、商业等场所存在一定数量的可燃物，火灾风险等级可视为中等风险等级2。湿式喷水灭火系统适用于地铁南北站的环境温度。湿式喷水灭火系统也是世界上最长、应用最广泛、灭火率最高的封闭式喷水灭火系统。目前，世界上70%以上已安装的自动喷水灭火系统采用湿式喷水灭火系统，具有较高的可靠性。系统设计如下：

（1）压力系统的确定：当市政管网压力不能满足自动喷水灭火系统所需压力时，站内采用泵压系统。增压设备包括2台主泵、2台稳压泵和1台气压罐，并配有防回流污染装置。首选单独的喷水灭火系统和消防栓系统。如果消防泵与消火栓系统共用，则应在湿式报警阀之前将两个系统分开。

（2）管网：自动喷水灭火系统给水管道与消火栓给水管道共用给水进水管。自动喷水灭火系统的供水进水管与加压泵的吸水管相连，泵的出水管与自动喷水灭火系统的管网相连。喷淋管仅安装在站台和站厅层公共区域。这些管子排列在一根细枝上。

（3）系统部件：喷头、报警阀组、水流指示器、压力开关、末端试水装置。

（4）喷头布置：封闭吊顶采用吊顶喷头；透明吊顶采用立式喷头，无集热罩，风道采用悬挂式喷头。此外，还要注意管网中的压力平衡。考虑可用喷嘴的数量。地下站自动喷水灭火系统和消火栓系统分别设置水泵接合器。此外，如果车站有地下商场和地下停车场，应安装自动喷水灭火系统。

第四节　低压配电与照明

一、配电室详细设计

地铁车站各种专业系统的运行离不开配电。在配电系统中，配电室是一个至关重要的环节。配电室各方面的合理布置将为施工带来极大的便利。

（1）在设计阶段，设计师无法准确估计每个配电箱的确切尺寸。施工前未采取有效的深化措施。这导致现场配电箱的高度和厚度不同，从而无法实现统一布局。配电室电缆桥架大而复杂。如果按图纸敷设，配电室的空间将受到限制，并与风道和弱电系统的电缆桥架交叉，灯具安装后空间将缩小。为了避免这些问题，在施工过程中，有必要提前深化配电室的布局，确保总体布局简洁美观，便于施工，消除矛盾，为后续业主提供极大的便利。

(2) 配电室具体深化措施包括：配电箱生产前期，配电箱制造商需要生产相同规格、相同部件数量的配电箱，以确保相同配电箱的高度和厚度相同。配电箱详图完成后，施工单位应根据配电箱的尺寸重新布置配电室，确保安装在同一面墙上的配电箱具有相同的高度、厚度和美观的布局。桥架附在配电室墙上，沿配电箱下部或上部安装，确保整个配电室的整体美观，通过配电室的优化措施，配电室的布局得到了极大的优化。通过 BIM 进行三维建模，并将详图发送给团队并严格执行，以确保施工方便，避免材料浪费，节省投资。竣工后，整体效果简单美观。

二、深化动力照明系统三个子系统设计

地铁工程动力照明需要深化的系统有 3 个：消防电源监控系统、智能照明系统和区间智能疏散系统。在设计过程中，需要设计单位仅根据制造商的模型系统提供上述 3 个系统的网络图。网络图不能指导施工，要求施工单位深化网络图。

(1) 在智能照明控制系统中，由于一些制造商产品的功能集成度很高，可以集成的功能应集成到一个模块中，从而节省成本，减少问题的爆发点。各入口和车控室的多功能输入输出模块减少了显示屏和 USB 接口软件，分割体之间的布线减少，集成度高，后期操作维护简单。

(2) 消防电源监控系统(区间智能疏散系统)具有不同的主机功能，不同厂家各回路的最大控制点或线路长度不同。一旦超过最大控制点或线路长度，必须在消防电源中添加继电器控制器(或需要多通道控制)。如果在深化图纸的过程中未完全了解制造商的产品样本，制造商可能会配备更多的中间继电器控制器，从而增加成本和出现问题的可能性。设备系统必须在线路消防电源中增加继电器箱，以确保信号传输不衰减。设备系统无须在消防设备电源中增加继电器箱，以确保信号传输不会衰减。

三、接地系统详细设计

目前，在地铁设计中，许多设计单位对接地系统的设计不明确，一般只反映局部等电位接地端子箱的接线图。如果每段热浸镀锌钢的铺设方法不同，或者如果后期每段热浸镀锌钢的铺设方法不同，甚至可能导致同一段地铁无法在同一施工中连接，或者后期热浸镀锌钢的铺设方法不同。施工单位要对这部分施工内容提前采取深化措施。

(1) 门框接地。地铁车站门体安装在设备区。设备区走廊地板铺设全长热镀锌扁钢，按规范要求与门框连接；门内设扁钢，外露装饰饰面 10cm 高，外露部分刷黄、绿色带；镀锡铜编织带(外覆塑料套)通过螺栓与门框内框面连接。如果机房内有环形接地装置，将其连接到环形接地扁铁上。

(2) 墙龙骨接地系统深化。可沿公共区域的结构墙，高 1.5m，周围有一圈热浸镀锌扁钢；公共区域中心柱龙骨可采用环形热镀锌扁钢穿过地面敷设至各柱；热浸镀锌扁钢与墙龙骨的连接也可采用镀锡铜编织带(外覆塑料套管)接地。天花板龙骨也可以采用相同的方法进行处理。

第五章

地铁车站施工

第一节　施工顺序与场地布置

随着中国经济和科技的快速发展，人们对交通的需求越来越高。面对日益严重的交通拥堵，地铁建设已成为交通工程的重要组成部分，影响着我国交通网络的形成。在地铁施工中，常采用明挖法。

一、地铁工程施工技术

选择某一座地铁车站作为施工技术的研究对象。支护结构完成后，基坑开挖至设计标高，即垫层及防水施工，然后进行主体结构施工。接地网自下而上施工→垫层混凝土→底板防水层→底板混凝土浇筑→拆除最小支撑→车站边墙、中板施工→拆除支架→车站屋面及防水层施工→拆除支架→站场主体结构完成，管线恢复→基坑回填与路面恢复。

1. 钢筋施工

（1）钢筋加工。在地铁工程施工中，钢筋的加工和选用必须符合有关规定和标准。首先，钢筋必须有质量保证，其次，必须有相关检验的测试报告。此外，地铁施工用钢筋进场前应进行物理和机械取样试验。当抽样试验中出现钢筋脆断、力学性能差、焊接性能差时，还应进行化学成分抽样试验分析。此外，钢筋进场前应按设计要求进行加工，并对形状和尺寸进行抽样检验，确保钢筋符合设计要求。此外，在焊接、固定和安装之前，必须清洁钢筋表面。使用前，确保钢筋表面无损坏、油污、污渍和锈蚀。在地铁工程施工中，应更换颗粒状钢筋和片状锈钢筋，以保证钢筋质量。最后，钢筋加工中的弯钩和弯曲需要符合国家标准。

（2）钢筋焊接。在地铁工程施工中，钢筋焊接所用的焊条、焊剂、接头和钢板型号应按设计要求和有关规定使用。钢筋焊接成型时，应封堵钢筋焊接位置，防止锈蚀和油污。此外，焊接后留在焊缝处的焊瘤需要处理，钢筋端部的一些弯曲和变形需要矫正或切断。钢筋焊接结果应按照国家钢筋焊接标准进行验收，包括接头形式、焊接工艺和焊接质量的验收。

（3）钢筋的固定和安装。在地铁工程施工中，钢筋的固定和绑扎水平、数量和直径必须符合设计要求和相关标准。钢筋焊接后，钢筋网和骨架固定时，必须绑扎牢固，防止安装和浇筑混凝土时松动或变形，影响施工质量。在钢筋的固定和安装中，要保证钢筋的焊接熔透，以保证工程施工中抗杂散电流的设计要求。

2. 模板构造

（1）模板施工结构。地铁车站设计为两层框架结构，有必要采用48mm×3.5mm钢管扣件金属脚手架设计。结构板采用组合钢模板，转角处采用专用钢模板，边墙需铺设大模板。

（2）模板施工技术要求。在模板施工过程中，要保证模板的稳定性，防止施工过程中出现松动、跑模和变形，严重影响施工质量。对于大型、优质、大体积模板施工，需要在前期进行施工设计计算，经施工监理检查后方可施工。其次，模板拼接是否严格也会影响施工质量。严格进行模板接缝作业，并采取相应措施填缝，如接缝处粘贴止水带、玻璃胶等，确保无漏浆，模板保持干净整洁。模板完成后，应及时进行施工检查和混凝土浇筑。此外，在模板施工过程中，如果结构变形，应及时在接缝处安装接缝板，将模板固定牢固，确保不跑。

3. 混凝土施工

（1）混凝土施工方案。混凝土施工方案中可采用的混凝土为C30P8防水混凝土。混凝土由混凝土泵车运输至现场。每个施工现场需要2~4台混凝土泵输送混凝土，输送过程采用手动调节和控制。混凝土施工方案为阶梯分层浇筑法。即混凝土浇筑从施工结束开始，下一阶段混凝土浇筑在一定距离内，每一阶段混凝土依次浇筑。

（2）混凝土浇筑。由于采用防水混凝土，混凝土的防水性能和抗压强度应符合设计要求和相关标准。首先，在混凝土浇筑过程中，应注意混凝土浇筑的连续性，防止混凝土在浇筑过程中凝结，影响混凝土浇筑质量。其次，混凝土在搅拌过程中需要进行振捣，以防止混凝土中的气泡影响混凝土浇筑质量。第三，混凝土浇筑应注意自由落体的高度，防止高度过高造成混凝土离析。

二、施工场地布置

（一）一般要求

（1）施工生产区和辅助生产区的布置应遵循工艺有效衔接、布置紧凑的原则。根据项目地形、城市周边环境和场地规模，规划施工场地布局，提供场地标志、施工便道桥梁、施工水电、临时房屋、钢棚、料场等的具体位置和详细布局，以及泥浆池和弃土场的设计。

（2）现场布局合理，环境清洁，物流有序，标志醒目，做到“一通、二无、三整齐、四清洁、五不漏、六到位”。一通：交通平整畅通，交通标志明显。二无：无头（无木材头、无钢筋头、无焊接头、无钢材头），无底（无砂底、无碎石底、无砂浆底、无垃圾废土底）。三整齐：钢材、水泥、砂石料等材料规格、型号、品种堆放整齐；构件、模板、方木、脚手架堆码整齐；机械设备、车辆摆放整齐。四清洁：施工现场清洁，环境道路清洁，机具设备清洁，现场办公室、休息室、库房内外清洁。五不漏：不漏油、不漏水、不漏风、不漏气、不漏电。六到位：材料标识到位、操作规程到位、安全防护到位、检查整改到位、形象建设到位、现场监管到位。

（二）交通分流

1. 建设范围现状及影响范围调查

了解本标段施工范围内周边道路设施、两侧土地利用及建设、交通管理、公共交通及车站设置情况。根据本标段实际情况，通过对施工期交通组织的研究，研究施工围挡范围对机动车道、非机动车道和人行道的影响，对公交车站和公交线路的影响，以及对出入口周围既有建筑的影响。

2. 交通缓解方案

（1）最大限度地发挥现有道路的潜力，在一定程度上缓解地铁在施工期间对道路交通的影响，并根据分布范围策略和疏导交通的措施，缓解道路和整个区域的交通压力。合理配置现有设施的通行权，设置合理的交通标志，采取适当的引导措施，最大限度地减少施工对城市交通的影响，并为受影响的现有建筑物提供解决方案。

（2）结合组织规划，列出需要设置的交通标志数量、需要建设或改建的道路设施数量、交通管理中需要加强的道路设施数量和范围。

（三）施工人行道和现场硬化

（1）条件允许时，基坑周围应设置施工便道。施工人行道应满足大型设备的需要，人行道宽度一般为 6~8m。施工便道可与场地硬化施工相结合。引道基层为 37 灰土，表面为钢筋混凝土结构。现场硬化一般采用素混凝土结构。

（2）组织专门的养护队伍，配备必要的机械、工具和材料，对施工道路进行养护，确保道路状况良好，无坑洼、落石，排水畅通。

（四）材料加工厂（棚）布局与管理

（1）钢筋、钢绞线、型钢等钢材必须集中加工。加工厂分为原材料堆放区、加工区和半成品堆放区，布局合理、整齐、美观。实行封闭式管理，加工现场醒目位置设置工程宣传牌、施工方案、安全生产卡、消防卡、管理人员名单、监理电话卡、文明施工卡等标识卡。

（2）钢筋加工厂根据加工量进行布置，并根据需要设置围栏或围栏进行防护。周边排水畅通，有雨、雪、风、冷防护设施；原材料堆放区、半成品堆放区应满足材料堆放要求。各作业区设置墙面标志牌。

（3）加工场地采用 10cm 厚石粉或碎石垫层，20cm 厚 C20 混凝土面层硬化；雨棚采用轻钢结构，可根据需要设置专门的围栏和门。高度应满足处理设备的操作空间（一般不小于 6.5m），并设置六级防台风措施。每台设备配备岗位安全操作标准卡（0.8m×0.55m）、“加工区，闲人不得进入”和“安全操作，谨防触电”卡（0.6m×0.6m）。棚旁设 2 具 4kg 干粉灭火器、2m^3 火砂、2 把铁锹、2 个水桶。棚外所有电气设备、配电箱、开关箱应上锁，并采取防雨措施，并悬挂“电气危险，注意安全”标志（0.4m×0.4m）。

（4）焊接和切割现场应设置禁止标志和警告标志。安全通道应设置禁止标志。氧气、乙炔等易燃易爆场所应设置禁止标志和明显标志。加工厂应设置禁止标志和警告标志。电场应标记警告。在火灾易发区域张贴警告标志。在放置消防设备的地方设置警告标志。

（5）各类气瓶应单独存放，不得曝晒；每个钢瓶之间的距离大于 5m，每个钢瓶与明火之间的距离大于 10m。气瓶配有防震环和安全帽；所有类型的气瓶都有标准的色码或明显的标志，在“危险操作，请勿靠近”旁边有警告标志(0.6m×0.6m)。

(6) 钢筋棚应配备数控弯曲机等设备，箍筋应集中机械加工，使用弯曲钢筋和其他弯曲钢筋。焊机、刨床、圆锯、手持式电动工具、钢筋机等必须经安全部门验收，并有验收记录后方可使用。

(7) 现场(棚)悬挂各类作业安全技术操作规程，操作人员应穿戴防护用品，严格按照操作规程操作；切割机操作室设有隔声墙。操作员加工钢制品时佩戴耳塞。

五、材料仓库和材料堆放布局

(1) 材料堆放应设专门场地(C15 混凝土硬化)和专门仓库，并有专人监护，账务齐全。仓库用彩色钢板或砖砌成墙。

(2) 材料堆放应尽可能靠近使用地点；预制构件堆放，直接装卸到位。模板、脚手架等工作材料应放置在便于装卸、取料、分拣的地方，并靠近施工场地。钢筋应按进货、加工、使用顺序，按品种、直径、用途摆放，并用方木垫好，用油布遮盖。

(3) 材料仓库周围有排水沟，排水沟畅通；各种砂石均设有隔墙和轻钢框架屋面。砂石应尽可能靠近搅拌站布局。水泥仓铺设防水防潮层和粉煤灰层。根据品种和标签堆放，底部离地 20cm，堆放不超过 1.5m×2m，离墙 20cm 间距 30cm，先用先分散。

(4) 在可能的情况下，应提供混凝土场地，用于堆放材料。如有困难，应整平压实，以满足承重条件。

(5) 材料收发管理系统和材料管理员责任卡(0.8m×0.55m)应悬挂在库区醒目位置。

(6) 应根据材料类别悬挂标签板(0.5m×0.4m)，注明名称、规格、型号、数量、批号、标签、制造商、制造日期和检验状态。

(7) 在应急物资区悬挂“应急物资”标志(0.6m×0.6m)和标志(0.5m×0.4m)；配备两个 4kg 干粉灭火器、两个立方火砂、两把铁铲和两个铁桶。

六、实验室布局与管理

(1) 实验室应根据施工需要设立，并由具有相应资质的施工单位授权。

(2) 实验室一般分为水泥实验室、力学实验室、岩土实验室、标准养护室、样品室和办公室。设置专门堆放材料的地方。实验室安装完毕后，要求当地计量认证部门对各类检测设备进行校准。在自检完成并开始运行前，项目管理机构应组织专业验收并同意使用。

(3) 实验室应配备测试仪器和设备，以满足施工和生产的需要。

(4) 试验中使用的有毒有害液体应由两人保管，并严格按照程序操作。

(5) 实验室应在醒目位置悬挂标识、岗位安全操作规程、检测人员公告牌、检测人员职责和检测流程图。

(6) 实验室应按要求配备消防设施。室内环境始终保持清洁卫生，以满足测试要求。

七、喷射混凝土和灌浆混凝土搅拌站的布置和管理

(1) 拌和站应靠近砂石料场、水泥筒仓、水箱和混凝土用量集中的施工现场，并有水源。

(2) 搅拌板(2m×1.5m)，随机悬挂司机岗位职责和岗位安全操作规程板(0.8m×0.55m)，搅拌站货架下方放置"施工重地，注意安全"(0.6m×0.4m)警示牌。

(3) 拌和站周围应设置排水系统和污水沉淀池。

(4) 砂、石、水泥用隔墙隔开，设置标志，材质用轻钢框架屋面覆盖。

(5) 配合比标牌内容：原材料名称、厂址、规格型号、理论配合比、施工配合比、各板混凝土用量、浇筑位置、技术负责人、试验负责人等。

八、管道敷设及维护管理

1. 铺设和布置原则

(1) 管道、电力线、通信线等管线的敷设应合理规划、整齐布置。

(2) 风(水)管的敷设应平直，管径一致，接头严密，支撑稳定牢固，转弯少，钝角小。

(3) 配风、配水接头和闸阀必须满足施工要求，并尽量减少数量。

(4) 施工现场应建立连续、畅通的排水系统，并形成沟渠、水池网络，便于排水。排水坡度不得小于1%，排水沟断面应满足流量要求。排水沟采用砖砌，流面采用M5水泥砂浆。确保施工现场无积水，穿越道路的排水沟应埋设或覆盖。

2. 通风管道布置

风管接头应严密，不同直径的风管不得混用。风管转角应做成大圆角，风管出风口距工作面6~10m。风管的安装不得妨碍人员和车辆的移动；架空安装时，支点和悬挂应牢固可靠，隧道工作面附近的管道应采取保护措施，防止爆破损坏。

3. 施工方法

引水系统与施工现场附近的当地河流或引水系统相连。给水管道布置合理，满足施工、生产和生活的需要，尽可能实现永久和临时的结合。

4. 施工用电量

(1) 施工现场必须实行三相五线制中性点保护系统(TN-S系统)，做到"三级配电、两级保护"和"一机一闸一漏一箱"。电力线路、配电箱、开关箱等按临时施工组织设计的规定布置。

(2) 变电站场地基础坚实，靠近施工负荷中心，周围有2.5m的HSS钢丝网或墙体；设置岗位安全操作规程牌，并在变压器旁悬挂"高压危险"和"配电重要部位，请勿进入"警示牌；站内配备4kg干粉灭火器2具、方火砂2具、铁铲2把、铁桶2个、避雷针1根；配电室配备绝缘垫、鞋和手套，以及2个4kg干粉灭火器。

(3) 配电箱应统一安装漏电保护器，并悬挂"电源，危险"警示牌(0.4m×0.4m)；电力线与照明线分开设置，采用绝缘线，设置横档，设置固定绝缘子，线间距10cm，距地2.5m以上，高压线距地3或5m以上；暗装电源线应沿方向安装红白标志杆或填写隐蔽工程记录，标明平面位置。一般照明、局部照明或混合照明应设置在自然采光较差的场所、车间、材料和工具场、道路、仓库、办公室、食堂、宿舍、卫生间等。高处作业和起重作业的作业区域和工序应设置自带电源的应急照明。隧道内照明应符合规范要求，以确保隧道内的运营需要。

5. 通信

项目部应安装程控电话进行对外通信，计算机互联网进行信息和数据传输，主要管理人员应配备移动电话。现场起重作业和防护人员应配备对讲机。

6. 其他

各种管道的布置除满足上述要求外，还应满足以下要求。

（1）通风管道应安装在隧道顶部，高压空气和水管、高压线、电力线和照明线应安装在隧道的同一侧，固定支架应均匀布置。

（2）隧道照明应确保充足且均匀的照明，且不得造成堵塞。

（3）路灯应安装在隧道另一侧，固定支架应均匀布置。

九、车站工程布置与管理

（1）在开工、征地和房屋拆迁前，应完成施工红线内管道和著名古树名木的搬迁，以确保施工用地和临时设施。

（2）施工便道从原城市道路引入，在征地范围内修建，并夯实基础。

（3）围墙应连续，生活区应与生产区分开，车辆停放与乘客间的地方应硬化，视线内的其他地方应为绿色。现场排水良好。必要时，应设置双沟排水，基坑周围的便道应设置在外侧。进出现场的入口必须配备洗车水箱和高压洗车软管。

（4）现场主电缆（线）应沿围栏敷设和悬挂，支架之间的距离应均匀，支架之间的电缆（线）垂度不得超过 10mm。引道浇筑时应预埋电缆（线）槽管。当需要穿越高架道路时，必须在高架道路两侧选择合适地点种植电杆，线路净空不小于 5m。临时电线必须用绝缘支架以统一的高度吊离地面。材料（无论是否丢弃）应堆放整齐，并清楚标记。

（5）变压器室、发电机室、配电室应靠近施工加工区。

（6）基坑支护结构的顶梁应低于现场地面约 50cm。边缘围栏采用钢管焊接，并用防护网密封。进出基坑的台阶应根据参考图纸进行处理。一般情况下，标准地铁车站基坑内台阶不少于 2 组，配电站或换乘站内台阶不少于 3 组。

（7）现场使用的各种脚手架、吊杆和操作平台（架）应按计划设计和实施，确保牢固可靠，并进行检查和验收，使用前确认合格。

（8）高处作业时，应按规定配备安全绳，穿软底防滑鞋。

十、地下开挖段的布置和管理

1. 地下开挖施工场地的布置与管理

施工场地应及时硬化，竖井、基坑、沟槽旁应设置排水设施，保持排水设施畅通。施工材料、机具按规定区域摆放，材料、机具摆放整齐有序。现场所有材料按施工方案统一布置，分类堆放整齐，材料标识清晰准确。材料堆放场地平整，排水设施完善，临时施工道路畅通，无障碍物，确保运输安全。出入口设洗车池，离开施工现场的车辆必须进行清洗。设置合理的消防通道和应急疏散通道，按照相关标准设置应急疏散标志和消防设施，保持消防通道和应急疏散通道畅通，并在醒目位置设置施工人员铭牌。必须列出人数，离开现场必须清点人数

2. 空压机房布置与管理

(1) 空压机房应尽可能靠近工作点，靠近电源、水泥库、加料室、烘箱和焊接场。

(2) 空压机房应为封闭式结构，基础坚实，无洪水威胁；使用面与风管的连接应短、直、顺，严禁“倒装”。

(3) 门上设置岗位安全操作规程牌、司机岗位责任牌(0.8m×0.55m)、“当心触电，注意安全”(0.6m×0.6m)警示牌，空压站旁设置循环水箱(2m×2m×1m)。

(4) 设置2个4kg干粉灭火器、2个方形防火砂、2把铁铲和2个铁桶。

3. 竖井管理、保护和标识

(1) 轴和提升系统必须涂防锈漆，由有资质的单位加工制造，验收合格后方可投入使用。龙门架施工应合理划分开挖和堆土区域，确保正常生产。起重设备应及时保养，定期保养，并做好保养交接记录。垂直电梯信号联络系统应采用点对点电话系统，以确保上下层之间的通信顺畅。吊钩和绳夹应及时检查和更换，以确保安全。

(2) 垂直井口应设置挡水墙和防护栏杆，并用钢丝网封闭。竖井运输系统必须有专人指挥和协调，确保无违章作业，必须定期检查系统的技术性能指标，确保垂直运输的安全。

(3) 严禁在井筒内堆放成品、半成品，以便及时吊入吊出材料，运输到合理位置。应经常清理井筒中的泥浆、淤泥和残余水，以确保井筒清洁。

(4) 楼梯的坡度和材料应符合相应规范的要求，楼梯宽度不小于1m，踏板应使用防滑板。楼梯间用铁丝网隔开以确保安全。沿竖井楼梯在转角休息平台上设置紧急疏散和安全警示标志。

(5) 照明应满足保证上下人员安全的要求。

4. 隧道内的现场管理、保护和识别

(1) 洞内材料应根据施工需要进行全面规划，按不同规格、品种合理布置，摆放整齐、稳定。钢筋和管道应放置在一端。各种材料标签齐全，浮雕材料不得与其他材料混用。

(2) 操作人员必须按照国家或行业标准配备劳动防护用品，并监督教育操作人员正确穿戴。

(3) 操作人员必须穿制服。进入作业区必须佩戴徽章，进入作业区的人员卡应挂在井口上。

(4) 每个工作面应悬挂“工作面位置指示图”，以清楚显示工作面在整个施工系统中的位置。垂直吊装设置点对点电磁电话联络系统，施工现场设置备用通信系统(如电铃)。

(5) 应设置应急疏散通道、应急疏散标志、应急灯等，确保应急疏散通道畅通。隧道内必须安装电话作为隧道内外的通信系统，加强隧道内外的通信，及时应对突发事件。

(6) 隧道内悬挂车站总平面布置图、工程施工工艺图、应急疏散通道布置图、安全责任分区图、隧道位置标识图。根据不同的作业内容，必须在适当、明显的位置悬挂安全警告标志，如佩戴安全帽的警告标志，防坠物、防触电警告标志，纵火警告标志，禁止吸烟警告标志等。

十一、盾构隧道施工现场布置与管理

(1) 在井口附近设置隧道施工过程地下操作人员登记牌、责任划分牌和作业状态图(每个牌高度相同，大小以现场协调为准）。

（2）井口护边锚上应悬挂“进孔戴安全帽”“当心触电”“注意安全”等警示标志，“穿防护靴”“严禁明火”。

（3）洞穴照明良好，通风良好，排水良好。隧道内电力线、照明线、高压风管、通风管、水管布置合理、顺直，无渗漏；隧道内配电箱设置漏电保护器，并设置“电源，危险”警示标志(0.4m×0.4m)；高压风管、通风管、水管连接可靠，无漏气、漏水，侵入有限。

（4）运输道路畅通，机械管理有序规范；压载运输安全有序，限速5km/h。

（5）所有管理和施工人员进入隧道前必须戴好安全帽，现场作业人员必须按规定穿戴防护用品；确保隧道内有2名专职安全员，佩戴红色背景的黄色安全员臂章进行巡逻，沟通顺畅，每天进行安全检查并做好记录。

（6）在线段上每隔10圈标记一个圈数，并喷涂字体。无任意标记。

（7）本井停车场设计合理，井口龙门吊安全操作规程醒目，龙门吊安全措施到位。

（8）型钢、方木、原木、桩等应急物资充足，隧道施工必须准备钢管和钢筋。

十二、高架桥的布置与管理

（1）开工前，根据管线测绘、建筑测量、架空电缆和电线的施工顺序，检查线路，了解全线情况。

（2）施工区设置围栏，合理布置钢筋加工区、模板堆放区、机房、施工配电、施工区出入口位置；出口设有洗车水箱；通常，设置硬化引道的纵向连接。

（3）施工期间，必须在街道、主要交通道路和人口稠密地区附近架设安全围栏和警告标志。严禁非施工人员进入施工现场。

（4）现场施工人员应佩戴安全帽，并确保现场有专职安全员。巡逻时佩戴红色底色黄色字母的安全员臂章。

（5）高空作业时，系好安全带，并将安全带悬挂在牢固的物体上；边缘作业应设置防护围栏和安全网，暂停作业应设置可靠的安全防护设施。

（6）起重机应进行检查和验收，并应有试验起重机验收记录。

（7）每天检查并记录脚手架、升降塔、地板和钢丝绳。

（8）配电箱应有门锁、雨棚或密封措施。

（9）安全警告标志应悬挂在危险场所和部件的显眼位置。

十三、城市道路建设规划与管理

（1）对于与现有城市道路平行的路段，必须在车站周围安装封闭围栏，以防止施工机械和人员随意进入（或滑入）人行道和高速公路的边界。

（2）对于现场机械作业，应安排专人进行城市路侧防护和机械指挥，防止在车站施工期间对过往车辆和行人造成伤害。

（3）应根据管道管理单位的相关要求，与相关管道管理单位签订安全协议，并在管道管理单位人员的监督下进行人工开挖和勘探，以便在施工前查明管道位置并进行保护，可进行识别或搬迁，以防止盲钻造成光缆设备损坏。

十四、现场围护、安全防护和个人防护用品管理

1. 现场安全

施工现场必须封闭，并在施工现场周围设置连续围墙。

（1）必须按照批准的文明施工设计建造现场围墙。项目部在投入使用前组织检查验收，必要时报监理单位验收。

（2）外壳材料应牢固、稳定、整齐、顺直、均匀、整齐、美观。

（3）在所有角落、大门和附近道路设置红色警示灯；繁忙路段的墙壁外侧应安装反光挡板。

（4）主要城市路段和其他涉及城市景观的路段的施工现场围挡高度不得小于2.4m，其他路段的围挡高度不得小于1.8m。

（5）施工现场应设置大门，门头应设置企业形象标志，力求美观。大门设置门卫室，实行门卫登记交接制度。严禁无关人员进入施工现场；进入施工现场的人员应佩戴工作卡。

（6）在施工现场大门处设置洗车设施，保持车辆离开现场时的清洁。

2.“三宝”“四孔”及护边

（1）垂直井口作业时，必须在进料口两侧及上下通道、深基坑、沟槽两侧设置防护栏杆，并用可视网封闭。安装在竖井内的人行道必须用钢丝网完全封闭以进行保护，并与人行道完全隔离。严禁使用铸造方法。

（2）基坑周围的栏杆可用0.5~0.7m的钢管打入地面固定，钢管与基坑边墙的距离不应小于0.5m。防护栏杆必须配备封闭式网状安全网。基坑采用板桩支护时，可将钢管打入板模内。严禁用钢筋和竹竿搭设防护栏杆。

（3）井口必须配备值班人员，负责上下井人员的登记。所有进入施工现场的人员必须正确佩戴标准安全帽。

（4）因作业临时拆除或更换安全防护设施时，应征得施工负责人的同意，并采取相应的可靠措施。作业结束后，应立即恢复原有的安全防护设施。如果在坠落高度基准面（包括基坑边缘）以上2m或2m以上的高度进行作业，则必须在边缘安装防护栏杆。下口有效关闭，安全网悬挂。现场梯子外还应设置安全网。

3. 安全防护设施管理

（1）各类安全设施由专人管理，人人定期检查维护。

（2）各种安全设施应记录在案，并纳入设备维护计划，定期维护。

（3）安全设施不得随意拆除、挪用或丢弃。如果为了维护而拆下，必须在维护后立即恢复。

（4）所有防护用品应存放在安全、方便的地方，并由专人负责保管、定期校准和维护。

4. 劳动防护用品管理

（1）采购各种安全设施和防护用品时，首先对供应商进行评估，并提供产品制造商的营业执照、拟采购产品的生产许可证、产品性能检验证书、产品出厂证书等（也可提供复印件）。经评定合格后方可购买。购买有生产许可证、出厂合格证、劳动部门检验合格证的产品。不得购买、使用无安全标志的特种劳动防护用品。

（2）建立安全防护设施的购置和发放制度，安排专人保管和发放，监督教育员工正确穿戴和使用劳动防护用品。

（3）项目部和货架组应定期检查和测试安全防护设施。各类防护用品，如损坏、开裂、头盔腐烂、钢丝断丝、安全网腐烂、安全带损坏、钢丝断丝等，未达到规定负荷要求，全部报废。

十五、现场消防安全和动火作业许可证

1. 现场消防安全管理

（1）施工现场的布置应以在建工程为重点，明确划分消防作业区、材料堆放区、仓库区、临时生活办公区、垃圾收集站等区域，距离应满足以下要求：锅炉房厨房及其他固定消防作业区距离在建工程可燃材料堆场或仓库25m；厨房墙面耐火极限不小于0.5h。厨房、烟道等高温区域应采取防火隔热措施。氧气、乙炔瓶、防水板等易燃易爆危险品应存放在距离生活区、办公区25m的地方。

（2）施工现场应设置消防通道。消防车道宽度不小于4.0m，净空高度不小于4.0m，道路畅通。

（3）施工现场的临时建筑应符合下列要求：①禁止在高压架空线路下修建临时构筑物和堆放易燃易爆物品；②宿舍楼耐火等级不低于二级。③临时建筑之间的防火距离不得小于5m。每组临时建筑不超过10栋，组间防火间距不小于10m。④临时建筑不得超过2层。如果临时宿舍房间的建筑面积大于50m^2，则应设置两个安全出入口。⑤临时宿舍的窗户不得用硬材料堵塞，每扇门与疏散楼梯间的距离不得超过25m（行李通道两端或末端房间的疏散距离减半）。以自熄材料为芯材、彩钢夹芯板为维护结构的房间的门与疏散楼梯间的距离不应大于15m。临时施工区域应按要求配备消防设备。临时办公、住宿场所每100m^{2}配备两个灭火器，灭火等级不低于3A级。易燃易爆危险品临时喷洒室和仓库每30m^{2}配备两个灭火器，灭火级别不低于4B。

（4）施工现场的电力电缆和照明电力电缆应单独设置，并配备相应的电力安全装置，严禁乱接乱拉。

（5）施工现场严禁吸烟。易燃易爆危险品仓库、易燃材料堆场设置明显的禁烟标志、垃圾收集站和施工作业区。

2. 现场消防许可证

施工现场的布置应以在建工程为中心，并应明确划分防火区、材料堆放区、仓库区、临时生活办公区、垃圾收集站等区域，间距应符合下列要求：

（1）锅炉房、厨房等固定防火区距离在建工程可燃材料堆场或仓库25m；厨房墙面耐火极限不小于0.5h。厨房用具、烟道等高温部位应采取防火隔热措施。

（2）氧气、乙炔瓶、防水板等易燃易爆危险品应存放在距离生活区、办公区25m的地方。消防车道宽度不应小于1.4m，消防车道净空不应小于1.4m。

十六、现场标志

（1）“五卡一图”展示卡。在施工现场醒目位置合理设置工程概况卡、工程领导卡、安

全生产卡、消防卡、文明施工卡、施工现场平面图等“五卡一图”。当业主要求时，应按其要求设置。

① 工程概况牌：工程名称、工程概况、主要工程量、施工范围，施工、设计、监理单位名称，开工日期、竣工日期、质量监督部门电话。

② 项目负责人：包括施工单位项目负责人、技术负责人、安全员、质检员。

③ 安全生产系统板：主要介绍安全生产的要点和要求。

④ 消防系统板：消防重点和日常安全生产及消防要求。

⑤ 文明施工牌：根据要求，制定施工现场文明施工的标准要求或注意事项，以及项目现场环境保护的特殊要求。

⑥ 施工总平面布置：主要说明本工程主体结构的位置、施工队伍的布置、设备、机械和原材料的储存和加工位置、沿线施工人行道和出入口的位置以及与周边区域的关系。“五卡一图”展示板尺寸 150cm×120cm；面板由白色钢板制成，字体粗体，铭文为红色，字体大小大于内容大小。文字为明亮的蓝色，带有固定角钢。正常情况下，施工现场入口处应放置“五卡一图”

（2）现场标志。地铁施工现场一般位于城市交通要道上，现场标识必须符合城市管理的相关要求，不得随意放置。一般可在大门处设置，内容为 LOGO+公司名+×××项目。标语为角钢结构，镀锌铁皮包裹，白色文字，红色背景，尺寸大于 2m。施工墙上可张贴企业宣传和安全告示。

（3）其他现场标志。

（4）操作说明板。现场适当位置应设置操作指导牌，包括各种仪器的操作说明，如测量仪器、测试仪器等；各种车辆和机械的操作程序；有室内外操作标志。室内板尺寸一般为 60cm×80cm，室外板尺寸一般为 80cm×120cm；室内品牌采用铝合金框架，室外品牌采用马口铁。大小取决于内容。

十七、现场文明施工纪律

（1）所有施工人员必须佩戴工作许可证。项目部制定或协调工作许可证的模式。项目人员应穿着制服并佩戴徽章。在可能的情况下，施工人员应穿着美观、舒适、符合安全要求的统一工作服。

（2）所有进入施工现场的人员必须正确佩戴安全帽和安全带。管理人员、工人和特种作业人员应佩戴不同颜色的安全帽；进入施工现场的工人应根据危险作业的特点适当穿戴其他个人防护用品。

（3）拖鞋、凉鞋、高跟鞋、背心、短裤、短袖和裙子严禁进入施工现场。现场禁止赤膊赤脚；高空作业时不允许穿硬底鞋。

（4）进入施工现场的人员不得留长发、披肩发，并将长发、长辫戴在安全帽内。

（5）严禁酒后进入施工现场。

（6）施工现场除吸烟室外，严禁在任何地方吸烟。

（7）严禁进入危险作业区；进入施工现场时，严禁随意抛掷杂物和堆放物品。

（8）高空作业时，材料和工具不得向下抛掷。项目部根据现场实际情况，设置进出管理区标志、现场铭牌、配合比牌、交通安全警示牌、图像进度卡、材料卡、机械设备状态卡等。进出管理区的标志一般设置在公路附近，用箭头标明现场名称和位置。在靠近管段的道路上，应在醒目位置设置彩色门。安全警示标志、形象进度标志、配合比标志的制作，采用直径40mm的钢管和转角为框架，2mm钢板为面材；建筑标志有白色背景和2cm宽的亮蓝色框架。字体为粗体，颜色为亮蓝色。尺寸为90cm×60cm(长×高)，安装标志底边离地1.20m。施工配合比标牌：注明理论配合比、施工配合比、强度等级、材料来源、规格。安全警示标志：主要反映现场施工过程中的安全注意事项和路况，并根据现场情况匹配适当的图案。在存在安全隐患的场所，必须设置安全警示标志。材料标签：每种材料都必须有自己的名称、产地、规格和状态。设备状态卡：指示设备的当前状态，插入并放置在设备的正常停车位置或悬挂在设备的适当部分

第二节　车站施工主要方法

地铁工程由隧道和车站组成。区间隧道的施工方法主要有明挖法、盖挖法、新奥法和盾构法。

一、明挖和盖挖

(一) 明挖法

明挖法是许多国家地铁施工的首选方法。当地面交通和环境允许时，通常采用明挖施工方法。明挖法具有施工面积多、速度快、工期短、易于保证工程质量、工程造价低等优点。然而，由于对城市生活的极大干扰，其应用受到各种因素的限制，特别是在地面交通和环境不允许的情况下，只能采用盖挖法或新奥法。明挖法适用于施工场地宽、施工空间大的浅埋车站，如带换乘站的地下综合车站、地下商场、休息娱乐场所和停车场，如上海地铁徐家汇站。

明挖施工主要分为四个部分：围墙施工、车站土方开挖、车站主体结构施工、土方回填和管道恢复。根据不同的地质条件、车站结构尺寸和基坑深度，明挖支护结构可采用地下连续墙、锚杆、钻孔桩加旋喷桩止水、SMW水泥土加钢筋，而以地下连续墙为围护结构的明挖地铁车站施工技术如下：地下连续墙围护结构施工至井点降水范围内或基坑底部土体加固，上部土体开挖，上部钢支架设置至中部土体开挖，中间钢支撑设置，最终开挖底土，底部浇筑混凝土结构-中间层支架拆除-车站混凝土浇筑，拆除顶部支架，屋顶和浇筑混凝土结构回填土等。

(二) 交通繁忙路段开挖车站屋顶维护结构

施工方法为屋顶开挖和临时交通覆盖。根据结构施工顺序，有两种方法：盖挖逆作法和盖挖正作法。通常，自上而下的封顶开挖方法旨在短期阻断交通。大约一年后，结构屋顶完工以恢复道路交通，竖井用于内部地下开挖和自上而下的施工。覆土开挖法一般采用临时设施(如钢结构)作为辅助措施，以维持道路交通，夜间封锁道路，并为土方开挖或基

坑结构施工提升盖板。盖挖法也成为车站建设的主要方法。覆盖层开挖占全球车站的很大比例。利用这种方法，北京、上海、南京和广州已建成近10个地铁站。覆盖层逆作法开挖具有占用时间短、对地面干扰小、施工安全等优点。适用于高层建筑和埋深在车站上方的地铁车站，如上海地铁新水街路站。缺点是施工工艺复杂，交叉作业，施工条件差。盖挖法也有盖挖法的优缺点，仅适用于城市地区的浅埋地铁车站。

盖挖法的基本施工工艺如下：车站临时支护桩施工，应用地下连续墙及支护结构，在基坑底部进行地下连续墙坡脚灌浆，并进行地基加固，设置第一层钢支架和槽，开挖第一层土壤→第二层钢结构安装→站房屋顶钢模板、绑扎、混凝土浇筑–屋顶覆盖管埋设和路面浇筑→第二层土壤开挖→第二层钢支撑下移至第三层安装，第四层钢支撑安装→中间层模板、钢筋绑扎、混凝土浇筑→第三层土方开挖小断面→第四层钢支撑逐层移动→第五层安装→底部混凝土浇筑。

二、地下开挖方法

（一）新奥法

新奥法通常被称为矿山法。其是当代隧道施工设计中使用最广泛的方法。施工理念是在监测的基础上，改变喷射混凝土厚度、锚杆、钢支撑和钢筋网参数，以及二次衬砌等支护措施，并及时测量，以保持开挖硐室的稳定性，确保施工安全。当当地交通和环境不允许时，世界各国通常采用新奥法施工方法。例如，日本新奥会修建的东野高速公路北直车站是一个单层结构，有3个拱门和2个立柱。它具有对地面影响小、成本低的优点。适用于坚硬岩土中、底层水位，但进度慢，劳动强度高，风险大。新奥法大断面开挖包括侧壁导向坑、台阶和CRD。施工工艺如下：接线→钻孔、装药和爆破→通风除尘→锚杆、钢拱支撑、挂网→喷射混凝土初期支护→施工模板混凝土二次衬砌。使用的辅助施工方法包括排水、管道、灌浆和必要的监测和测量措施。

（二）浅埋暗挖法

浅埋暗挖法是按照新奥法原理进行设计和施工，以加固、处理软弱地层为前提，采用足够刚性的复合衬砌(由初期支护和二次衬砌及中间防水层所组成)为基本支护结构的一种用于软土地层近地表隧道的暗挖施工方法，它以施工监测为手段，指导设计与施工，保证施工安全，控制地表沉降。浅埋暗挖法的施工原则是：管超前、严注浆、短开挖、强支护、快封闭、勤量测。与明挖法相比，浅埋暗挖法的最大优点是避免了大量拆迁、改建工作，减少了对周围环境的粉尘污染和噪声影响，对城市交通的干扰小。盾构法虽然也具有上述同样优点，但盾构法不能适应隧道断面变化，而且当盾构开挖的隧道不是足够长时，盾构法的经济性不明显。选用浅埋暗挖法应考虑的基本适用条件有：不允许带水作业和要求开挖面具有一定的自立性和稳定性，而且是浅埋地铁车站。缺点是地下作业风险大、机械化程度低。浅埋暗挖法对土体的加固和对水的处理方法有冻结法、注浆、深层搅拌和管棚等。对于断面较大的隧道，考虑分部开挖、分部支护和封闭成环的需要，选择中隔壁法(CD法)、交叉隔壁法(CRD法)和侧壁导坑法(眼镜法)等。浅埋暗挖法常用的初期支护形式是钢筋格栅、钢筋网和喷混凝土。地表位移、拱顶下沉、隧道周边收敛等量测项目常被选为监控量测的必测项目，而土压力、土体位移、支护应力等可作为选测项目。

（三）暗挖与盖挖相结合的施工方法

暗挖与盖挖相结合的施工方法是一种新技术，是我国在使用暗挖法和盖挖法施工的基础上，经过研究总结而提出的具有盖挖法和暗挖法各自优点的一种新的施工方法。其关键是将地铁车站视为由桩、梁和拱组成的地下结构，如北京天安门西站。天安门西站的具体施工流程为：导洞开挖、支护→桩孔、柱孔开挖及护壁→条形基础施工→桩、柱吊装及灌注混凝土→桩、柱顶梁施作→三跨顶拱初期支护施作→花边墙施作→三跨顶拱二次衬砌施作→站厅层施作→站台层施作→站台板施作→建筑装修及设备安装。

（四）暗挖新技术

暗挖法也有了新的进展，主要有预制块法、预切槽法和气压法。预制块法是把盾构管片的安装技术和暗挖技术融合在一起的一项新技术，先做两侧导洞及侧墙，然后注浆开挖并放置钢拱架、喷射混凝土、安装预制块、在背后注浆，跨度已达 18m 以上，该技术在法国已大量应用。预切槽法是按照结构尺寸制造一个台架，装有特制链条锯沿拱圈方向把地层切成一个高 10~35cm、深 4~5m 的槽缝，然后放置钢筋网并喷射混凝土，形成钢筋混凝土拱，在其保护下开挖施工，效果很好，在法国、意大利等国家已开始应用。气压暗挖法是采用气压条件下的新奥法施工，因采用气压较低，一般对人体健康没有影响。压缩空气不仅可排除隧道中的地下水，还可减少地面沉降，防止地面结构损坏，减少加压隧道一次衬砌的荷载，对开挖面有支护作用，降低成本，对降低施工中的粉尘有显著作用，这种办法已在奥地利、德国、英国、日本等国家应用。

三、盾构综合法修建地铁车站

国外已经采用了配合盾构法修建地铁车站的施工方法，这种施工方法可一次采用盾构法将区间隧道和过站隧道贯通，再在盾构隧道的基础上扩挖而形成地铁车站；或直接利用大直径盾构机或连体盾构机修建地铁车站。配合盾构法修建地铁车站的优点是可充分有效地利用盾构设备，达到进一步提高地铁工程的建设质量、缩短建设周期，从总体上较大幅度地降低工程造价的目的，从而使得盾构法在城市地铁工程中得到了大规模的应用；同时不影响地面交通和中断地下生命线（上下水道、电线和电话线管道以及天然气管道等等），且施工安全、机械化程度高。这种施工方法适用于市区深埋车站和线路交汇处换乘下层站等。但是，其施工所使用的机械复杂，安装操作难度大。国外盾构综合法修建地铁车站有以下 5 种形式。

（一）扩挖区间盾构隧道修建

此方法直接在两条单线区间盾构隧道的基础上，扩挖形成车站。得到实际应用的有两种方法：一种是托梁法，一种是半盾构法。此大类方法已有较多工程实例，但多用于单层岛式站台，且单线区间盾构隧道的建筑界限还应满足车站的使用要求。

1. 托梁法

此方法采用两台单线盾构，并行施工修建两条单线区间隧道，而后修建两侧立柱，从两侧立柱顶部向区间隧道间的地层中压入托梁，在托梁的支撑下进行上部土体的开挖和管片的拆除，立模现浇车站顶部结构，然后开挖下部土体和拆除管片并施作下部结构，最近建成的日本东京地铁7号线(南北线)的永田町站即采用该法修建的。

2. 半盾构法

与托梁法一样，用两台盾构并行施工修建两条单线区间隧道，而后修建两侧立柱，再用半盾构修筑车站顶部结构，最后进行管片的拆除和开挖下部土体并施作下部结构。这种结构形式如图5-1所示。

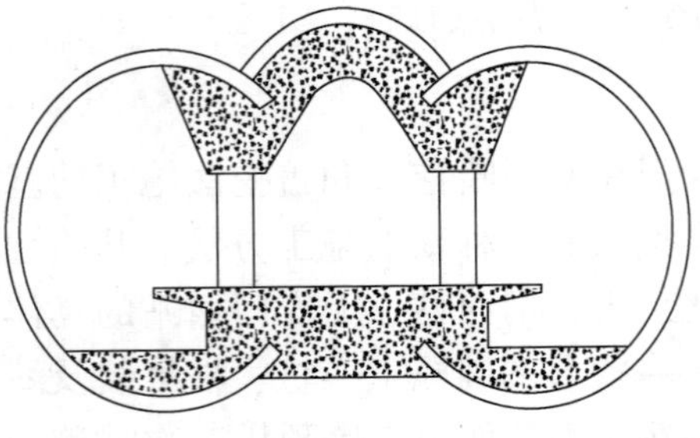

图5-1　半盾构法修建的车站结构

(二) 建成两条或三条平行隧道

1. 建成三条平行隧道

用直径为9~10m的盾构建成三条平行隧道，在中间隧道与两侧隧道间修建联络通道形成地铁车站。该法适用于修建站台较宽的岛式车站，在苏联深埋地铁中应用较多，如基辅地铁车站(见图5-2)。

2. 建成两条平行隧道

日本近期投入技术研究力量，成功开发出了采用圆周盾构方式将小直径的区间盾构隧道扩大为大直径的方法，为在区间隧道采用盾构法，但在车站受净空限制而不便扩建为车站结构的情况提供了可能途径。英国直接用7m左右的盾构机修建两条平行隧道，形成侧式站台车站，缺点为修建车站的盾构机不能采用修建区间的盾构机，如果都用大直径盾构机修建区间和车站的话，造成浪费，其结构示意见图5-3，当然也可修建少量的连络通道，满足车站工作人员和乘客的通行。

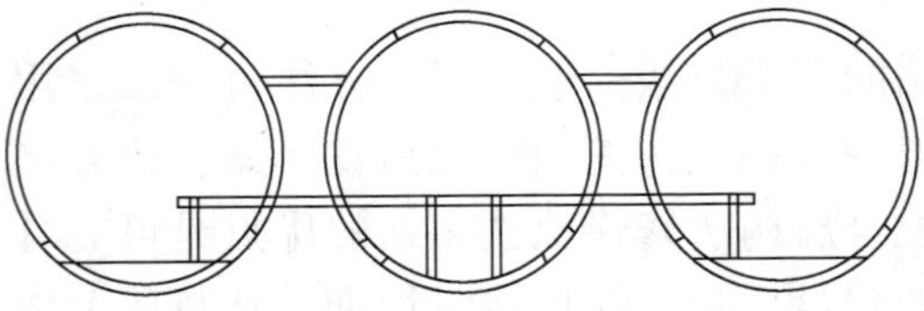

图5-2　基辅地铁车站的结构形式

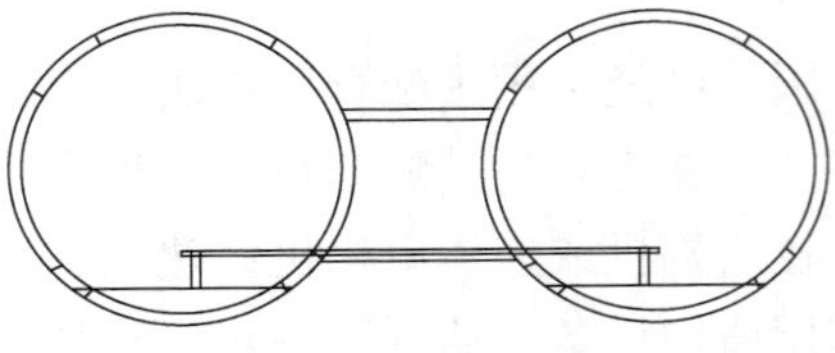

图5-3　伦敦地铁盾构车站

3. 固定式或分离式连体盾构机直接修建

日本在采用盾构机修建区间隧道成功后，继而又开发了采用固定式或可分离式连体盾构机直接修建车站的方法。这些方法越来越多地应用到工程中，取得了良好的效果，但多为单层车站。日本还有采用此法修建双层地铁车站的计划。如都营地铁12号线饭田桥站，就是采用固定式三连体盾构机修建的，该站为单层岛式站台车站。图5-4为采用分离式三连体盾构机修建单层侧式站台车站示意图。

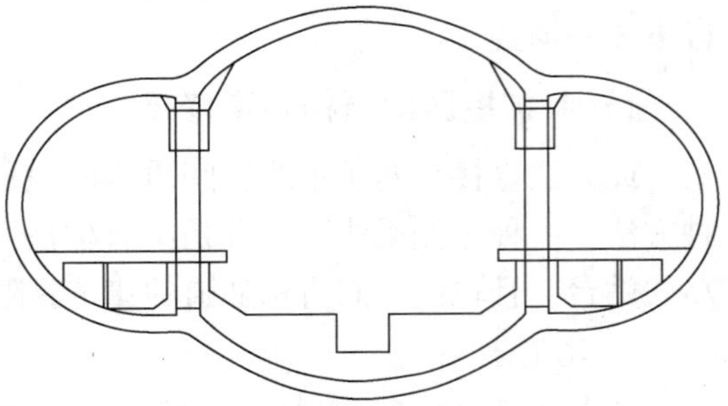

图5-4　单层侧式站台车站

4. 修建拱形结构

此方法为先修建两个小型盾构并充填混凝

土，以此作为拱座基础，再修建上部单拱结构形成车站，此方法在俄罗斯较多使用，且已在双层车站中使用。例如，圣彼得堡地铁三拱墙柱式车站，先用盾构贯通区间隧道，修建两侧的立柱(实际上为连续开洞的隔墙，在墙上装有自动控制的门，列车到站时会自动开启)，再暗挖站台隧道上部土体，修建拱部结构，最后开挖下部土体并修建仰拱结构。在修建上部拱式结构时，可结合辅助工法采用矿山法开挖(如加固土层后开挖或机械开槽形成上部拱式结构后开挖等)，也可直接采用若干小型盾构修筑上部拱式结构体后，在上部结构保护下开挖。

(三) 复式微型盾构修建

这是一种正在发展中的方法，其思路是采用小型或微型盾构设备，先修筑车站结构体，而后开挖内部土体，可修建大型地铁车站。其形式有多种，按盾构机刀盘的切削方向，可建成弧型或矩形车站结构体。此法不用大型盾构设备，安全可靠，可在极其软弱的地层条件下修建大型车站结构，但尚需进一步完善小型盾构设备。

第三节　车站围护结构施工

一、地铁站围护结构比较

(一) 地下连续墙

地下连续墙一般定义为使用各种挖沟机，在泥浆护壁的帮助下，在地下挖出窄而深的沟槽，并向其中注入适当的材料，形成具有防渗功能的连续地下墙，土壤保持和承载功能。作为地铁车站围护结构最常用的支撑形式，它在承载力和防水方面具有很大的优势。因此，它在地铁建设中得到了广泛的应用，尤其是在沿海地区，有效地解决了软土地基问题。然而，这种围护结构也有其自身的缺陷，主要是因为施工成本太高，对城市市政管线建设影响很大。

(二) 桩排

桩排是由一定桩型组成的基坑支护结构，排成一列。排桩的应用也很广泛，技术也很成熟。它们广泛应用于许多内陆城市，包括西安等黄土地区。最常用的是钻孔灌注桩。排桩承载力较高，施工较地下连续墙容易，但不能解决防水问题。一般来说，在施工中，排桩间隙处的桩间喷网混凝土是解决防水问题的必要措施。排桩的缺点还在于成本较高且不太经济。

(三) SMW 桩

SMW 施工方法是使用多轴钻挖搅拌机在一定深度进行钻孔和开挖，在钻头处喷洒水泥基增强剂并与地基土反复混合，各施工单元之间采用重叠施工，然后在水泥土混合料硬化前，插入 H 型钢或钢板作为其应力加固材料，直到水泥硬化，形成具有一定强度和刚度的连续完整桩无缝地下墙。

(四) 第三种施工方法

TRD 施工方法是将切链机插入土壤中，旋转切链机，沿水平方向向前挖掘，形成连续的凹槽，从切割器端部喷射水泥浆，并与土就地混合，在水泥土下形成连续墙，在水泥墙中插入型钢，以增加连续墙的强度和刚度，最后在主体结构施工后拔出型钢。TRD 施工方法的特点：①整机地面高度不超过 10m，地面高度与切削沟槽深度无关。同时，在砌墙时经常将切盒机插入地面，因此设备的整体稳定性良好。②建成的墙体垂直精度高，适合在各种土壤条件下施工。③建成的墙体厚度连续，无接缝，因此可以用作止水墙。④在切削沟槽时，墙体的质量是均匀的，因为混合是在整个切割深度内的整个区域进行的。⑤芯材可根据实际计算结果，以最佳间距设置在已建墙体中。TRD 施工方法具有施工效率高、工程造价低、成墙效果好、地层适应性好、环保等优点；TRD 法在地铁车站基坑工程中的应用在技术上是可行的，经济上是有利的。

二、地铁车站围护结构施工要点

（一）钻孔灌注桩施工要点

以地铁车站为例，本工程采用钻孔灌注桩，围墙采用钻孔灌注桩和水泥选择性喷桩作为止水帷幕。钻孔桩数量多，桩身长度长，施工质量直接关系到围护工程的质量，也关系到整个工程的质量。因此，必须正确选择科学合理的施工工艺，使钻孔灌注桩一切优良。灌注桩为隐蔽工程。但是，由于影响灌注桩施工质量的因素很多，施工过程中的每个环节都必须严格要求，必须详细考虑各种影响因素，如地质因素、钻孔工艺、挡土墙、钢筋笼上浮、混凝土制备和浇筑等，如稍有不慎或措施不严，在灌浆过程中会发生质量事故，从塌孔缩颈到断桩报废，都会对整个工程的质量产生不利影响。因此，必须高度重视并严格控制钻孔灌注桩的施工质量，尽量避免事故发生，减少事故造成的损失，以利于工程的顺利进行。站场根据当地地质条件，选择钻孔施工方法：站场两侧桩采用旋挖施工；在公路中段，由于地质条件较好，旋挖施工影响城市交通，故采用人工挖孔桩的施工方法成孔。浅层岩层的车站围护结构也可采用冲击钻进施工工艺。在围护结构的桩基施工期间，靠近主体结构侧墙的桩基一侧应距离侧墙约 10cm，施工期间应确保桩基的垂直度，以避免侵入主体结构。水下混凝土浇筑从孔底开始，用混凝土和孔内泥浆替换成混凝土桩的基础。浇筑过程中，应及时掌握混凝土表面的上升高度和导管的插入深度。孔内应在两个以上的测量点测量每个混凝土表面的位置。测绳由于张力和湿度等因素的影响，标记长度变化很大，必须经常更正。

（二）旋喷桩施工要点

为确保钻孔灌注桩间距的止水性能，旋喷桩施工必须在灌注桩施工完成后继续施工。高压旋喷桩对淤泥、淤泥质土、黏性土、粉土、砂土、人工填土、碎石土等具有良好的处理效果，适用于地铁车站施工中围护结构止水。旋喷桩和钻孔桩构成围护结构的止水帷幕，防止明挖施工过程中地下水的收集和涌出。旋喷桩的桩底一般施工至强风化岩层，直至钻杆无法下入。钻机采用双管高压旋喷桩和高压注浆泵。当钻杆钻至既定标高时，使用高压喷射灌浆机将带有水平喷嘴的灌浆管降低至孔底，高压喷射水泥浆冲击并切割土体，随着灌浆管的旋转和提升形成圆柱形桩。泥浆和土壤通过一系列物理和化学反应固结成一堆。旋喷桩截面必须与钻孔桩啮合，以确保支护和止水效果。旋喷桩施工技术是一项比较成熟的技术，在地铁车站围护结构止水中有很好的应用效果，可以使开挖基坑不受潜水和地下水涌水的影响。旋喷桩施工必须逐排进行，以确保施工桩的长度和直径。开挖后，旋喷桩与地层连接处如发现涌水，必须及时补桩堵漏。

（三）支护体系施工要点

支护体系施工为临时结构，必须在土方开挖前施工。这是一种确保围护结构阻挡开挖后被动土压力的结构设置。根据现阶段地铁车站采用的支架类型，分为钢管支架和混凝土支架，各有优缺点。混凝土支护稳定性好，适用于复杂部位的支护，但施工进度缓慢，影响土方开挖。钢管支架具有施工简单、安装拆卸方便的优点，但难以应用于有特殊要求的部位。明挖车站施工时，为保证整个围护结构的稳定性，第一层支架采用混凝土支撑，第二、三层支架采用钢管支撑，非标准段采用混凝土支撑。如果第一个支撑系统由钢管支撑，则很可能无法保证整个结构的稳定性。地铁车站坍塌事故在处理这一问题时经常发生，如杭州凤栖某车站。同时，在开挖过程中，对支护结构的外露桩基段进行喷射混凝土，使其表面尽可能平整，并对涌水部位进行排水和封堵。基坑内外不应进行降水处理，但必须实时监测基坑及支护结构周围的水位和土壤倾角变化。

第四节　基坑降水与排水

基坑是地铁建设的重要环节。场地地质水文条件复杂、隐蔽，施工难度大，对施工技术提出了更高要求。为了解决地下水干扰问题，施工中应合理应用降水排水施工技术。

一、降水施工技术分析

（一）施工井位

（1）区间暗挖施工段井中心与隧道结构外轮廓的距离为≤2.3m。降水井间距可根据实际情况灵活调整，但不得超过8m。同时，需要布置足够数量的降水井，以满足降水作业的要求。

（2）测量队应测量并放出结构的中线和边线，并根据规范重新测试。如果测量结果正确，则列出初步井位。之后，还需要调查井场周围铺设的地下管道。如有，进一步明确具体类型和分布特征（深度、覆盖范围等），并根据此情况对井场进行适当调整，避免空间干扰。

（二）管井施工

1. 探井开挖

确认后，如果现场施工不会影响地下管线和各种构筑物，可向下放入套管内，然后在周围填充适量黏土，以加固护筒和砌块，避免施工用水大量流失和钻孔坍塌。管井施工中遇到地下管线时，应根据实际情况灵活调整井位，然后再挖深井，以避免对现有地下管线的影响。

2. 围墙（开挖）泥浆池

综合考虑已钻的井数和排渣量，确定合适尺寸的泥浆池（均为地面上的钢板方盒或塑料布临时维护）。对于沥青路面和人行道，可采用围护结构，以确保地面的完整性（无损坏）；拆除现场可根据实际情况采取围挡或开挖的方式。其中，可利用探井弃土将泥浆池围起来，并在泥浆池底部和侧壁铺设适当尺寸的塑料布，以避免污染环境。一般情况下，可采用泥浆池组合的方法，如每 2~3 口井共用一个泥浆池。

3. 钻机定位和调整

用水准仪找平，以确保钻机能够准确定位并保持稳定。钻机找正偏差应在 20mm 以内，塔架垂直度偏差应控制在 1%以内，否则不符合要求，需要调整。

4. 钻井施工

钻井作业采用泵吸反循环方式。钻井过程中，详细观察冲洗液，确定是否有流量损失。如有，及时补水，确保冲洗液液位稳定（要求不低于 1m）。不同土层的钻井条件不同，需要根据实际情况灵活调整作业方法。例如，在黏性土层的钻探施工中，自制泥浆黏度过大，作业效率低。此时，可清洗部分泥浆，注入清水，并可通过外部清水调节泥浆密度。每次下入钻具前，应详细检查钻具是否存在脱焊、裂纹等问题。如果是，应安排补焊或其他处理。如果不符合维护条件，则应更换。钻井作业条件复杂，需要根据实际情况灵活调整作业方法。当卵石尺寸较大时，可更换圆柱钻头，及时将卵石捞出，以便后续快速钻进。在普通地层钻进时，如果出现钻具旋转阻力增大等异常情况，应立即暂停钻进，分析原因并进行处理。钻孔过程中，加强对排渣和回水的检查。如果钻渣或水量异常减少，应适当调整作业方法，如按一定范围下钻具，降低钻压。如有必要，暂停钻井并有效处理问题。具体钻孔过程如图 5-5 所示。

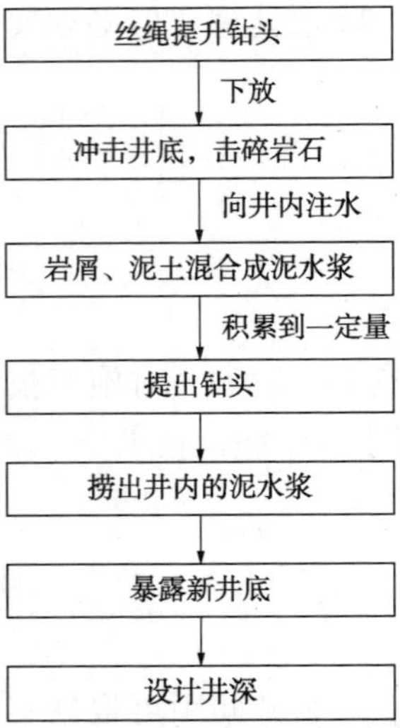

图 5-5　钻井流程

每次加钻杆前，应安排 1~2min 的反循环时间，将钻杆内积聚的钻渣有效清理至地面，然后停止砂石泵的运行。这样可以有效防止钻渣掉回钻头（如果掉回，很容易堵塞钻头吸入口）。

（三）换浆清孔

（1）换浆。钻进到设计深度后，反循环钻进，通过此操作将钻头提升约 0.5m，然后注入清水，启动反循环砂石泵，在装置的作用下更换泥浆。

（2）清孔孔底。当泥浆较稠时，可用泵筒抽出，然后注入清水稀释。经过该处理后，要求泥浆密度约为 1.05g/cm^3，黏度为 18~20Pa·s。

（四）下井管

降水井深度浅，所用井管重量小，便于操作。因此，可采用直接提升法将井管下放至规定位置。在吊装过程中，加强对井管姿态的控制，使其稳定在井孔中心。吊装就位后，要求高出地面 200mm，防止外部杂物落入。

(五) 回填滤料

在此期间，应及时测量滤料的填充高度，并用铁铲沿井壁周边连续填充(装载机浇筑方法不合适)，为保证填料的均匀性，减少滤料对井管的影响。

(六) 洗井

可采用压缩空气洗井的方法。适用于空压机，操作方便，运行效果好。上部潜水层和层间水层是洗井时需要考虑的关键部位。洗井可自上而下分段进行，逐步完成整个井段的清洗。如果下沉率不足，则将井注入冲洗到其中。洗井过程中，加强现场作业观测，以水位和产水量为重点，根据观测数据采取控制措施，使各项稳定在合理范围内。洗井的技术要点如下：下管、灌井后，如无误，需及时洗井，完井与洗井间隔应尽量缩短，原则上不超过 8h；如果常规洗井方法效果不佳，应采用空压机进行进一步处理，即高压洗井处理，压力应稳定在 0.3~0.7MPa。根据实际情况灵活调整；自上而下洗井，每 10m 洗一次。

(七) 停泵

停泵前做好准备：详细检查泵电缆接头的密封情况，判断是否松动，如有则紧固；测量水泵的绝缘电阻，如果该值低于设定值，则需要干燥。所有准备工作就绪后，可以正式降下水泵，用绳子将电缆系在水泵耳环上，然后以较慢的速度降下。一般情况下，需要将水泵降到距孔底 1~2m 处，然后用钢丝绳或夹板将水泵平稳悬挂或夹紧，放在井管上口。全过程小心，避免碰撞等原因损坏泵体。

二、潜水残余水的有效处理

施工现场有两个含水层，上层需采用合理的方法排水。但从实际情况来看，潜水含水层底板缺乏平整度，部分地区潜水含水层底板存在渗水现象。如果这个问题得不到有效解决，就会在地层中产生细颗粒，不利于开挖过程的顺利进行，容易影响开挖质量。为此，需要根据出水口的实际情况，适当放慢开挖速度，采取有针对性的处理措施。

针对潜水残水处理技术的关键点，进行如下分析：

(1) 如果连续渗水，但水流较小，更可行的方法是采用径向灌浆堵水，在距出水口 1.5m 处钻孔(孔径为 42mm)，清理孔内杂物，然后向其中注入 1m 长的水，ϕ40mm 钢管应埋设到位并固定在孔口处。正式灌浆前，组织灌浆试验，确定浆液配合比、灌浆量、浆液扩散半径等各项操作参数，作为正式施工的依据。灌浆材料可以是水泥-水玻璃双液浆。每个孔的灌浆必须连续。当测得的灌浆压力达到设计值后，仍需稳定 10min(可根据实际情况适当延长)，以确保浆液填充的充分性。

(2) 如果渗流量较大，应在出水口处设置盲管引导水流，并在槽侧开挖盲沟，收集水，均匀排放该部分水。从材质上看，导管一般可选用 ϕ25mm 塑料管，长 0.5m，用 80 目尼龙纱布包裹，以防堵塞。盲沟开挖一般靠近坑壁。考虑到基坑底部止水水流容易携带细颗粒(此时会对地基土造成明显扰动)，在降水施工期间，需要用粒径为 4~6mm 的砾石填充盲沟。

三、地下水减排和水的有效利用

(1) 根据实际情况，有效协调土建施工，加强土建施工之间的协调。以水位监测为参考，分段抽水，动态调整抽水井中的水泵数量，或灵活调整水泵流量使其合理。

(2) 本着资源利用最大化的原则，从降水中提取的水应合理用于洗车，施工现场降尘等作业现场；沉淀池储水时，此部分可用于冲洗土方车；合理利用降水井水源，扑灭现场扬尘，实现环保施工；对于临时支护、锚喷混凝土，可使用排水井进行排水。此外，剩余雨水可随意排入当地绿化部门，例如，雨水可用于灌溉施工现场前方的树木，同时可主动排入市政环卫部门。

第五节　车站主体结构施工

一、主要施工方法

车站主体结构为钢筋混凝土矩形框架结构。采用明挖法施工。施工过程中遵循“纵向分段、纵向分层、自下而上”的施工顺序。为了增加车站整体刚度，减少变形，车站主体结构不设置变形缝，仅在主体结构与附属结构之间设置变形缝。变形缝宽度为20mm。主体结构根据各段纵向开挖长度设置施工缝。截面位置应根据结构位置设置在跨度剪力小、弯矩为纵向柱间距的14~13处。各层预留洞口、楼梯、电梯井、侧墙通道位置尽量错开。初步拟定全站共分为8个区段。主体结构(不含垫层)按支撑位置垂直分为三层，即：底板和0.5m左右侧墙；站台层侧墙、中板；站厅层侧墙、屋面。

混凝土工程模板采用18mm竹胶板。模板支架采用WDJ碗扣式脚手架，装卸方便灵活。混凝土工程采用优质商品混凝土，混凝土采用混凝土罐车运输，混凝土采用混凝土泵浇筑。屋面外防水层、回填土方等附属工程应与主体工程进度同步施工。采用C35补偿收缩混凝土浇筑。浇筑应在顶部施工后2个月进行。

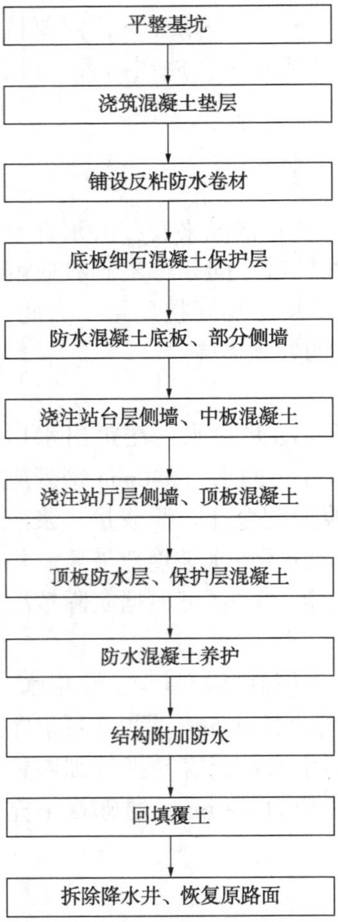

图5-6　主体结构工艺流程图

二、主体施工工艺流程

主体结构施工工艺流程如图5-6所示。

钢筋规格、直径较多。特别是梁、柱、板交接处钢筋较密，施工要求较高。为确保钢筋分项工程一次优良，满足设计和施工规范要求，一次隐蔽验收合格，各分项工程的施工控制点和施工方法需满足要求。

三、钢筋的试验和储存

(1) 钢材进场后，必须根据施工条件进行原材料和试焊取样，然后才能施工，并将检验结果报告监理人。经审查批准后方可正式施工。

（2）除见证和提交来料钢筋进行检验外，还应配合质检站按规定进行抽检和审查，以确保原材料的质量控制。

（3）钢筋采用接头，必须经有关主管部门批准，并经现场试验合格后方可使用。

（4）钢筋进场后，应按平面图规定的位置堆放整齐，并做好标记，注明钢筋规格及验收状态。

四、钢筋保护层

（1）屋面主筋保护层：屋面顶面 50mm，屋面底面 40mm。

（2）中板主筋保护层：中板顶面和底面 30mm。

（3）主筋保护层侧墙：侧墙外侧 50mm，侧墙内侧 40mm。

（4）柱主筋保护层：四面保护层 40mm。

（5）底板主筋保护层：底板顶面 40mm，底板底面 50mm，集水坑外侧 50mm。

（6）箍筋、分布钢筋、结构钢筋和其他钢筋的保护层厚度不应为小于 20mm。

（7）为确保钢筋保护层的厚度，保护层垫块采用细石混凝土，其抗腐蚀性和强度均高于施工主体。

五、钢筋制作

（1）调制和除锈。对于圆形钢筋，用矫直机矫直，同时达到除锈的目的。对于较厚的钢筋，使用钢丝刷进行除锈。

（2）钢筋切断。用钢筋切断机切断，确保钢筋截面垂直于钢筋轴线，无马蹄形或翘曲，以便于连接或焊接。

（3）弯曲成型。先画出弯曲点的位置线，然后机器成型。下料时要小心和耐心。钢筋加工的形状、尺寸必须符合设计要求，各弯曲部位不得有裂缝。所用钢筋的表面应清洁，无损坏、油污、锈蚀，无局部扭曲。当发生死弯时，应消除死弯。

（4）钢筋锚固长度。钢筋直径 D 小于 ϕ25mm，钢筋锚固长度≥32D；钢筋直径 D 大于 ϕ25mm，钢筋锚固长度≥35D。

六、钢筋连接

钢筋连接形式见表 5-1。

表 5-1　钢筋连接形式

钢筋方向	钢筋直径/mm	连接方式
横、竖向	$D \geq 25$	直螺纹套筒
	$22 \leq D < 25$	电渣压力焊、直螺纹套筒
	$D < 25$	搭接焊

（1）Q235 级钢板和 HPB235 级钢筋的焊接应使用 E43 焊条，HRB335 级钢筋焊接采用 E50 焊条。

（2）钢筋绑扎。结构钢筋施工顺序为：从底板到墙柱再到顶板。①底板钢筋绑扎。底板钢筋应在垫层完成后进行。绑扎时，先绑扎底部钢筋，再绑扎上部钢筋。上下层采用 ϕ25mm 钢筋作为支撑，间距为 2000mm×2000mm，以保证两层钢筋网间距符合设计要求。下部钢筋垫块按设计混凝土标号制作。安装钢筋不得直接放置在防水卷材上。底板钢筋绑扎完毕后，在楼板上预留边墙、柱节点钢筋。边墙钢筋超出底板面 50cm 后留缝。钢筋接头形式应按设计要求预留并错开。侧墙和柱的钢筋应采用拉筋支撑和加固，以避免变形。底板钢筋焊接时，应在钢筋下方设置垫板，防止焊渣烧焦卷材，并保护底部防水卷材。②侧墙钢筋绑扎。侧墙双层钢筋由钢筋支撑，固定间距，以防止钢筋变形，可作为支模时的固定截面尺寸。墙体钢筋应垫与保护层等级相同的混凝土垫块，保护层厚度按设计要求确定。

（3）顶板钢筋安装完毕后，检查顶板钢筋是否合格。板底钢筋：短跨方向钢筋布置在底部，大跨方向钢筋布置在顶部。板钢筋：短跨方向钢筋布置在顶部，大跨方向钢筋布置在底部。

（4）接地钢筋的安装。杂散电流保护工程中的钢筋应与主体结构的钢筋同步安装。根据设计要求，为确保主体结构的钢筋不受杂散电流的腐蚀，主体结构的纵向钢筋必须进行搭接焊处理。搭接长度大于 $6D$(D 钢筋直径)，双面焊，焊缝高度不小于 6mm，焊缝长度不小于 160mm；纵向和横向钢筋应焊接在结构伸缩缝两端 1m 处和测量条端子出口处。测量条端子应从两侧伸缩缝处的结构面引出。上下层纵、横向钢筋应在伸缩缝周围 5m 处焊接成梅花形，其余纵、横向钢筋焊接点不少于 4 个。轨道下应选择一根纵向钢筋，并与横向钢筋焊接，形成排水带，梁柱交叉处应可靠焊接纵向结构钢筋，柱的纵向钢筋和箍筋应每 1.5m 至少焊接四点。测量条端子的制造和安装应由专业机电施工队承担，以确保施工质量和杂散电流的良好传输性能。

（5）接头处钢筋的连接。在工程中许多部位需要预留钢筋接头。接头采用直螺纹接头，接头填充聚苯乙烯板。接缝的外端靠近墙板的外侧和端部。要求定位准确、牢固，避免混凝土浇筑过程中出现偏差。当需要连接时，凿去表面混凝土露出螺纹钢筋接头，并拆除接头聚苯乙烯板连接钢筋。

（6）预埋钢筋的注意事项

预埋钢筋施工时应注意以下几点：①结构钢筋绑扎完毕后，用全站仪在钢筋网；②预埋钢筋与结构钢筋网点焊，锚固深度符合设计要求；③暴露在结构中的预埋钢筋接头应相互错开；④混凝土浇筑时，混凝土输送管或振捣器不得与预埋钢筋碰撞。一旦发生碰撞，应重新固定在原来的位置。

（7）钢筋工程验收

隐蔽验收应在钢筋成型后和模板密封前进行。检查程序：首先，施工队和现场工长自检合格后，在现场技术和质量检查审查合格后，提前通知监理人；然后由监理人和有关单位进行检查验收。验收合格后方可进行下道工序施工。

（8）模板及支撑系统

模板工程在主体框架施工中占有相当大的比例。模板工程的质量直接影响到结构的外观质量、结构的整体尺寸、平面位置和标高是否正确、混凝土的浇筑质量以及混凝土的抗渗功能。模板设计应满足足够的强度、刚度和稳定性条件，满足结构简单、安装拆卸方便、钢筋绑扎和混凝土浇筑方便、接缝严密、无漏浆的工艺要求。模板采用 18mm 竹胶合板。模板支架采用 WDJ 碗扣式脚手架，装卸方便灵活。

七、模板设计要求

1. 侧模

（1）侧墙模板背面采用垂直 10×10mm 方木，间距 300mm 作为二次模板，间距 600mm。

（2）主梁通过可调顶升与水平碗扣脚手架连接牢固，底部设置斜撑，支撑在底板预埋件上。

（3）侧墙模板压力与混凝土浇筑速度，施工中严格控制浇筑速度，保证同步对称分层浇筑，达到支撑反力平衡。在顶板和底模的站顶厚度为 800mm，中板厚度为 400mm，间隙为 6. 54~7. 18m。这被认为是最不利的因素。车站框架顶板（中板）采用碗扣式钢管脚手架支撑，平面井布置为 600mm×600mm，横向间距 600mm，纵向间距 600mm，竖向间距 900mm。

中、顶模板及支撑加固体系结构示意图如图 5-7 所示。

2. 柱模板

车站柱尺寸 800mm×1000mm，柱高 4150~5650mm，采用组合钢模板，p3015、p2015 模板组合。钢楞采用 12. 6 槽钢形成钢楞柱箍筋，每 300mm 一个。长边钢楞采用 ϕ16mm，拉紧对拉螺栓。

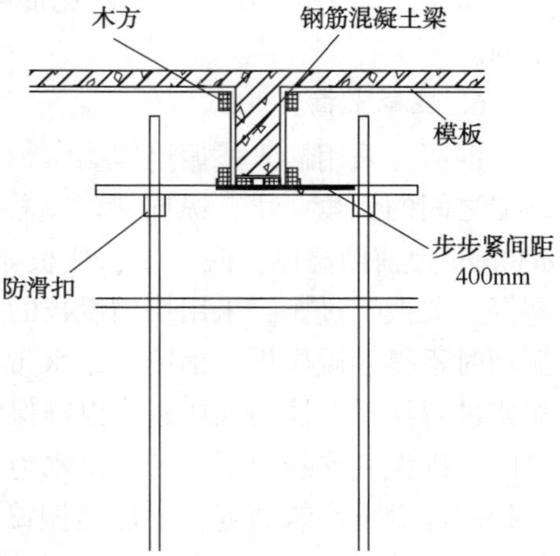

图 5-7　中、顶模板及支撑加固体系结构示意图

3. 支模方法和质量标准

泵送商品混凝土浇筑施工对模板工程质量提出了更高的要求，特别是防止漏浆。结合本工程实际特点，模板安装施工要求及质量标准如下：

（1）支模前，按设计图纸弹好模板边线和模板控制线，电梯井壁不仅要弹出模板边线和模板控制线，还可以在顶部和底部设置多个控制点。用测量仪器检查上下相应控制点连接的垂直度，并通过这些相应控制点的连接对墙体模板进行检查验收。

（2）模板的安装采用人工和吊车，模板安装质量标准按规定模板安装质量标准。

（3）柱模板下部留有小孔。用水冲洗模板废料，并通过小孔清洁吸尘器。清理后，柱模板下脚外侧用水泥砂浆保护，防止漏浆。

4. 拆模

（1）拆模时间应符合设计及规范要求。非承重模板拆除时，其结构强度不得低于 2. 5MPa。承重模板拆除时，跨度大于 8m 的结构必须在混凝土强度达到设计强度的 100%后进行。平台层支撑必须在顶板混凝土强度达到设计强度的 100%后才能拆除。

（2）模板拆除应符合模板设计的规定，先立后拆；先拆除非承重模板，再拆除承重模板。拆除大跨度梁底模时，应从跨中向两端分别拆除。

（3）拆除模板时不要用力过猛，动作要迅速。拆除的模板应及时运走并清理干净。板面刷脱模剂，按规范堆放整齐。

5. 混凝土浇筑顺序

混凝土浇筑前，用高压水或高压空气对钢筋、模板及与旧混凝土的接触面进行清理，确保待浇筑的施工区域干净无杂物。结构板混凝土应分层分段浇筑。结构混凝土采用“一坡、薄层浇筑、顺序推进、一次到顶”的施工方法，减少混凝土外露表面，提高浇筑强度，缩短浇筑时间。

(1) 底板和顶板混凝土的浇筑顺序。混凝土采用混凝土泵车分层浇筑。混凝土从一端一步一步推到另一端，连续浇筑。每层浇筑厚度不超过30cm。

(2) 边墙混凝土浇筑。采用“倾斜分层施工法”一次控制浇筑高度，做到分层下料、分层夯实、循环整体推进，每层厚度不超过30cm。采用两台混凝土泵车同时对称浇筑两侧边墙、中顶板。中立柱采用混凝土泵车自下而上分层浇筑。

(3) 垫层和中楼板应一次浇筑成型，不分层。

(4) 控制浇筑速度，一般30m^3/h，避免水化热过大和墙板开裂。顶板混凝土浇筑完成后，终凝前，底板、中间板和顶板应与底部、中间板和顶部纵向板同时浇筑，需要按照“提浆、压实、抹平”工序进行，避免混凝土凝固初期产生收缩裂缝，保证结构外防水层黏结牢固。

6. 混凝土捣实

混凝土采用插入式振捣器捣实，振捣器的移动距离不得超过其作用半径的1.5倍。板与墙之间的倒角，梁、纵向梁、立柱ϕ30mm为主，ϕ50mm为辅，其余采用ϕ50mm为主，ϕ30mm为辅助捣棒；底、中、顶板ϕ70mm、ϕ50mm捣固棒捣固。混凝土必须捣实，不得漏振、欠振、过振。采用快插慢拔的方法，振点布置均匀。加强施工缝和预埋件处的振动，振动时不得触碰模板、钢筋、止水带和底板。屋面混凝土振捣密实后，应在终凝前对表面泥浆进行抹平、抹灰和压延，以确保混凝土表面不开裂。混凝土振捣时间应控制在15~30s之间，以无气泡和混凝土开始泌水为准。如有预埋件(管)和预留孔洞，应适当降低钢筋密集处的混凝土浇筑高度，并加强振捣，避免漏振。为保证混凝土的完整性，混凝土应连续浇筑。上部混凝土应在下部混凝土初凝之前浇筑。

7. 施工缝留设

车站环向施工缝间距保持在跨度的1/4~1/3，底板侧墙水平施工缝距底板0.5m。梁、柱、屋面同时浇筑，不留施工缝。人行道和风管侧墙的水平施工缝应留在圈梁的上开口处。浇筑混凝土前，必须将各段施工缝凿毛清理干净，并用混凝土界面处理剂处理，以提高混凝土接缝处的黏结力。

八、混凝土养护

(1) 混凝土外露部分抹灰后，应立即用彩色条布覆盖，以防日晒雨淋。

(2) 混凝土养护应在混凝土浇筑后12h覆盖并浇水。

(3) 养护期间，覆盖草袋浇水养护，冬雨季覆盖养护的塑料薄膜和草袋。

(4) 混凝土浇水养护时间不少于14d，浇水次数应能保持混凝土处于湿润状态。

(5) 浇筑后应控制地面人流，不得堆放杂物。混凝土表面强度达到1.2MPa后，方可操作，防水混凝土的养护应加强，底板的养护应湿润 14d 以上；斜角处应用土工布覆盖并浇水养护。侧墙采用模板养护，7d 后采用滴喷养护。屋面混凝土初凝后应立即进行蓄水养护，直至屋面防水层施工完毕。

九、预埋件及预留孔施工

（1）预埋件及预留孔的正确位置是车站结构施工的重要环节之一。因此，在施工过程中，应严格按照图 5-8 中预埋件和预留孔的检查流程图进行检查，以确保其位置的准确性。

（2）施工前，施工队有关人员应认真对照技术交底，详细埋设预埋件和预留孔，并将问题及时上报现场技术人员。

（3）严格按照交底控制预埋件和预留孔的标高、中心线和尺寸，并遵守计量审核制度。所有点用红漆或墨线弹在模板和钢筋上，确保位置准确。

（4）预留孔模型的加工尺寸必须符合要求。按技术测量中心线支撑牢固可靠，模板本身不变形。

（5）混凝土浇筑前，预埋件及预留孔洞应重新检查，经监理工程师验收后方可进行下道工序施工。严格控制混凝土浇筑过程中模板的变形或位移，避免影响其位置的正确性。

（6）拆模时，不允许用撬棍和猛击，以免损坏棱角。预埋件和预留孔应设置醒目标志，板上预留孔应加盖或围栏保护，防止施工人员坠落。为了避免或尽量减少杂散电流对土建结构钢筋的腐蚀，结构钢筋必须可靠焊接成一个。具体要求如下：

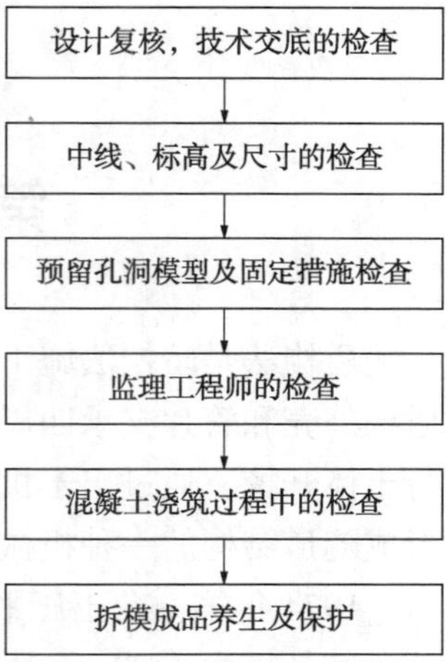

图 5-8　预埋件、预留孔洞检查流程图

① 各结构段底板、中板、顶板和梁的纵向和横向钢筋应为电气连续。如有重叠，应进行搭接焊，并与车站立柱和侧墙的竖向钢筋焊接。

② 每个结构段应在上下行垂直轨道下方每隔 5m。

③ 与底板、中间板、顶板、侧墙和外表面的一根横向钢筋焊接，结构底板表面的两根纵向钢筋和所有横向钢筋应分别焊接为排水带。

④ 结构钢筋应可靠焊接在梁、柱的交叉处。

⑤ 在各结构段两端（大于 1m）变形缝附近焊接横向钢筋和所有纵向钢筋，并引出结构面作为测排端子。

⑥ 钢筋的搭接焊接长度应大于 $6D$（D 为钢筋直径），并在两侧焊接。横向钢筋和纵向钢筋应采用梅花形点焊。

⑦ 未焊接的结构钢筋应在底板、中板、顶板、梁、柱、板和墙的交叉处可靠绑扎，形成等电位体。

⑧ 施工时，车站结构钢筋的焊接应结合本工程的施工设计资料和技术要求进行，测量带端子的引出应完成。

⑨ 所有焊接必须牢固可靠，防止脱焊和虚焊。

第六章

盾构法施工

第一节　盾构隧道发展概况

盾构法是暗挖法施工中的一种全机械化施工方法，它是将盾构机械在地中推进，通过盾构外壳和管片支承四周围岩防止发生往隧道内的坍塌，同时在开挖面前方用切削装置进行土体开挖，通过出土机械运出洞外，靠千斤顶在后部加压顶进，并拼装预制混凝土管片，形成隧道结构的一种机械化施工方法。

1974 年第一台土压平衡式盾构在东京采用。该盾构由日本制造商 IHI（石川岛播磨）设计，其外径为 3.72m，用它掘进了长 1900m 的主管线。在以后的年代里，很多制造厂商以土压盾构、压力保持盾构、软泥盾构、土壤压力盾构、受压的土壤盾构、泥水压式盾构或泥浆状的土壤盾构等名称生产了“土压平衡式盾构”。这些名称的盾构基本上都应用了同一种工法，国际上称为“土压平衡系统”（Earth Pressure Balance System，简称 EPBS）。

土压平衡式盾构（EPB）自 1974 年在日本首次使用以来，以其独特的优势已广泛用于世界各地的隧道工程中。1984 年上海市隧道工程公司在我国首次应用从日本引进的 ϕ4.36m 土压平衡盾构建成了芙蓉江下水道总管工程。土压平衡式盾构在全国地铁、市政、能源等工程建设中得到更为广泛的应用。实践证明，土压平衡式盾构因其能较好地控制地表沉降、保护环境、适应在市区和建筑密集处施工等优点，在我国正逐渐普及。

盾构隧道施工法是指使用盾构机，一边控制开挖面及周围土体不发生坍塌失稳，一边进行隧道掘进、出渣，并在机内拼装管片形成衬砌、实施壁后注浆，从而不扰动周围土体而修筑隧道的方法。盾构机的所谓“盾”是指保持开挖面稳定性的刀盘和压力舱、支护周围土体的盾构钢壳，所谓“构”是指构成隧道衬砌的管片和壁后注浆体。

盾构法施工是一个非常复杂的工程过程，它对周围环境的影响与施工技术环节密切相关。早在 1969 年 Peck 就指出盾构法施工引起的地层损失以及对相邻结构的影响与施工的具体细节是分不开的。因此，理论分析时只有准确把握盾构施工的主要因素才能得出符合实际情况的结果。盾构施工阶段主要包括以下几个主要的技术环节：

一、土体开挖与开挖面支护

土压平衡式盾构施工过程中，通过切削刀盘切削前方土体。挖土量的多少由刀盘的转速、切削扭矩以及千斤顶推力决定，排土量的多少则是通过螺旋排土器的转速来调节。因为土压平衡式盾构机是借助土压舱内土体压力来平衡开挖面土水压力地，为使土压舱压力波动较小，施工中要经常调节螺旋排土器的转速和千斤顶的推进速度，来保持挖土量和排土量的平衡。

二、盾构推进与衬砌拼装

盾构依靠千斤顶推力作用向前推进。盾构推进过程中需要克服开挖面土体压力、摩擦阻力和内部机械设备阻力，盾构的总推力必须根据各种阻力的总和及其所需要的富余量决定。推力过大会使正面土体因挤压而前移和隆起，而推力过小又影响推进速度。千斤顶推动盾构前进后，依次收缩千斤顶在盾构内部拼装衬砌。

三、盾尾脱空与壁后注浆

千斤顶推动盾构机向前推进时，使得本来位于盾构壳内部的拼装衬砌脱出盾壳的保护，在衬砌外围产生建筑空隙(其体积等于盾壳对应圆筒体积与盾尾操作空间体积之和)，引起较大地层损失。如不采取补救措施会引起很大的地层位移和地面沉降。壁后注浆是对盾尾形成的施工空隙进行填充注浆，以减小由于盾尾空隙而产生的地基应力释放和地层变形，是盾构施工的重要环节之一。壁后注浆是通过在盾构壳上设置注浆管，在空隙生成的同时进行注浆的同步注浆方式和通过管片上预留的注浆孔进行注浆的及时注浆方式两种，其中同步注浆更有利于地基沉降的控制。

四、盾构法的优点

(1) 安全开挖和衬砌，掘进速度快；

(2) 盾构的推进、出土、拼装衬砌等全过程可实现自动化作业，施工劳动强度低；

(3) 不影响地面交通与设施，同时不影响地下管线等设施；

(4) 穿越河道时不影响航运，施工中不受季节、风雨等气候条件影响，施工中没有噪声和扰动；

(5) 在松软含水地层中修建埋深较大的长隧道往往具有技术和经济方面的优越性。

五、盾构法的缺点

(1) 价格昂贵且针对性很强，对每一条用盾构法施工的隧道，都需要根据工程地质、水文地质条件以及结构断面尺寸专门进行设计制造，一般不能简单地在其他隧道中重复使用；

(2) 隧道曲率半径过小或隧道顶覆土太浅时施工难度较大；

(3) 在富水松软土层中，地表沉降难以控制，对衬砌整体防水技术要求很高；

(4) 对水底隧道，覆土太浅时施工不够安全；

(5) 采用全气压法疏干和稳定地层时，施工条件差，对劳动保护要求较高。

第二节　盾构设备及其分类

盾构机是盾构施工中的主要施工机械。盾构施工法是在地面下暗挖隧洞的一种施工方法，它是使用盾构机在地下掘进，在防止软基开挖面崩塌或能保持开挖面稳定的同时，在机内安全地进行隧洞的开挖和衬砌作业。盾构施工法具有自动化程度高，节省人力，施工速度快，一次成洞，不受气候影响，开挖时可控制地面沉降，减少对地面建筑物的影响和在水下开挖时不影响水面交通等特点。在隧洞洞线较长、埋深较大的情况下，用盾构机施工更为经济合理。

盾构机问世至今已近 180 年的历史，其始于英国，发展于日本、德国。近年来，通过对土压平衡式、泥水式盾构机中的关键技术，如盾构机的有效密封、确保开挖面的稳定及控制隧洞壁的降起及地表塌陷在规定范围之内、刀具的使用寿命以及在密封条件下的刀具更换、一些恶劣地质如对有高水压条件的处理技术等方面的探索和研究，盾构机有较大的发展。可根据不同的地质条件和工程要求，设计制造不同类型的盾构机以满足工程需要。盾构法施工也是一门成熟的地下工程施工技术，已成为大多数地下隧道工程施工首选的常规技术。

盾构机在日本发展很快，尤其是土压平衡式和泥水式盾构机的发展。日本使用盾构机施工的城市隧道占 90%以上。德国的盾构机技术也有独到之处，能在密封条件下，从大直径刀盘内侧常压空间内更换被磨损的刀具。尤其是在地下施工过程中，能在保证密封的前提下，在高达 0. 3MPa 气压的情况下更换刀盘上的刀具，提高了盾构机的一次掘进长度。我国从 50 世纪 50 年代中期开始研制盾构机，以土压平衡式为主，泥水式盾构机尚缺乏经验。土压平衡式盾构机设计与国外差异不大，但一些国产部件、元器件的质量、寿命、可靠性较差，有些还需从国外进口。

盾构有多种类型，可根据盾构切割表面的形状、盾构自身结构的特点、尺寸的大小和功能、开挖土壤的方式、开挖表面的支护形式、稳定开挖表面的加压方法、施工方法和土壤状况进行分类。接下来，我们将按照盾构的组合方式和机械类型进行分类。

一、按组合方式分类

（一）简易盾构

简易盾构是指采用人工开挖的盾构，是盾构的最基本形式。对开挖面采取自然的堆土压力支护及利用机械挡板支护。由于掘进速度较低，所以这种盾构只是在个别情况下使用。简易盾构虽在性能上有许多缺点，使用范围也受到许多限制，但这种盾构在某些方面所具备的优点，却受到重视而在继续使用。

该形式盾构主要用于开挖面基本上能自稳的土层中。

（二）半机械化盾构

半机械化盾构是在人工挖掘式盾构的基础上发展起来的盾构。它保留了人工挖掘式盾构的优点，克服了劳动强度大，效率低的缺点，将下半部的人工开挖改为机械开挖，减轻了劳动强度，提高了工作效率。在土质条件适合时，就成为盾构施工的首选盾构而受到重视。

该形式盾构主要用于开挖面基本上能自稳而又无水的土层中，具有结构简单、造价较低、施工效率较高的特点。

（三）全机械化盾构

全机械化盾构是在半机械化盾构基础上发展起来的盾构，与其他方式不同的主要区别是开挖机构为全机械化式。它根据工作原理的不同又分为压缩空气盾构、泥浆盾构、土压平衡盾构(EPB)等。

1. 压缩空气盾构

压缩空气盾构包括所有采取以压缩空气为支护材料(介质)的盾构。由于众所周知的原因，这种盾构有“喷发”(即压缩空气冲出地面)的危险，且工作环境条件很差，因此目前它几乎完全被泥浆盾构所取代。

泥浆盾构是指所有采用泥浆压力来支护开挖面的盾构。泥浆盾构的原理基础是采用悬浮液作为开挖面的支护材料。液压盾构系统是由 Mayss 和 Freytag 公司开发的，利用循环悬浮液的体积对泥浆压力进行调节和控制，采用膨润土悬浮液作支护材料(介质)，并利用缓冲气垫以实现对泥浆压力的控制。缓冲气垫位于潜水隔壁的后面、安设在开挖小室的上部。开挖面上剥离下来的土壤与悬浮液混合，通过液力管道输送到地面，并在地面上将土壤与悬浮液分离，使干净的悬浮液进入泥浆回路回收再用。泥浆盾构是盾构中最复杂的盾构，价格也最昂贵，它适用于含水率较高的砂质、沙砾石层，江河、海底等几乎所有的松散土层，如果配以附属设施，甚至还可用于岩层。

2. 土压平衡盾构

土压平衡盾构(EPB)的工作原理是，要求开挖和运出的土体体积与推进盾构获得的空间相同，支护材料(介质)是土壤本身。为了达到这一目的，要求土壤具有能产生一定的塑性变形、软性一致、内摩擦角小及渗透率小的特性。由于土壤一般不能完全满足这些特性，所以必须加以改良。改良土壤的方法是：加水、加湿润土，聚合物和泡沫。由于采用了这些措施，因而成功地扩大了土压平衡盾构的适应范围，从原来的黏性粉砂和砂性黏土扩展到本是泥浆盾构应用的大部分领域。土压平衡盾构无泥水处理设备，施工速度较高，比泥水盾构价格低，能获得较小的沉降量，也可实现自动控制和远距离遥控操作。

由于开挖面得到安全的支护，因此现在的泥浆盾构和土压平衡盾构，甚至可以在困难的水文、地质条件下广泛应用。

3. 硬岩隧道掘进机(TBM)

硬岩隧道掘进机(TBM)是针对无侧限抗压强度大于 50MPa 岩石的一种盾构施工设备，根据岩质情况，掘进机既可以做成封闭式盾构也可以做成敞开式的。在连贯的硬岩中开挖，就不必像混合式盾构或土压平衡盾构那样密封刀盘室，因此，刀盘周边的铲斗可直接将弃土铲至传送带上，送到机械的尾部，再由皮带式传输机轨道车或卡车运走。

二、按机械类型分类

（一）全开式盾构机

全开式盾构机的特点是切割面敞开，因此开挖状态干燥，开挖效率高，适用于开挖面稳定性好的地层。对于自稳性较差的冲积层，采用气压、降水、注浆加固等措施。

（二）台手动盾构

由于手动盾构正面是敞开的，所以盾构顶部设有可移动的前檐，以防止切割面顶部坍塌，并用千斤顶将其展开。切割面每隔2~3m设置一个工作平台，即分割间隔为2~3m。此外，前支撑千斤顶安装在支撑环柱上。开挖面自上而下。开挖过程中，依次更换前支撑千斤顶，挖出的砂土通过带式输送机从下部输送至开挖台车。大多数切割工具是鹤嘴锄、风镐、铁铲等。半机械盾构机是在手动盾构机的基础上安装挖掘机械和挖掘装置，以取代手动操作。挖掘装置有3种形式：铲斗、挖掘头和两者。具体设备形式为：

（1）铲斗、挖掘头等装置设置在挖掘面下部；

（2）铲斗安装在切割面上半部分，切割头位于下半部分；

（3）切割头安装在切割面中心；

（4）铲斗安装在切割面中心。

（三）机械式盾构机

盾构机前端装有旋转刀盘，开挖能力大大提高。挖出的砂通过安装在挖掘刀盘上的旋转铲斗通过溜槽输送到输送机。由于连续开挖和倾倒，缩短了工期，减少了操作人员。

（四）部分开放式盾构机

即挤压盾构机，结构简单，成本低。挤压盾构适用于流动塑性高、无自力更生能力的软黏土层和粉砂层。

1. 半挤压盾构机(局部挤土盾构机)

半挤压盾构机用挡土板密封盾构前端，以阻挡土体，避免地层坍塌和水土流入盾构的危险。当盾构向前推进时，挡土板挤压土层，土壤从挡土板上的局部开口挤入盾构。因此，无须开挖，提高了掘进效率和劳动条件。

2. 全挤压盾构机

在特殊情况下，可将挡土板完全关闭，无须打开即可释放土壤，形成全挤压盾构。

3. 网格式盾构机

在挤压式盾构的基础上加以改进，可形成一种胸板为网格的网格式盾构，其构造是在盾构切口环的前端设置网格梁，与隔板组成许多小格子的胸板；借土的凝聚力，用网格胸板对开挖面土体起支撑作用。当盾构推进时，土体克服网格阻力从网格内挤入，把土体切成许多条状土块，在网格的后面设有提土转盘，将土块提升到盾构中心的刮板运输机上并运出盾构，然后装箱外运。

（五）封闭式盾构机

1. 泥水式盾构机

这种盾构是在机械盾构刀盘背面设置封闭隔板，隔板与刀盘之间的空间称为泥浆仓。将水、黏土及其添加剂混合制成的泥水通过输送管道压入泥水仓。当泥水充满整个泥水仓并具有一定压力时，形成泥水压力室。通过泥浆和水的加压以及保压机制，可以保持开挖面的稳定性。盾构推进时，旋转刀盘切割的土和砂由搅拌装置搅拌形成高浓度泥水，通过流体输送至地面泥水分离系统，压载土和水分离后返回泥水仓。这是泥水压力平衡盾构法的主要特点。由于正是泥浆压力使开挖面保持稳定和平衡，因此被称为泥浆压力平衡盾构，简称泥浆盾构。

2. 土压式盾构机

把土料（必要时添加泡沫等对土壤进行改良）作为稳定开挖面的介质，刀盘后隔板与开挖面之间形成泥土室，刀盘旋转开挖使泥土料增加，再由螺旋输料器旋转将土料运出，泥土室内土压可由刀盘旋转开挖速度和螺旋输出料器出土量（旋转速度）进行调节。它又可细分为削土加压盾构、加水土压盾构、加泥土压盾构和复合土压盾构。

第三节　盾构选型与运输吊装

一、盾构选型

盾构机的选择必须根据不同的工程和不同的地质特征来进行“量身定制”，可以使盾构机更好地适应工程施工的要求。根据盾构施工方法的特点，盾构机的选择主要取决于盾构所经过的地层。同时，选择的盾构机必须具有适合施工时期的掘进速度，能满足隧道施工的要求。

盾构机应满足以下要求：

（1）盾构机必须具有较强的稳定开挖面、防止开挖面塌方的能力。

（2）应有能适应不同地层的刀盘。

（3）在地质复杂地段，有必要的前地层推进手段进行检测，以便及时采取相应的施工技术措施。

（4）设置紧急停机，防止突发性地下水和开挖工作面塌方。

（5）屏蔽机密封性能好。

（6）制导系统精度高，制导准确。

（7）为了及时更换刀具，人员必须进入土仓并提供可靠的安全设备保护人员安全。

二、选择原则

1. 盾构类型与地层的关系

盾构的选择要从安全、可靠、经济等方面综合考虑。所选模型应尽量减少辅助施工方法，保证施工安全可靠。不同类型的盾构适应不同的地质范围。盾构的选择主要依据土壤条件和岩性。要保证所选盾构能适应地质条件，保持开挖面稳定。土压力平衡盾构依靠推进油缸的推力对土仓内挖掘出的土压碴进行加压，使土压力作用于开挖面上使其稳定。主要适用于粉土、粉质黏土、泥质粉土及粉质砂层等黏性土的施工。浆体屏蔽利用循环悬浮体的体积来调节和控制浆体压力，采用膨润土悬浮体(俗称浆体)作为支撑材料。开挖面稳定的泥浆发送到泥浆水，形成一个不透水泥膜，并保持水压力通过泥膜平衡土压力和水压力作用于开挖面。挖出的土、砂与浆状输送到地面，由泥浆水处理设备分离。将分离出来的泥浆水进行质量调整后输送到开挖面上。

2. 盾构类型与水压、渗透性的关系

地层渗透系数是盾构选型的重要因素。根据欧美和日本的施工经验，当地层渗透系数小于 10^{-7}m/s 时，可选用土压平衡盾构；当地层渗透系数在 10^{-7} ~ 10^{-4}之间时，可以选择土压平衡盾构或浆体盾构；当地层渗透系数大于 10^{-4}时，如果采用土压平衡盾构，开挖仓内的添加剂会被稀释。水、砂、砾石相互混合后，土质压载不易形成具有良好塑性和止水的压载土。螺杆机出渣门处容易出现喷渣，造成施工困难。

三、选型依据

(1) 水文地质条件：抗压强度、抗拉强度、粒度、分层、开挖面稳定性、地下水位、水压、水量及是否有障碍物。

(2) 设计：断面尺寸、设计线型、边坡及衬砌类型。

(3) 环境条件：出发、到达条件，沿线地面建筑物、地下管线、水电条件。

(4) 工期条件：要求开挖速度和效率。

四、成本

(一) 选择内容

(1) 盾构类型：土压型、泥水型、泥水土压复合型、土压开复合型。

(2) 刀盘：开挖直径、结构(整体、块状)、开孔率、刀盘(齿刀、单边、双边)、布置(刀距、高度、高差)、过开挖刀盘、泡沫孔布置、搅拌布置等。

(3) 屏蔽密封强度：主轴承、铰链、螺旋输送机、屏蔽尾密封、人孔、泡沫、润滑脂。

(4) 最小转弯半径：前车体、中车体、屏蔽尾块，铰接油缸、皮带输送机、拖车行程。

(5) 驱动方式：电驱动和液压驱动。

(6) 辅助系统配置：安装、运输、注浆、发泡、润滑脂、通风、螺杆机、带式输送机、聚合物、水、冷却、污水等。

(7) 后支撑物的选择：耗电等级、轨面高度、宽度、长度、单件尺寸、拖车重量。

(8) 其他：段宽、制导精度等级、数据采集能力、保护、电气系统版本等。

(二) 成本控制

影响地铁盾构法施工成本的因素有技术措施和管理措施两方面。技术措施包括：设计方法合理与否、施工材料的选用、施工机械的选择、工期、成本管理及其他方面等。施工管理措施包括成本管理、进度管理、质量管理和施工管理等。项目成本控制的根本目的，在于通过成本管理的各种手段，不断降低施工项目成本。项目成本的全过程控制要求成本控制工作要随着项目施工进展的各个阶段连续进行，既不能疏漏，又不能时紧时松，应使施工项目成本自始至终置于有效的控制之下。

1. 完善组织机构，健全机制，强化全过程控制

项目在进行成本控制过程中，各业务部门要相互配合、加强联系，充分发挥职能作用，确保责任成本控制系统正常运行，不断地完善和加强成本管理运作能力。同时加大成本管理的宣传力度，增强全员责任成本意识，调动职工的积极性、主动性、创造性，形成强大的凝聚力和群体的敬业精神，切实增强全员责任成本意识，使得成本得到有效控制，实现成本控制的根本转变。

2. 采取科学合理的技术管理措施

施工活动关键是技术性活动，只有采取先进的技术措施，才能做到低投入高产出，并创造优质产品。因此，制订先进的、经济合理的施工方案，以达到缩短工期、提高质量、降低成本的目的是技术部门的职责所在。正确选择施工方案是降低成本的关键，采取 3 个方面的技术措施控制项目成本：一是在施工准备阶段，做出多种施工方案，进行技术经济比较，然后确定有利于缩短工期、提高质量、降低成本的最佳方案；二是在施工过程中，研究、执行各种降低消耗、提高工效的新工艺、新技术、新材料等降低成本的技术措施；三是在竣工验收阶段，注意经济、技术的处理，缩短验收时间，提高交付使用效率。

3. 管片制作及相关材料费的控制

在工程项目的成本中材料费占项目成本 40%以上。因此对材料费用的控制更显得十分重要。盾构法施工主要材料包括管片、消耗料和周转料。消耗料主要有管片密封、管片螺栓、盾尾油脂、注浆材料、设备消耗料。周转料主要有高压线、钢轨、轨枕、走道板、走台架等。

（1）材料的数量控制。材料的数量主要有项目部工程技术人员根据施工图结合现场情况来确定，严禁需用计划偏大造成库存积压浪费同时增加相关的运费、倒运费用及管理费用，或者需用计划偏小造成窝工浪费增大工程成本。

（2）材料的价格控制。盾构法地铁施工的管片的制作成本约占盾构施工的 40%～50%。降低管片的成本，降低采购成本，在设计允许的条件下适当地增加管片宽度，通过增加管片宽度，测沿隧道纵向管片接头数可减少，从而减少生产费用，增大进度、缩短工期从而达到相应减少施工成本的目的。

（3）材料的质量和数量控制。盾构法地铁施工不同于其他暗挖法，它对材料的质量要求非常高，所需要的管片和管片密封及管片螺栓的质量直接关系到成洞隧道的质量，一旦出现质量问题，隧道将漏水、变形，直接影响到隧道的使用寿命。还有如果密封材料差，可以使隧道漏水，管片螺栓质量好坏，也会影响到隧道推进施工进度。周转料是随盾构设备配套使用的，这里要求周转料采用较好材料，喷漆完好，能够延长周转时间，减少成本。

4. 加强劳务管理

采取劳务分包形式，严格控制人工成本。人工成本管理重点在项目单价的确定和零星用工、预算外用工的控制上。对于隧道掘进，采用延米单价形式分包，在合同中明确规定

将井下所有工作都包含在分包范围内，避免工序重复计算和扯皮现象发生。

5. 加强机械设备管理

正确选配和合理使用机械设备，做好机械设备保养维修工作，以提高机械的完好率、利用率和使用率，加快施工进度、增加产量，降低机械费用。为更好地发挥设备管理的作用，每个掘进班组都配备一个专业设备人员，坚持抓好机械设备的日常保养工作，使机械设备保持良好状态，同时机械维修和电路维修人员现场24h待命，根据设备出现的技术状况、磨损情况、作业条件、操作维修水平等不同情况，有针对性地进行中修或大修，以保障施工机械正常运转。

6. 加强工程项目成本分析与考核工作

成本考核是检验项目成本管理和经济效益的一种好方法，主要方式应以财务部门为主，组织项目管理人员按季度召开经济活动分析会，协助项目组分析成本升降的原因，并制定对策。成本考核可以及时发现成本中存在的问题，但切忌流于形式。

五、运输路线和运输时间表的选择

项目部组织技术人员和运输人员对全线路面宽度、路面硬度、转弯半径、上下坡度、交通流量、是否有收费站及条件、桥梁承载力、涵洞、隧道、立交高度、是否有特殊障碍物等进行调查。调查结果表明，各环节均能满足运输需求，且运输路线位于施工现场，完全能满足运输需求。运输车辆在施工过程中，需要保持统一的运输路径，确保工程安全人员和维修人员能够对每一个运输车辆进行跟踪，便于在发现运输车辆机械故障或道路障碍时，能够做到及时进行处理。运输中涉及的安全员、驾驶员、起重及加固人员均应持有专业操作许可证。

六、运输技术安全措施

1. 装车前准备

对牵引车、挂车进行全面检查、保养、大修，使其处于良好状态，特别是制动系统紧急制动的有效性试验。修正胎压，更换有缺陷的轮胎。准备好运输过程中可能需要的工具和备件，以及夜间行驶和通过障碍物所需的专用工具。必要时，派出引导车、工具物流车、指挥协调人员等。

2. 货物装载技术要求

在货物下方垫10~15mm厚的橡胶板或松木板，增加货物与车体之间的摩擦，保护货物底部的完整性。货物的纵向和横向重心应与拖车的中心对齐。装车后，检查拖车左右两侧压力。左右差值不得大于5%，必要时调整。

3. 货物绑扎加固

加固方法：根据货物形状和绑扎点情况，采用前后、左右交叉加固，或采用圆形“八形”加固。

加固材料：6×37+1根18mm直径钢丝绳、5t链块、6t紧固链等。

加固步骤：在货物预留的绑扎点、起吊点或适当位置悬挂钢丝绳或紧固链。在货物与加固工具接触处放置橡胶板、软木板或其他软材料。薄弱部位用软绑扎带应进行加固，避免加固造成设备变形或表面油漆脱落。使用提升机或提升钩与车身交叉或展开。

七、装卸作业安全措施

(1) 开工前，组织施工人员进行案例和安全技术措施的交底，分析作业过程中危险点的安全性，安排对策。

(2) 施工前，各工种、各岗位人员应了解各自的工作内容、接口和操作规程，并在操作过程中相互协调。

(3) 在施工现场，应根据装卸现场的情况，合理安排拖拉机、拖车、起重机和工具的位置。合理有序安排装卸程序，保持现场整洁有序。

(4) 施工过程中，作业人员应严格遵守国家、地方和有关部门颁布的各项安全生产法律、法规、规章和健康环保规定。穿戴安全劳动防护用品，使用标准信号、语言，文明施工。现场负责人和安全员对作业过程的安全和质量进行监督检查，对不合格环节及时提出整改意见，并进行跟踪，直至隐患消除。

(5) 在装卸过程中，应了解并确认起重现场的基础、高度和环境，并在施工前确认起重机的起重能力是安全的。此外，应检查吊索和吊点的安全性，并注意货物设备的平衡和稳定性。货物吊运 10cm 后，暂停并观察，确认安全后方可装卸。在下列自然条件下停止吊装作业：①风力大于或等于 4 杆，停止运行；②雨大于或等于 10mm 或中雨，停止操作；③雾的能见度小于 14m，在大雾中停止操作。

(6) 装载后，检查拖车上货物设备的状态，确保平衡和稳定性，以满足运输安全标准。

(7) 加固完成后，经托运人方(设备方)、安全员和驾驶员确认后，车辆方可以离开装货现场。

(8) 竣工后，清理施工现场，达到施工前状态和环保要求。车辆到达卸货现场后，听从现场工作人员的统一指挥，按要求将车辆就位，遵守现场规章制度。在确认货物已从车辆板上升起后，可在听到轮班指示后移动车辆。

(9) 运输过程中的技术和安全措施：

① 在行驶初期，当车辆行驶 5~10km 时，停车检查货物的捆扎情况，及时发现捆扎松动或货物移位等问题。

② 进入普通道路：为确保交通安全，必要时停车并避开对面车辆。

③ 夜间，拖拉机打开车顶闪烁的警示灯、货灯和货车示宽灯，速度控制在 15~35km/h。

④ 通过城市和城市道路：运输时间选择在 0：00~6：00，避开交通高峰时间，确保通行顺畅和运输安全。如有必要，请向公安、交通管理部门和人员寻求帮助。车速控制在 20~35km/h，注意行人、车辆和交通标志的动态。

⑤ 跨桥：跨一般桥梁时，车速控制在 10km/h 以内；通过承载力较低的桥梁时，车速控制在 5km/h，保持行驶速度，严禁紧急制动。

⑥ 穿越空中障碍物：密切观察货物与桥梁、管道、电线等的距离，在保证安全的前提下缓慢通过。如有必要，在通过前使用专用工具处理障碍物。

⑦ 通过特殊路段：通过陡坡时，如有必要，可使用双牵引车前后行驶，以增加下坡时的爬坡能力和制动效果。

⑧ 通过道路施工的路段：仔细选择较好的路面缓慢通过，必要时对路面进行修复。

⑨ 急转弯：处理道路倾斜的离心力和向心力之间的矛盾，以最合理的速度行驶。

⑩ 途中停车：途中临时停车时，尽量停在安全区域；在车辆前后方 50m 处设置红白反光锥标志，夜间设置黄色闪光灯，防止其他车辆误入，起到预警作用。

八、吊装作业前检查

（1）检查发动机燃油、冷却水、液压系统、油路。

（2）钢丝绳检查，必要时更换，吊耳焊接检查。

（3）检查和调试臂架、限位器、吊钩、计算机数据传感系统、安全报警系统、控制系统。

（4）检查和更换电路系统及照明。

（5）检查驾驶员操作证及吊装设备、常用工具、应急装置相关证件是否齐全。

（6）吊装时间尽量安排在 8：00~18：00，以保证吊装时的亮度和可见度，保证吊装安全。

（7）测量师对隧道轴线进行准确的测量和复核，结合加固后的门口中心轴线综合确定出发架的轴线方向。

九、吊装盾

盾构吊装流程如图 6-1 所示。

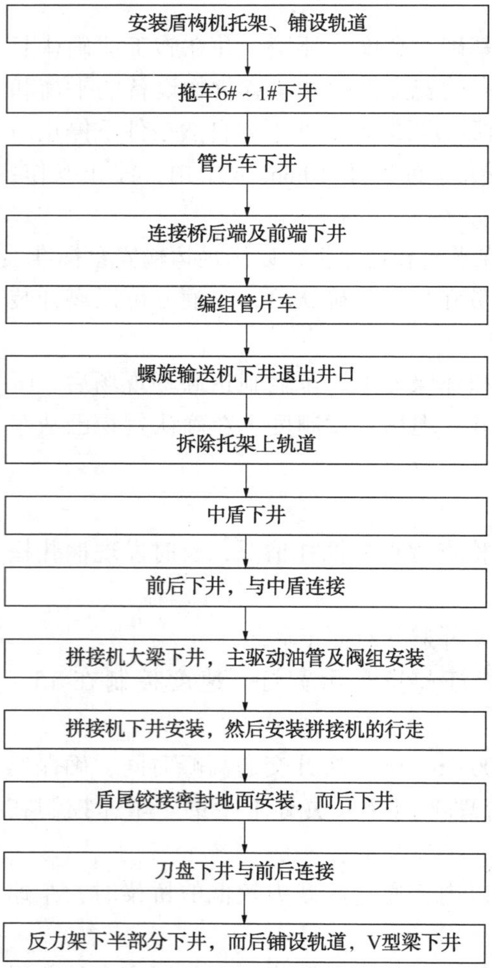

图 6-1 盾构吊装流程图

十、电瓶车试吊装、平车吊装

为保证吊装安全，吊装前应检查制动器，小高度、短行程试吊后应平稳吊装。即第一个命令起重机将使起重钢丝绳充分强调，然后检查吊耳，连接止动环和钢丝绳扣，然后命令继续起重钩后确认它是正确的，这样的起重设备停止时，离地面高度是 100mm，然后再检查吊耳、连接卡环和钢丝绳扣。确认无误后，再将吊钩抬起，将起始托臂抬起并安装到位，将机车和后支挂车的接轨铺设在离起始托臂上，再将下一机车和两节车铺好。根据盾构机的动员方案，应先将后支撑挂车运到安装现场，不借助汽车吊直接使用履带式起重机卸货。吊装时需在拖车两侧系一根 20m 长的麻绳，以控制拖车的方向。

1. 后拖挂车吊装

后拖挂车进入顺序为：6#挂车→5#挂车→4#挂车→3#挂车→2#挂车→1#挂车→连接轴，即后拖挂车进入顺序。支持拖车到达现场时，拖车不得先动然后安装二次通风风道和皮带架拖车，修复它们，检查和更换损坏的风道和皮带轮。履带式起重机在安装好风道、皮带输送机、皮带架后，将拖车吊起，使拖车悬空。此时，安装轮对。然后拖车下井，放置在接收导轨上，由机车牵引进入隧道，完成一辆拖车下井。这样六辆拖车就完成了。每辆拖车的轮子都必须用铁蹄固定，以防打滑。2 号小车总长度为 12. 184m。在吊装过程中，利用主、辅钩调整倾斜角度，保证两端与出发轴结构的安全距离。

2. 连接桥架吊装

拖车下井后，再下连接桥。由于连接桥的长度比起重井的长度要长，所以同时使用履带起重机的主钩和副钩，以保证连接桥斜下井。连接桥下井后，吊车不松开吊钩，连接桥与 1#挂车连接。连接桥的前端用钢架支撑在已下井的段车上，焊接固定后由机车拖进隧道。连接桥进入隧道后，将连接桥前端固定在隧道底板上，切断与分段车的连接。

3. 螺旋输送机提升

螺旋输送机是提升作业的重点和难点。首先，固定好连接桥后，推出段车，在段车上放枕木，准备接收螺旋输送机。其次，由于长度的原因，螺旋输送机也斜向下输送。下井后，将其放置在段车支架上，焊接固定在段车上，然后拉入隧道。此时将盾构机的第一部分吊装起来，取下出发平台上的接收导轨，在出发平台上均匀涂抹润滑脂，准备好将接收盾构下井。另外，盾构机吊装时，可安排人员对挂车上的管线和小型设备进行安装和改进。

4. 中盾卸吊

使用 260t 履带起重机，慢慢地把它远离平坦的汽车，开车走平，把中间的盾牌在地上，然后使用 260t 履带吊挂四个吊环，100t 卡车挂两个吊环，和两个起重机平衡盾牌。当防护罩提升到 3~5m 高时，100t 汽车起重机会慢慢放下吊钩，使防护罩自然下垂。此时，260t 履带式起重机将全部悬挂部件。100t 卡车起重机被解耦和遣散。在盾两侧系上 20m 的麻绳，用 260t 履带起重机将盾移至盾轴上方，拉动麻绳使其正确朝上，慢慢放下吊钩。在此期间，应将麻绳缠绕起来，防止其扭动和接触井壁。当接触到离站平台时，手动调整使其与离站平台平行。防护罩体应由起重机摆臂移动，尽量靠近前防护罩的后端，然后放置在出发平台上，取下吊钩。此时，需确保中罩上的油缸、人舱等部件安装到位后，再将中罩吊入井内。吊装前，用汽油清洗中罩与前罩连接的法兰面。中盾的提升是用主吊车将其提升到地下。同样，在吊装过程中，在中间防护罩两侧系一根 20m 的麻绳，以方便保持方向性，将中间防护罩安全吊装到出发平台的指定位置。

5. 前护罩的卸载和吊装

前护罩的卸载、翻转和吊装方法与中护罩相同。前护罩下井时，确保刀盘驱动和其他部件已安装到位，法兰表面已清洁。此时，将前护罩提升到位，用千斤顶将前护罩推到中间护罩上，安装密封并用螺栓连接。吊节段安装机和连接梁节段组装机无须翻转，直接吊入井内。首先将节段拼装机梁与中间盾构上法兰连接，然后松开吊具。

6. 盾构尾部卸载和吊装

由于吊装井尺寸的限制，拼装机安装后，盾构尾部吊装作业需要履带吊主钩和副钩的配合。在连接护板尾部和中间护板之前，检查铰链密封和紧急气囊密封。如果损坏，请更换。更换后，根据需要涂抹润滑脂。检查灌浆管道和润滑脂管道是否堵塞。如有堵塞，应立即采取措施清理并恢复畅通。

7. 刀盘的卸载和吊装

刀盘和护罩的卸载相同。卸载时，注意保护中央转环。清洁刀盘连接法兰。下井前，检查刀盘与刀具连接螺栓是否合格，滚刀是否可以手动旋转。刀盘耐磨层是否焊接良好。下井后，与前护罩连接后松开吊具。

8. 反力架吊装

盾构尾部下井后，螺旋输送机组装前，将反力架下半部分吊入井内，安装到位并初步固定。螺旋输送机安装就位后，将上部吊入井内，与下部连接，最后固定。

9. 吊装盾构尾部

发车平台上的反作用座和辅助100t千斤顶，实现盾尾与中体的缓慢分离；盾尾与中体相隔约200mm。260t吊车先将盾尾吊离地面，100t吊车缓慢吊起吊钩，倾斜盾尾；在逐渐离开装配机并行走梁后，两台起重机同时连接，将护罩尾部吊出竖井。

10. 将中间体与前体分离，拆卸并提升前体

准备前体和中间体的吊装。确认盾构主机内管线、盾构中间体与前体连接螺栓、载人箱与前体连接螺栓已拆卸，前体箱体吊耳恢复使用状态。260t吊车的吊绳悬挂在前体顶部的四个箱形吊耳上，缓慢提升，逐渐完成盾构前体的吊装。

11. 吊出中体

将螺栓连接的吊耳安装在屏蔽体顶部，恢复箱体吊耳并保持使用。中间阀体顶部的四个吊耳由吊绳悬挂。在地下信号员的指挥下，260t吊车缓慢上升，最后将前体吊离地面吊出螺旋输送机伸出出发平台上的中轨和侧轨，将螺旋输送机推至井口，用两台吊车同时起吊，并根据起吊过程中的角度调整起吊姿态。

12. 拆除并起吊设备桥架

(1) 使用蓄电池机车缓慢送出设备桥架和1号拖车，用设备桥架的四个吊耳悬挂钢丝绳。

(2) 将设备桥架与被支撑的节段车分离，焊接设备桥架的横向支架。

(3) 拆卸设备桥架与1号拖车之间的连接销和管道；拆下连接销后，检查设备桥架上是否有与主体分离的零件。如果是，则将其拆除或固定，并在其正确后吊出设备桥架。

13. 起重机1号拖车

(1) 焊接拖车的横向支架并保持拖车限界；拆下1号和2号拖车之间的连接管路和连接销。

(2) 拆下相关接头后，检查顶部四个吊耳的安装和紧固情况，检查拖车上是否有与拖车分离的零件。如果有，则应将其拆除或固定，然后开始提升拖车。

(3) 将节段起重机拖至1号拖车区域并固定两端，以防止拖车倾斜时滑动和滑动碰撞。

14. 提升其他拖车

(1) 使用机车牵引2号、3号、4号，5号、6号拖车逐一吊至吊装位置。

（2）2~6 号拖车的吊装方法与 1 号拖车相同。依次吊装 1~6 辆拖车和电瓶车。

15. 起重过程中的检查

（1）安全人员、指挥、起重工、吊车司机必须目视跟踪被吊物，支撑和保护被吊物或稳定绳索。

（2）起重过程中避免碰撞、刮擦和事故。

（3）起重时应控制物体的稳定性，起重 10cm 时应停车检查制动安全性，为了及时发现吊装过程中存在的问题，起重机应转动，尽可能匀速上升或下降，以避免被吊物摇晃和摇晃。

16. 现场安全措施

（1）吊装现场应设置安全区域。

（2）吊装区域外应间隔放置安全标志，以防止其他车辆和人员误入。

（3）将危险标志放在醒目位置以警告。

（4）确保现场良好的照明条件。

（5）对于盾构机的吊装工作，盾构方人员应积极协助办理相关证件，并积极与业主和监理部门进行有效沟通，确保盾构机吊装顺利、安全。

第四节 盾构调试、始发与到达

一、盾构调试

为确保盾构安装调试任务安全顺利完成，应进行以下安全技术交底：

（1）确保盾构安装调试任务无事故、优质、高速完成。

（2）安装单位必须建立健全安全、技术及相关管理机构，明确职能人员职责，建立各管理机构网络图，层层分解管理目标，做到“横到边，纵到尾”，自上而下层层签订合同，明确各自的职责和权限，强化“谁承包，谁负责”。

（3）强化施工安全技术措施，并加强过程控制和管理：

① 按有关规定安装和调试。由于采用的双圆盾构机是国内首次引进，盾构安装调试应严格按照相关图纸、技术说明书、规范要求进行。

② 根据安装调试任务的特点进行人员教育培训和安全技术交底。提前对所有进场作业人员进行有针对性的技术和安全教育，根据工程特点进行安全技术交底，认真贯彻“安全第一，预防为主”的方针，确保各工作环节的安全和安装任务的顺利进行。

③ 施工现场安全技术措施。a. 现场起重作业必须严格遵守《建筑施工安全检查标准》（JGJ 59—2011）。施工现场的安全员必须持证上岗，电焊工、起重机操作员、吊钩指挥人员必须持劳动局颁发的有效证件上岗，严禁非法操作。进入施工现场的人员必须佩戴安全帽等安全防护用品。进入施工现场的各种设备必须经验收合格后方可使用。各类机械设备必须有专人负责。b. 吊装用钢丝绳、索具、吊具、卸克等物件必须合理配置，必须有可靠的安全系数。起重机司机上岗前，必须对起重机各部位的安全装置进行检查和试吊，确保

其处于良好状态，方可作业，并做好作业记录。严禁带病作业。起重指挥员上岗前必须检查索具和卸克使用情况，确保其处于良好状态，并合理使用钢丝绳。指挥时，思想集中，指挥信号表达准确、鲜明、清晰。c. 起吊时，发出信号提醒其他人员及时躲避。当起重机和驾驶员从顶部起吊物体时，必须严格遵守“十人”制度。施工现场高空作业必须严格遵守《建筑施工高处作业安全技术规范》(JGJ 80—2016)。所有有边、悬空的施工现场必须做好防护设施，并发布高空作业防护措施。在悬挂平台上上下传递工具时，禁止上下乱扔，必须有工具袋传递。作业区域下方必须进行隔离，防止工具或其他部件从高处坠落伤人。d. 施工现场用电必须严格遵守《施工现场临时用电安全技术规范》(JGJ 46—2005)。进入施工现场的电箱必须符合规范，并配备专职电工。如果进行夜间施工，必须有足够的照明亮度，以确保施工人员的视线。特殊情况下，可使用辅助移动照明，移动灯具必须符合安全规范。在调试和检查期间，应在相应的开关上悬挂警告标志，以避免未经授权的人员不小心触摸操作开关而造成伤害事故。当多人协同工作时，为避免信号传输错误造成误操作，应提前配备指挥人员进行统一调度指挥或约定信号，确认无误后方可施工。e. 施工现场动火，必须办理动火许可证，配备足够的消防器材。动火前，确认周围无易燃物。施工现场必须有专人负责文明施工。严禁乱放氧气、乙炔等物品。施工完成后，材料应用完，场地应清理干净。盾构安装过程中，要确保各工序符合标准，以确保整体安装质量，并在安装调试后及时验收。

二、盾构始发

盾构始发流程如图 6-2 所示。

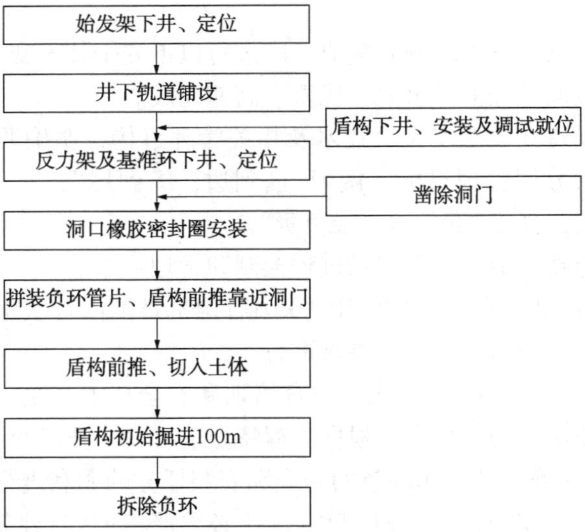

图 6-2　盾构始发流程示意图

（一）盾构机初始掘进距离的确定

盾构机初始掘进距离的确定应综合考虑以下因素：

(1) 盾构机后续台车的长度(约 80m)；

(2) 管片与土壤之间的摩擦力足以支撑盾构机的推力(根据计算，100m 长管片提供的摩擦力远大于盾构机的额定最大推力；

(3) 100m 长盾构机的最终验收。

根据以上条件，初步开挖距离确定为 100m)。

(二) 出发前的准备工作

盾构机初步开挖前必须完成以下工作：①盾构机联动调试符合要求；②洞门内障碍物已清除(洞门内围护桩已凿除)；③洞口橡胶密封圈已安装到位；④进洞段就绪；⑤渣土运输准备就绪；⑥地面砂浆搅拌站调试完成；⑦盾构机已准确定位；⑧已安装并测试自动导航系统；⑨初步开挖范围内的地面监测点已布设完毕，已获得初步数据；⑩盾尾密封刷涂有密封脂(为了更好地发挥和保护盾尾刷，第一次加注盾尾密封脂时，应手动或手动配合机械涂抹，并确保细致到位)；⑪供电系统、给排水系统、通信系统正常；⑫初始反力架和参考环通过地面访视组装后安装在地下，通过精确定位和测量确保第一环临时段的准确位置。

(三) 后支承轨道和电瓶车轨道布局

后支承轨距 2180mm，电瓶车轨距 900mm，后支承轨规格 43kg/m，电瓶车轨道规格 38kg/m。后支承轨中心线向两侧偏移 1090mm，即后支承轨中心线。后支承轨道中心线向两侧偏移 450mm，为电瓶车轨道中心线。

(四) 反力架安装

由于底座和反力架在开始时为盾构提供初始推力和初始空间姿态，因此在安装底座和反力架时，应严格控制底座和反力架的中心线和标高。

(五) 盾构起始位置控制

例如，在车站区间，左线：盾构起始中心线以区间设计起始里程为准左线隧道中心线 ZDK30+357.503，垂直于盾构工作井端壁。盾构水平坐标为-231.555m，即盾构水平坐标为-58.555m。右线：盾构起始中心线以右线隧道中心线为准，设计起始里程为 *yd*30+357.503，垂直于盾构工作井端壁。即盾构始发中心坐标 $x=25088.524$，$y=55566.697$，标高-1.504m，水平始发。

(六) 刷盾尾密封脂

组装负环前，在盾尾钢丝刷中填充盾尾密封脂。盾尾密封脂具有止水、防止同步注浆浆液回流的作用。此外，屏蔽盾尾密封脂还可以防止钢丝刷的磨损。因此，在组装第一环管件时，一定要加注实心屏蔽盾尾密封脂，并在组装管件前分离钢丝刷，钢丝刷和钢丝刷中心的不锈钢网应填满。当屏蔽尾钢丝刷首次填充屏蔽盾尾密封脂时，使用专用工具填充密封脂。

(七) 组装负极环段

1. 向前移动屏蔽

(1) 盾构机组装调试完成后，盾构机开始向前移动。用千斤顶将其向前移动，以准备安装负环段。

(2) 前进速度应尽可能缓慢和稳定。刀盘靠近土壤后，千斤顶应继续保持压力以平衡土壤压力。

2. 安装负环段

（1）负环段支撑。负环段支撑系统采用反力架、启动底座和木楔。负环段组装成一条直线。

（2）负环段的组装。负环中线坡度应与隧道出口段设计坡度一致。根据设计图纸上节段的理论布置和负环的数量，确定-10个环段的装配位置。①根据节段安装顺序，节段安装位置处的千斤顶必须缩回到位，以腾出节段组装位置。②在盾构机底部放置一块板，确保当千斤顶推回负环时，负环段不会从板上滑下。③段拼装机采用无线遥控控制。安装过程中，必须调整节段的相对位置（通过调整安装头上的六个自由度），然后提升节段。④将管片旋转至最终正确位置，并对管片在屏蔽壳内采取临时固定措施，即使用临时支撑垫（使用∠50）。⑤装上螺栓并拧紧螺栓（仅拧紧圆周螺栓）。⑥依次组装B1段、B2段、B3段、L1、L2、F；安装B1段和B2段时，应在盾构内采取临时固定措施，防止负环段下垂。⑦-10环形成环后，用千斤顶将环整体推回。千斤顶的伸出速度不应太快。⑧h-10环与屏蔽壳分离时，将木楔打入始发支架导轨和负环外径之间的间隙，以支撑负环。⑨当-10环与反作用框架上的反作用环一起压缩时，用纵向螺栓将负环与反作用框架连接。⑩继续将负环-7环段运输到安装位置，重复上述步骤，将其组装成一个整体环，并用纵向螺栓将其与-10环连接。

（八）洞口破碎

为保证围护结构的稳定性，施工前应提前2m水平钻洞口，确保安全后再进行洞口凿毛。凿毛应分两个阶段进行。第一阶段，端井土壤钢筋检查合格后，凿除部分壁厚；第二阶段在出发准备完成后迅速进行。凿前，根据设计尺寸在垂直墙上绘制隧道门轮廓线。凿毛分两层进行。首先在孔圈内凿出一层约23厚的钢筋混凝土。为了保证凿毛作业的安全，一旦发生事故，便于及时封堵。然后剩余13厚的层从下到上分块凿出，共九块，直到凿出最外层的主筋。如果土壤压力高且存在坍塌风险，则应使用木板和钢管快速支撑土壤表面，并尽快在地面或隧道入口处进行补强灌浆。

（九）盾构机初期掘进

（1）为了收集和掌握×××站至××××站之间土层盾构掘进的施工参数，以×××站至××××站上行线的第一个100m作为盾构施工试验段，获得以下方面的施工经验和施工参数：①熟悉盾构设备的机械性能，掌握盾构机的操作方法，配合盾构厂家提高盾构设备的机械性能。②根据地质条件，确定并计算土压载舱的计划土压力值。③测量并计算盾构推进和开挖之间的实际比例关系。④通过试验段的施工，对地表变形进行了分析，分析了推进速度、同步注浆量、地表变形与隆起沉降之间的相互影响关系。⑤通过试验确定各环段同步灌浆量。⑥熟悉管段组装操作规程，提高管段组装质量，明确管段组装关键环节。

（2）为保证地面沉降和隆起的控制，平衡工作面水土压力，保证工作面不坍塌、不涌水、不涌砂。压载舱内的土压力由安装在压载舱内的土压力表通过计算机随时测量和监控。一旦实测土压力与计算土压力不一致，应及时调整开挖量。同时，根据地面升降监测、土层和地下水位变化动态管理规划土压力，确保土压载压力与开挖面水土压力平衡，防止涌砂坍塌。当盾构穿过砂土层时，为了使土压载舱内的土壤具有更好的流动性，保持土压载舱内的压力，可以在盾构前进的同时注入适量的黏土或黏土泥浆。

（十）节段选择和安装

1. 节段选择

在保证盾构机沿隧道设计轴线行驶的前提下，选择合适的管片类型和正确的安装方法是保证隧道质量的主要措施，否则可能会造成以下不良后果：①导致节段错位、损坏、裂纹等缺陷。②造成隧道渗水或漏水。③管片方向与盾构机的掘进方向不一致，导致盾构机的操作和下一个环形管片的安装困难(由于盾尾之间的间隙较小)，并增加了对盾尾刷的损坏。该段为一般段。每个环段由3个标准块、2个相邻块和1个盖块组成。根据盾构机推进千斤顶的分布情况，设计中要求将管片错缝组装。通常，盖块的位置偏离±18°以上的右侧，以便组装。对于标准环，盖块可以位于任何位置。对于左右旋转环，盖块的位置将决定节段在空间中的方向，当盖块处于不同位置时，水平和垂直方向上的楔块组件不同。

选择正确的节段时，必须综合考虑以下因素：

（1）线路特性；

（2）推进千斤顶的行程差(左右和上下)；

（3）护罩尾部间隙(上、下、左、右)；

（4）盾构掘进方向与设计轴线的相对关系；

（5）交错接头组件。

根据上述因素，可在环开挖前提前确定环的节段类型。环开挖完成后，可根据最新数据进行微调(一般节段类型保持不变，盖块位置可能改变)。

节段选择的正确性主要体现在以下几个方面：

（1）隧道轴线偏差很小，管片组装外观质量很好；

（2）上、下、左、右护罩尾部之间的间隙相对均匀；

（3）推进千斤顶行程差小。

2. 分段安装

已达龄并经检验合格的管片，用平板车运至离场现场，再用龙门吊卸至特殊管片堆放区。卸载前，将逐个目视检查节段，不符合要求的节段(裂纹、损坏、无标记等)将立即退回。管片粘贴止水条和传力垫后，必须经专人检查(位置、型号、黏结牢固度等)合格后方可下隧道使用。每个环节吊装到两节卡车上，节段之间用方木垫隔开。方形木垫块也预先放置在牵引夹上。管片在盾构机附近运输后，由专用设备卸至浇筑位置附近的管片输送平台。掘进完成后，通过管片输送机将其送到管片安装工的工作范围，并从下到上安装到相应的位置。安装并紧固最后一个插入块后，安装一个环段，然后可以开挖下一个环段。现场安装前仍应检查管片。确认管片质量完好，止水带黏接无脱落后方可安装。管片安装完成后，应尽可能拧紧各个方向的螺栓。在开挖下一个环的过程中，应再次拧紧上一个环的连接螺栓。分段组装应满足规范和合同要求中规定的允许偏差。对于掘进过程中出现的管片裂缝等损坏，应及时观察并记录，提醒盾构机操作人员注意。

（十一）盾尾回填灌浆

1. 灌浆目的

选择合适的时间对管片进行修复。盾构机刀盘开挖直径6480mm，管片外径6200mm。因此，当盾构机的盾构尾部与管片分离时，土壤与管片之间将形成14cm宽的间隙。如果隧道上方的土壤没有及时回填，地面可能会坍塌。除了防止地面沉降外，灌浆还可以增强防水性和限制管片变形。

2. 灌浆方法

（1）该系统配有一个8m^{3}的浆液箱，浆液箱中有搅拌叶片，可以搅拌浆液并向活塞泵供油。配备一个B液体（水玻璃）罐和泵送挤压泵。此外，还配置了一台高压水泵和一个水箱，可以通过管道连接到盾构壳体上的四个灌浆点。盾构壳体上设置4个灌浆点，每个点有3条管道，一条ϕ20mm管道为B浆液管道，与靠近出口ϕ45mm的一条管道相连，连接一条液体（或单液体浆液）管道，第三条为清洗管道。

（2）单液灌浆时，只有储存在搅拌装置中的单液浆液需要通过管道由双作用活塞泵送至盾构壳体上的同步灌浆点。

（3）双液灌浆时，双作用活塞泵将A液浆储存在搅拌装置中，挤压泵将B液罐中储存的B液浆通过各自的管道同时泵送至盾构壳上的同一灌浆点，在盾构壳出口附近进行搅拌，然后进入段壁背面。

（4）在四条灌浆管道内设置四个灌浆压力传感器、压力表和气动球阀，用于同步灌浆。整个系统通过程序自动控制注浆量和注浆压力。灌浆期间，严格监控砂浆的流量和压力，以防止过度压力导致地面隆起。为了适应不同的灌浆量和压力要求，也可以在控制操作触摸屏上手动调整灌浆量和压力。

（5）砂浆在地面搅拌站制备，由砂浆斗运入隧道，通过砂浆输送泵送至拖车上的砂浆罐中储存。

3. 砂浆供应

砂浆在地面搅拌后，通过溜槽装入中板砂浆车。首先打开砂浆搅拌车电源搅拌3～5min，然后通过后续台车上的砂浆输送泵将砂浆输送至砂浆罐，

4. 砂浆配合比

同步浆液采用单液砂浆。根据地质特征和灌浆效果，初期灰浆比为水泥：粉煤灰：砂：膨润土：水=1：2.131：4.869：0.35：2.913。

（十二）认真执行标准化操作

确保安全施工期间严格施工纪律和劳动纪律，杜绝违章指挥和操作，确保现场安全防护设施的投入，以科学的管理、先进的技术和可靠的防护设施进行安全施工。

（1）钢筋切割机工作前，应进行试运转，检查切割刃是否松动。只有在操作正常后才能进行切割操作。切割长料时，应指定专人握住，切割短料时，应使用钳子或套管将其夹紧。不允许因钢筋直径小而切割钢筋束。拉直钢筋，夹紧夹头，地锚应牢固，钢筋沿线2m范围内禁止行人。手动研磨和矫直，不要用胸部和腹部接触推杆，慢慢松开，不要一次松开。

（2）电焊机应安装在干燥、通风良好的地方，周围严禁存放易燃易爆物品。

(3) 各类机械操作人员必须身体健康。醉酒、生病、受刺激严重、不能正常工作的人员，不准驾驶和操作机械，非机械操作人员不准操作机械。驾驶员只能在其驾驶执照允许的驾驶范围内驾驶机动车。

(4) 电焊机应配备单独的开关箱。作业时应穿戴防护用品。焊接完成后，应打开并锁定开关。如遇下雨，应停止室外作业。

(5) 在潮湿场所作业时，电焊机应放在木板上，操作人员应站在绝缘橡胶板或木板上操作。

(6) 地线不得与钢丝绳、各种管道、金属构件等接触，不得用这些物体代替地线。

(7) 更换场地和移动电焊机时，必须切断电源，检查场地，清除焊渣。

(8) 在模板内焊接钢筋和钢板时，应在焊接位置下垫石棉板或铁板。焊接人员必须持有电焊工上岗证，并在焊接过程中严格执行操作规程。

(9) 所有电工在上岗前必须接受特殊工种的培训。

(10) 施工中使用的水泵、电焊机等电器均连接漏电保护器，防止漏电伤人。

(11) 机械操作人员和合作人员必须佩戴安全帽。

(12) 机械设备不得带故障运行，运行中严禁维修、保养、润滑、紧固等操作；如果在操作过程中出现异常，先停止机器，然后进行检查。

三、盾构到达工艺流程

盾构到达工艺流程如图 6-3 所示。

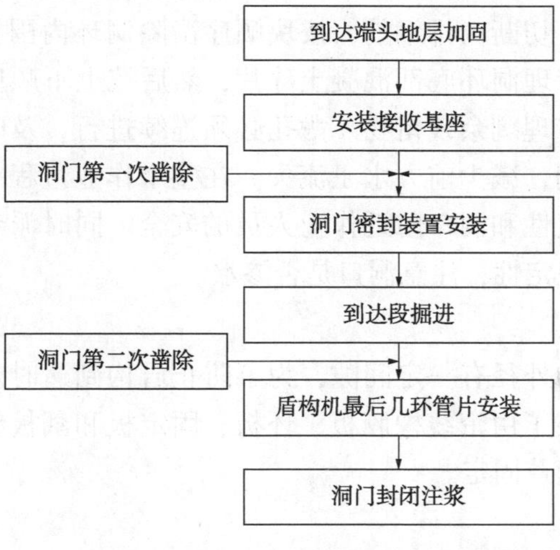

图 6-3　盾构到达工艺流程图

1. 到达端头井地层加固

比如：某项目的设计要求，盾构到达端头加固采用两排三重管旋喷桩 ϕ800@600+袖阀管注浆加固。先注外围，后注中部，以达到一序外围成墙、二序内部压密的目的。采用跳孔注浆的原则，以达到释放压力，防止地面隆起。加固范围：水平盾构区间左右各 3m；竖向盾构隧道上部 6m 处，下部深入中风化岩层 1m。加固后的土体应有良好的均匀性和自立性，无侧限单轴抗压强度≥1.0MPa，地层渗透系数不大于 10^{-5}cm/s。

2. 盾构接收托架安装

托架安装前，通过车站临时预留口将地面控制点坐标引入车站底板，根据设计中心线计算出线路中心线坐标，进行中心线放样，托架高程放样时，高程一般比设计高程低2cm左右，测量点位放样精度控制在3mm以内。接收托架主要采用型钢(工字钢、H型钢、钢板)焊接组成。将预制好的盾构托架吊入工作井内，按照测量放样的基线进行接收托架定位，托架定位采用吊车进行初步定位，再通过千斤顶和手拉倒链进行精确定位，定位精度在±5mm之内。考虑接收架在盾构到达时要承受纵向、横向的推力以及抵抗盾构旋转的扭矩，所以在盾构到达之前，对接收架两侧用H型钢进行加固。

3. 洞门混凝土凿毛

洞门混凝土凿毛分两次进行。盾构掘进结束前，进行第一次洞口凿毛。拆除外排钢筋，凿除外排钢筋与内排钢筋之间的混凝土；第二次洞门凿除时，应在盾构机到达末端后切断内排钢筋。

(1) 在脚手架搭设和盾构到达之前，应凿除隧道圈内的围护结构。施工前，在隧道圈内搭设钢管脚手架(钢材规格：Q235，外径42.7mm，壁厚2.3mm)，搭设高度6~7m，洞门凿毛时间约7d。洞门混凝土凿除前，应对洞门加筋土进行取芯取样，检测土的钢筋强度是否满足设计要求(钢筋抗压强度不小于1MPa，渗透系数为1×10^{-5}cm/s)。如果不满足强度要求，应采取加固措施。然后在隧道竖井各孔范围内水平钻9个孔，加固后长度0.5m，孔径50mm。观察9孔总水流量小于30L/h，如超限，必须重新补充地面泥浆。

(2) 洞门混凝土凿毛。洞口混凝土凿成9块。施工顺序为：先上后下，先内后外。凿除混凝土时，先露出内排钢筋，切断内排钢筋，按块顺序凿除洞环内围护结构混凝土，凿除外排钢筋，保留外排钢筋，清理洞环底部混凝土碎片，然后按上下顺序逐块切断外排钢筋，将混凝土块吊出端井，并清理剩余残留物。凿孔必须连续进行，及时清除孔内杂物和混凝土碎片，尽量缩短作业时间，减少前方水土流失。在整个作业过程中，专职安全员应全程监督，确保洞口土壤的稳定性和洞口附近作业人员的安全。同时派专人跟踪检查洞口防水密封装置，监测洞口土质稳定性，注意洞口是否渗水。

4. 洞门密封装置安装

由于工作井洞环直径与盾构外径有一定间隙，为了防止盾构到达时及施工过程中缝隙内的水土流失，在洞环周围安装了由帘线橡胶板、环板、固定板和翻板组成的洞口防水密封装置，铰链用钢丝绳和手拉葫芦固定。

5. 洞口收料导轨安装

洞口混凝土破碎后，收料支架末端距洞口±2.2m。为了确保盾构机不会因刀盘悬挂而“弯曲”，需要在到达端的隧道中安装入口接收导轨，以防止盾构机到达时向前倾斜。安装接收导轨时，导轨末端应留有足够的空间，以确保盾构机到达时，刀盘旋转不受接收导轨安装的影响。

6. 盾构到达隧道

盾构机到达隧道参数控制：盾构机进入隧道进口段后，先减小推力，降低推进速度和刀盘速度，控制开挖量，并不断监测土仓压力值，避免出现较大的地表隆起和沉降。通过前5~6环，进一步减小盾构掘进推力，保持掘进推力在400t左右，推进油缸压力不大于4MPa。行驶时，注意保持土仓中的压力值。一般来说，土压力不小于0.6bar。在贯入前的最后三个环中，当盾构刀盘与贯通线距离小于10m时，开挖速度应控制在10~20mm/min，贯入度应控制在15~20(mm/10击)，在开挖过程中，应指派专人在车站随时观察洞口加固段。当加筋土振动较大时，应立即通知洞内盾构机进一步减小推力、刀盘速度和推进速度，以避免刀盘前方土壤较薄而导致刀盘前方坍塌。在进站阶段，密切关注盾构机推进系统的推进速度和压力以及开挖情况。当发现推力突然减小，压载土粒径突然增大，推进速度同时增大时，必须立即停止。

7. 盾构机末端处理

当盾构机刀盘与贯入距离小于5m时，如果条件允许，泥浆或膨润土应从盾构壳上的预留孔注入盾构壳的外侧，以防止盾构机后部节段上部的水流入孔内。在盾构进入接收井之前，当盾构刀盘距离车站围墙3m时，在隧道圆内凿出ϕ500mm的孔以释放应力。尽量使盾构刀盘靠近预留钢筋层，然后清除道砟土，然后切割内部钢筋。切割顺序是先切割底部，然后切割上部。盾构掘进过程中刀盘外露时，应停止掘进，彻底拆除洞口支护结构，根据漏浆情况，用棉纱或含土编织袋、木楔堵住漏浆。隧道门清理干净后，盾构机开始前进并爬上接收支架。

8. 最后几个环节段的安装

隧道连接后，一般需要安装5~6个环节段来完成区间隧道的节段安装。同时，这些环节与隧道连接后，盾构机前方没有反向推力，这将导致节段之间的环节连接不紧密，容易漏水。最后几个环段安装时，根据现场实际情况，在刀盘前方预定位置设置支架，防止盾构刀盘向前滑动。盾尾离开孔的密封圈后，迅速重新调整孔的扇形压板，并用快速凝固的砂浆进行灌浆，以确保孔的节段回填灌浆能够快速凝固。同时，要求盾构机连接后，各工序应紧密有序地进行。在最后几环节段的安装过程中，为了加强节段的防水性，防止节段后面的砂浆突然从孔中冒出，在完成每环节段的向前推进和安装后，待砂浆凝固2h后，再推进下一圈节段。

9. 灌浆以关闭洞口

隧道通过后，清理洞口，并将圆弧板焊接在预埋钢环上，以密封节段和钢环之间的间隙。洞口密封圈的安装应在隧道贯通、洞口渣土清理干净后进行，以确保弧形钢板与管片之间更好的密封。密封后，应对最后一个环段进行灌浆和封堵，灌浆顺序应为从隧道内部到车站。灌浆采用单液浆。当洞口环漏浆量较大时，可先用双液浆封堵，再用单液浆充填。

10. 盾构隧道进口段施工控制要点

盾构机距接收井端壁100m时，进入开挖阶段。为了迎接盾构机进站，在到达洞口前应做好以下准备：①安装入口密封装置；②安装盾构机接收支架轨道；③铺设盾构机移动支架轨道；④在隧道门处局部凿除车站围墙；⑤在接收井中准备沙袋、水泵、水管、方木、风镐等应急物资和工具；⑥准备好隧道与接收井之间的通信工具；⑦准备接收井照明设备。

上述准备工作完成后，盾构机将进行最终到达阶段开挖。为确保盾构机通过预留洞门，本阶段开挖具有以下特点：①盾构机通过前，可提前凿除内侧壁厚较厚的地方。盾构刀盘与墙体对接时，可手动或通过盾构刀盘旋转，将混凝土凿除，切断钢筋，既可加快贯入速度，又可有效防止土体坍塌入站。②根据地下水和盾构合页封闭条件，结合灌浆过程，不提倡气压平衡掘进模式，随时要求土压或半土压掘进模式。③最后 70m 保持土压平衡模式。④从最后五环开始减小推力和速度，开挖速度不大于 1cm/min。⑤开挖速度逐渐减慢，开挖推力相应减小。⑥增加盾构机测量次数，不断标定盾构机掘进方向。⑦增加地面监测频率，根据监测结果及时调整开挖参数。⑧车站需要派人值班监控入口位置。⑨保持泡沫剂系统和循环水系统处于良好状态，以确保压载土处于柔软和连续状态。⑩控制开挖量。

盾构机进站时，由于刀盘前端阻力几乎为零，千斤顶的推力将逐渐减小，千斤顶对管片的作用力将相应减小。因此，此处几段连接不够紧密，缝隙较大，影响防水质量，导致渗水。根据左右线到达段的施工情况，采取以下相应措施：①通过在第一辆拖车和轨道之间设置夹轨器或其他固定装置，在盾构推力的作用下，在节段之间产生足够的反作用力，压缩节段之间的密封条，以满足防水要求；②管片安装完成后，用气动扳手拧紧所有纵向和横向螺栓，下一圈开挖至 1.5m 左右时重新拧紧螺栓；③严格按照操作规程进行节段组装，防止节段间错缝、台阶差；④对于每个环，应在千斤顶伸出量大于 1.8m 时安装节段，以确保节段的安装质量，尤其是盖块的安装质量；⑤管片安装完毕后，应拧紧灌浆塞，损坏的应及时更换；⑥管片安装前，确保止水带不受损坏，及时清理管片灌浆脱落的渣土、泥土和砂浆；⑦应尽快在管片底部进行灌浆，以防止管片下沉和松动。

第五节　盾构调头、过站和空推技术

一、工艺原理

结合各工程的实际工程概况及车站结构形式与盾构机位置的关系，盾构通过车站前，应对车站底板进行处理，铺设并加固钢轨。盾构收妥并平移到位后，盾构应及时通过车站，更换盾尾刷，同时清理同步灌浆系统。盾构机通过车站就位后，后支承系统直接由电瓶车牵引，通过车站与盾构机连接。然后开始盾构下水的相关工作。当盾构回转时，有必要考虑主机的尺寸和盾构机的后支撑部件。结合转弯施工现场的设计图纸和空间测量结果，提前进行转弯模拟工作，确定各种轨距尺寸(并考虑工作空间和施工误差)。应根据模拟结果确定转弯步骤和转弯方案。

二、工艺施工方法的特点

(1) 盾构主机的整体平移或转向应采用无须拆卸的方式，施工速度快。

(2) 盾构机的维修和保养可在车站通过或转弯时完成，节省时间。

(3) 通过或掉头的车站在地下完成，对地面和周围环境影响较小。

(4) 在接盾构前，应将盾构通过(或掉头)所需的空间作为一个整体考虑，并合理考虑接盾构期间的安装。同时，根据车站的结构形式，盾构主机平移、推、平移，并直接放置在始发井内。

(5) 采用简单便捷的轨道交通方式完成施工，对设备影响较小。

（6）仅断开盾构主机与后部支撑设备的连接，以实现整体运输（或掉头）。

（7）在盾构主机运输（或掉头）过程中，根据时间表，更换盾尾刷，同时清洁同步灌浆系统。

（8）盾构通过车站（或掉头）后，直接在启动轴中就位。主机与后支架连接后，即可启动盾构，大大缩短了工期，加快了施工进度。

三、适用范围

本施工方法适用于城市繁忙地区的工程，施工场地狭窄，不具备盾构吊装能力，在类似情况下有一定的参考价值。

四、主要技术标准

《盾构法隧道施工及验收规范》（GB 50446—2017）。

《地下铁道工程施工质量验收标准》（GB/T 50299—2018）。

五、施工方法

盾构过站一般采用千斤顶顶推法盾体整体平移和电瓶车拉动后续台车过站的方法。盾构调头一般采用千斤顶顶推法盾体整体旋转，待盾构主机旋转到位后，再将后配套台车逐节旋转、平移后连接的方法。

六、工艺流程及操作要点

1. 施工工艺流程

盾构过站施工工艺流程见图6-4。

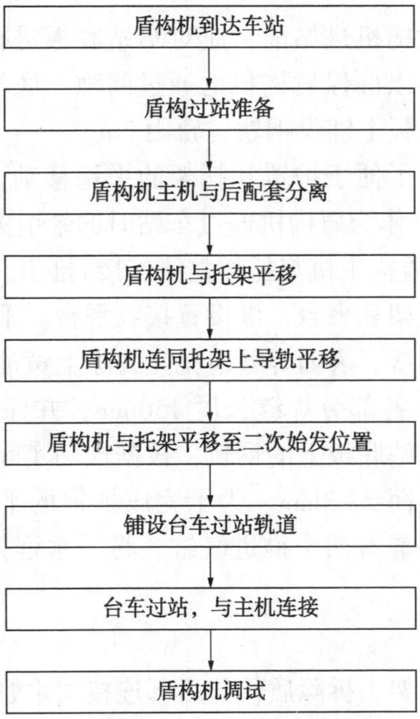

图6-4　盾构机过站施工工艺流程图

盾构调头施工工艺流程见图 6-5。

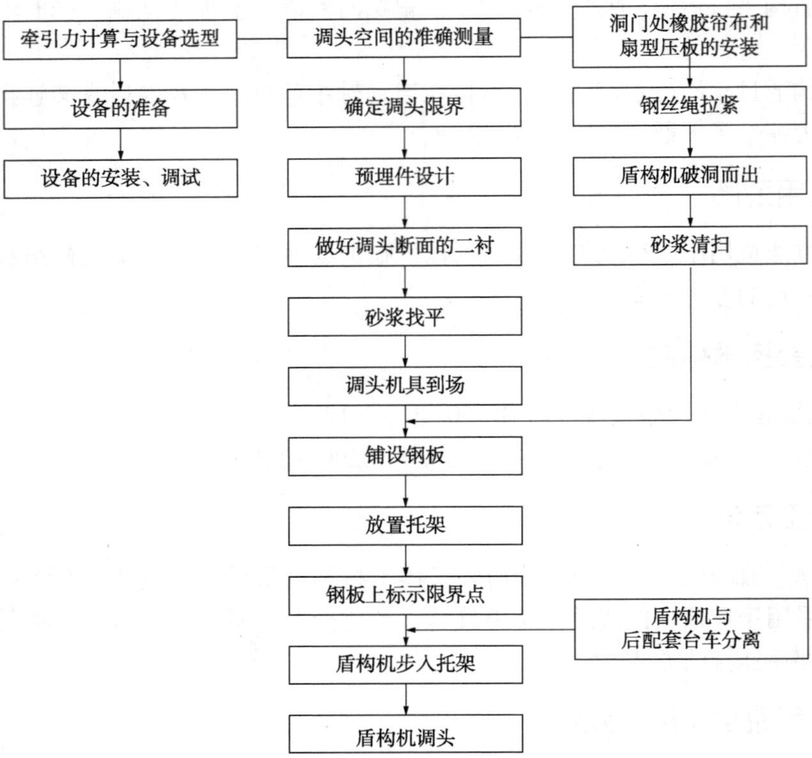

图 6-5　盾构机调头施工工法流程图

2. 护罩平移操作要点

(1) 车站楼层布置图。盾构机进站前，应对车站底板进行整理。底板和中间板上影响盾构通过的预留钢筋应弯曲，以确保盾构机的通过间隙；底板上不平的地面应找平。车站底板找平后，在车站标准段底板上铺设钢轨，轨距 3m。

(2) 牵引工具的布置。为了便于护罩和托架的平稳移动，有两种方案：①在车站另一端安装两台拉力为 5t 的绞车，作为盾构机通过车站时的牵引力；②反应装置设置在钢轨上，并用液压千斤顶从托架尾部(盾构主机与托架整体连接)推出。

(3) 接收井内安装接收托架和平台，以设置接收平台。平台由 20#型钢和 16mm 厚钢板制成。平台上部的钢板相互焊接。表面焊缝应抛光并涂上黄油。接收框架下焊接一块 16mm 厚的钢板，焊缝间距 150mm，各部分焊缝长度 150mm，并保证在始发框架每侧双面焊接。为了保证启动架能顺利爬上车站底板上的钢轨，根据现场实际情况，应以 2%～5%的微坡度安装托架，使托架前端高出轨面 2～3mm。为了完成护罩的平移，托架必须在钢板上滑动，在钢板上安装推进支架，同时准备两个推进气缸。将下水框架固定在钢板上，并对下水进行加固，以便于盾构机接收。

3. 盾构机到达后的准备

(1) 支架并用型钢连接桥架，拆除盾构与后部连接的水管、气管、液压管等。

(2) 将支撑型钢焊接在盾尾内侧，防止盾尾变形。

(3) 清洁护罩和刀盘，并清空密封土仓中的土壤。

(4) 固定护罩和发射架。用钢丝绳分别在前、中、后固定并紧固屏蔽体和盾构机启动架，然后在屏蔽壳与启动架接触的不同位置点焊并固定，以确保屏蔽体和盾构机启动架不会相对移动。

(5) 盾构刀盘、前盾构、中盾构和盾构尾部用钢板焊接在一起，以防止盾构通过车站时盾构各部分的相对运动。

(6) 用 H 型钢在盾构上焊接 4 个支架，以便于盾构顶升和千斤顶推动盾构滑动。

(7) 拆除发车架加固材料。清除盾构机接收到的钢筋材料，打磨前一道焊缝的焊渣，使启动架在钢板上移动。

(8) 用两个千斤顶(推力 100t)将盾构本体和启动架向前移动到盾构机操作平台上，使管片脱离，从而将盾构本体与支撑设备分离，便于盾构机横向移动。

七、盾构主机通过车站

盾构主机通过车站，主要包括到达端横向移动、主机向前移动和出发端井中横向移动。

1. 盾构机横向移动

根据车站楼层布置，盾构机前进前，应先平移盾构机的盾体。将推进油缸放在焊接在盾构机上的支架上，使油缸支撑靴靠近车站侧壁，然后同时启动推进油缸，推动盾构机平移。盾构机的横向距离通常为 1.5m。将盾构机向前移动，将推进油缸放在盾构机支架上，启动油缸，将盾构机和启动架与接收平台钢板分离，将钢轨放入其中，然后收缩油缸，使盾构机支架落在钢轨上。用液压千斤顶推动支架，向前移动支架和护罩。在运动过程中，定期检查护罩机构的姿态，并及时纠正。盾构机水平移动并启动到位。当屏蔽体向前移动时，将到达末端的平台转移到起始端，作为起始平台。在屏蔽体到达端部之前，确保启动支架的位置准确定位在钢板上并做好标记；在发车站台钢板上涂抹润滑脂。当屏蔽体前进到起始端且所有支架都在起始平台上时，屏蔽体可以横向移动。将护罩吊到支架上，离开钢轨，拆下钢轨，收缩油缸，使护罩落在发车站台钢板上；用液压缸推动盾构在发车平台钢板上水平移动 1.5m，然后向前滑动。当滑动到支架距侧壁 0.6m 处时，用油缸逐一调整，使支架准确定位。最后，对启动支架进行加固，以准备启动。

2. 后续支撑小车运输

(1) 盾构体通过车站时，应铺设站内小车和电瓶车的轨道，轨枕和道床应铺设 20#H 钢。由于隧道洞口处的轨道与车站地板之间的电瓶车和后支撑小车之间的高差较大，因此需要遵循坡度，轨道的纵坡设置为 20‰。小车向前。

(2) 铺轨完成后，进行后配套设备的车站穿越。在 1 号小车上用 H 型钢焊接横梁，用电瓶车直接将整个后支撑系统向前推。

(3) 盾体与后支承系统连接后，支承设备到达西端后，后支承设备与定位的盾体连接，连接水管、回路、气管和液压管路。

3. 盾构机维护

盾构机运输过程中的盾构机维护，为下一段开挖做好准备。维护内容根据盾构机检查确定，包括工具更换、根据下一段开挖的工具磨损和地层条件、刀盘和螺旋输送机的磨损修复、盾构尾部密封刷的更换、密封件的更换、泡沫管道和灌浆管道的疏浚、测量系统的维护和识别等确定)。

(1) 盾构接收。①准确测量转弯场地的实际空间尺寸，特别是转弯的钥匙和卡口位置，避免因施工误差对最终转弯结果产生不利影响。②根据盾构机主机及后支承尺寸，结合转弯施工现场的设计图纸及空间测量结果，提前在计算机上用 CAD 进行转弯模拟，确定各种轨距尺寸(并考虑工作空间和施工误差)，并根据仿真结果确定车削步骤和车削方案。

(2) 车削段基面和钢板的平整度要求：①准确复测车削工作轴底板表面平整度。②砂浆强度应为≥10MPa，砂浆表面平整度≤10mm/m^2；③钢板焊接牢固，焊缝打磨平整，周围固定牢固，防止盾构回转时钢板移动。应设计用于支架固定、盾构机平移、盾构机转弯和盾构机转弯处离场的预埋件，并考虑支架、负环、反力架等重型结构的安装和拆除。④在转弯处铺设钢板。为了保证盾构机转弯横向移动时有足够的支承面，盾构进入隧道前，必须在接收井底部提前铺设 70mm 厚的粗砂。砂垫层必须用平板振捣密实，以避免钢板受压造成凹陷，增加盾构的阻力。压实找平后，在砂垫层上满铺 20mm 厚钢板。钢板和钢板应焊接成一体(段焊)，并用小型研磨机打磨，以确保钢板的平整度。⑤在钢板上标出盾构机旋转和平移过程的点，标记模拟盾构机转弯过程的支架轨迹和趋势，标记转弯的各种限制。⑥在相邻屏蔽线发车口安装橡胶帘布和扇形压板，并进行检查。⑦道岔铺设和框架转弯。根据接收井的实际情况，如果不满足隧道施工的管片和开挖运输要求，可从贯通隧道进行，并在开挖井内设置钢平台。⑧预埋件的设计和安装。盾构机在工作井内转弯时，预埋件的设计对于后期转弯施工操作的简单优化非常重要。支架的固定、盾构机的初始平移、盾构机的转动过程以及盾构机的起始位置均应设置预埋件。支架、负环等重型结构的安装和拆除也需要某些预埋件。预埋件应提前设计和安装，以利于盾构的转弯作业。

(3) 屏蔽接收。接收到盾构并完全固定在接收支架上后，使用 30mm 厚的加强筋将盾构结构和盾构底座牢固焊接在底座两侧。

4. *盾构主机的转动和定位*

(1) 清理钢板上的泥浆、土壤和其他杂物，并在钢板上涂抹黄油。

(2) 将支架和盾构机固定在一起。用倒链器和千斤顶将盾构机拉到左前方，以便人员和设备能够转动支架。

(3) 根据已建立的盾构机回转模拟位置和钢板上标记的支架的回转和平移位置及趋势，平移和旋转盾构机。①盾构机在钢板上平移，焊接钢块用作千斤顶反力支架。根据支架移动和旋转的实际需要，使用 4 个 80t 千斤顶将支架推至接近支架最佳推位的位置。推动过程中，支架与千斤顶之间可增加工字钢垫块，增加千斤顶行程；顶升一定长度后，调整千斤顶反力支架钢块的位置，使支架和盾构机按预定轨道平移。②盾构机旋转。当支架旋转时，用千斤顶作为支架旋转中心转角处的支点，用另一个千斤顶将支架推到支架盾构机外径的最佳推动位置附近，形成旋转，使支架按照预定的旋转轨迹以固定转轴为旋转中心旋转。盾构机旋转平移到左线后，在起点处调整固定支架，对盾构机进行系统维护。

5. *后续小车转弯*

(1) 施工准备。①使用电瓶车在双轨上垂直井口牵引小车。②起重机在竖井地面上就位。③铺设左侧履带。④设计并检查吊点。

（2）转动随后的小车。①小车沿轨道分段推至竖井，用 50t 吊车在竖井处提升，逆时针旋转 90°，然后平移至地面左右线槽中心，用吊车提升旋转，直接落在相邻轨道上。②使用绞盘将小车拉下来。③按照步骤①将电池车提升到左侧轨道上。④使用电瓶车将小车拉至发车位置，连接、调试并准备发车。

6. 常见问题处理和质量控制

（1）护罩不能移动。由于盾构机进站前已放置平移钢板和托架块，且在车站施工过程中可能出现积水，导致托架块和钢板锈蚀，盾构无法移动。在这方面，可以使用千斤顶反复推动托架，也可以添加一个液压站，用 4 组液压千斤顶推动托架。

（2）托架移动时钢轨断裂，托架在平移钢轨上移动时钢轨断裂。如果钢轨在托架后断裂，可采取以下措施：将断裂的钢轨重新与鱼尾板连接。站台 ϕ25 冲击钻，深度 15cm 孔，孔间距 15cm，插入 ϕ22 螺纹钢筋，用钢筋夹住钢轨，防止钢轨再次移动。在断裂区域及断裂区域外 2m 范围内浇筑混凝土，混凝土高度略低于钢轨上表面，以进一步固定钢轨。混凝土凝固后，盾构可继续前进。如果钢轨断裂发生在托架以下，可采取以下措施：吊起另一对托架并将其放置在现有托架下。第二对托架固定牢固，用千斤顶将屏蔽体推到另一对托架上。将托架移动到断轨上方，并更换或加固断轨。断轨处理完成后，继续向前移动盾构。

7. 安全措施

（1）加强隧道内指挥。盾构机通过车站，小车通过车站时，禁止人员两侧站立。

（2）加强用电管理，所有用电施工均由专职电工进行。

（3）高空作业必须系好安全带，如在隧道内破坏入口和安装反作用力框架。

（4）轨道必须架设牢固，以确保小车通过车站时设备的安全。

（5）加强盾构机、台车拆装过程中的消防工作。杜绝因电焊、氧焊、电气等原因引起的火灾。盾构机通过车站时，应检查消防设备，更换有故障和功能损坏的消防设备。

8. 环保措施

（1）坚持现场材料合理堆放，防止现场杂乱。

（2）施工区和生活区分别实行封闭或半封闭管理，减少扬尘、噪声和弃土对周围环境的影响。

八、盾构空推施工的条件及施工准备工作

1. 隧道断面测量

每 2m 设置 1 个断面，每个断面取 6 个点，绘制对应里程位置的隧道断面，完成后与设计断面进行对比，对欠挖部分采用风镐凿除、割除相应欠挖位置的初支结构。

2. 盾构姿态控制

盾构掘进到达空推前 50m 需对盾构机姿态进行严格控制，确保盾构机垂直姿态在到达前控制在+30mm 左右，以满足盾构机正常进入空推段并上导台。其工艺流程如图 6-6 所示。

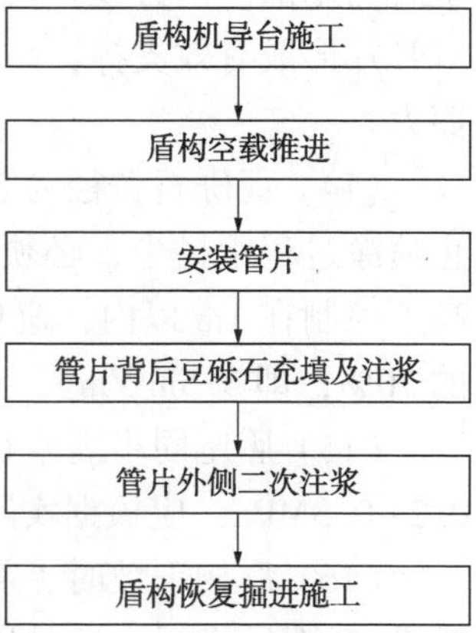

图 6-6　盾构空推工艺流程图

（1）盾构进入空推段掌子面，堵头墙为 4m 长 C25 喷射素混

凝土墙，其中安放两排玻璃纤维筋以保证稳定性。盾构由实推转入空推时，当刀盘距分界里程既堵头墙剩余1环时，尽可能出空土仓内渣土，卸掉土压力，保持空仓推进。

(2) 当刀盘顶上堵头墙开始磨环时，在能够保持盾构机前进的前提下，尽量减小推力，初步设定速度为3~5mm/min，推力600~900t。

(3) 推进时掌子面处安排专人进行观察，发现异常情况及时汇报，且观察人距掌子面距离不小于20m，以保证安全。

(4) 当刀盘进入堵头墙1.5m时，进行停机开仓查看掌子面及仓内情况，若仓内积水较多，且后方有水不断流入土仓内，则需在中盾径向孔注入油性聚氨酯止水，之后继续推进，当刀盘出堵头墙时，再次对中盾位置进行注入聚氨酯止水。

(5) 若开仓后仓内处于无水状态或水量较小，则关闭土仓门继续推进，直至盾构机退出堵头墙顺利进入空推。

(6) 为确保刀盘的安全，防止掘进过程中局部卡点对盾构刀盘和轴承造成损坏，刀盘和前料仓必须同时用I45H钢固定和加固，然后再空推。

(7) 刀盘上设置加工平台，确保盾构掘进过程中实时观察开挖安全。刀盘操作平台设置l50mm等边角钢。

(8) 空气推进主要参数：推力400~600t，轴线偏差±50mm，推进速度30~50mm/min。

(9) 盾构在导向平台上推进时，采用无压力建筑的掘进方式，刀盘不旋转，姿态变化明显，当推力明显过大时，可排出少量的炉渣。

(10) 盾构机的其他工作应根据开挖过程循环进行，盾构机应直接向前顶起。密切注意盾构刀盘周边与一次衬砌之间的间隙，以及环形段与盾构尾部之间的间隙。

(11) 密切注意盾构在空中推动时盾构姿态的变化。当垂直姿态变化过快时，检查刀盘是否上升，刀盘与初始支架之间的间隙是否有较大变化，刀盘是否接触初始支架。如有问题，及时采取措施处理。

(12) 盾构推进时，控制盾构尾部与管片周边的间隙，管片应满足设计轴线的要求。节段选择时，应根据盾构尾部间隙和油缸行程差，结合盾构姿态选择合适的节段。

(13) 在空推过程中，在盾构体2：00和10：00处设置两根直径50mm的钢管，并敷设至盾构尾部。前方设置两台干喷机与管道连接。盾构推进时，在刀盘两侧同时喷洒豆砾石，对管片形成有效支撑，防止管片错位，填补管片与隧道初期衬砌之间的空隙，增加盾构摩擦力。

(14) 豆砾石粒径为5~10mm，要求级配良好。喷涂压力控制在0.2~0.3MPa。为了防止喷涂过程中扬尘，必须先给豆砾石浇水。喷洒过程中，尽量左右对称喷洒豆砾石，两侧高差控制在1m以内，避免因两侧压差造成节段位移。每米填筑量约为初期支洞与管片间隙的70%，即3.5m^3/m。

(15) 盾尾同步灌浆在每环管片喷豆砾石后进行。同步灌浆采用水泥砂浆，灌浆压力为0.2~0.3MPa，应根据实际灌浆效果适当调整。

(16) 盾构下坡时，需在二次灌浆环密封后进行同步灌浆。管片后的二次灌浆应在盾构推进10圈后进行。通过顶部12点注入，双浆凝固时间控制在30s左右，以保证注入的泥浆能迅速堆积成环。为了保护尾刷，防止泥浆流向刀盘前方，二次灌浆孔的位置应保持在距尾刷10环以上。

(17) 对管片姿态进行实时监测。当发现管片在1d内浮至20mm时，立即在管片顶部进行二次灌浆和封盖，以使管片稳定，并冲破底部吊孔排水，以降低小管片的浮力。

3. 质量保证措施

(1) 开挖过程中，及时掌握盾构机的方向和位置，严格控制盾构机的姿态，确保实际轴线与设计轴线的偏差小于±50mm。

(2) 推力设定在400~600t，推进速度不宜过快，宜为30~50mm/min。

(3) 在盾构掘进过程中，应在各环组装后进行测量，并应经常进行测量和校正，以避免误差累积。轴线的一次性偏差修正不得大于5mm。

(4) 应测量每个隧道衬砌周期的间隙，及时纠正偏差，确保隧道轴线的精度。装配时，先在底部安装块体，然后从下到上、从左到右交叉安装。每个环的相邻节段均匀分布和放置，控制环表面的平整度和密封尺寸。最后，插入封盖段。

(5) 连接螺栓应一步一步地初步拧紧，并在拆除护罩尾部后重新拧紧。当后续盾构掘进到达每个环段组装时，全面检查并重新拧紧3个相邻环内的节段螺栓。

(6) 豆砾石喷射应确保3.5m^3/m。必要时，停止机器进行豆砾石喷射，以确保后面的豆砾石填充紧密。

4. 安全、环保、文明施工技术措施

(1) 龙门吊在使用前应进行机械性能检查，符合要求后方可使用。

(2) 龙门吊司机上班前严禁饮酒。在施工期间，应保持精力充沛，注意力集中。

(3) 门式起重机的驾驶员必须经过培训、测试并持有操作证书后才能独立操作。

(4) 启动前，检查机械设备、电气部件，保护和安全装置齐全可靠。如果控制器、制动器、限制器、电铃和紧急开关灯的主要安全附件出现故障，严禁起吊。按规定在各润滑点加油，打开室外起重机的固定装置。起吊重物时，门机司机必须在作业前得到指挥人员的指挥信号。当起吊高空大型物体妨碍视线时，应在两侧设置专人监控和指挥。门式起重机司机应服从指挥官的指挥，配合好，当任何人发出紧急停车信号时立即刹车。门式起重机司机必须严格执行以下禁止起吊的要求：①信号命令不清楚时，不得起吊；②不得斜拉斜挂；③如果物体重量未知或超载，则不允许起吊；④散装物料捆扎不牢或物料过满时，不得起吊；⑤任何人不得起吊物体；⑥不得起吊埋在地下的物体；⑦安全装置失效或有故障时，不允许起吊；⑧现场光线暗，吊物吊点看不清，不允许起吊；⑨棱角与钢丝绳直接接触，无防护措施不得起吊。

(5) 司机离开机车前，必须停止电瓶车。

(6) 7级以上大风中，禁止起吊。

(7) 顺时针转动手制动手轮，使机车处于手制动状态。在操作过程中，除非发生紧急情况，否则不能使用手制动器。手刹只能在机车长时间停车时防止机车滑动使用(紧急运行中有障碍物时，应及时鸣笛)。

(8) 分段吊装过程中，井口下方严禁站人，人员应疏散至安全区域。

(9) 节段在升降过程中应缓慢起吊，防止节段撞击主体结构，造成主体结构破坏。

(10) 结构混凝土表面不平，容易造成节段掉角，损坏防水材料。

（11）只有在确保周围人员、油管和其他设备安全的情况下，管片组装工才能在启动管片组装之前查看管片组装工周围的情况。

（12）在节段组装过程中，组装人员必须积极与其他节段组装人员沟通，询问其他组装人员的情况，并在得到明确答复后，在确保自己和其他节段组装人员安全的情况下可以启动节段组装机。

（13）作业人员必须按照规定和要求正确佩戴安全帽，穿防滑鞋，高空作业 2m 以上时必须系好安全带。

（14）作业人员必须经过安全技术培训，考试合格后方可上岗。

（15）隧道内禁止吸烟。

（16）在进出隧道时必须使用人行道，避免过往车辆，严禁乘坐运输段卡车。

（17）每次启动带式输送机时，必须联系收渣机，确认带式输送机周围没有操作员，然后才能在盾构掘进期间启动带式输送机。

（18）严禁人员在小车上方行走，以免滑倒。

（19）在推进和启动前，必须联系装配工灌浆人员、电瓶车司机和其他相关人员，确认安全后方可进行操作。

（20）操作前必须检查控制仪表和其他装置，以确认其处于安全状态。

九、其他需要注意的问题

现场有任何不确定性，应及时向管理层报告，不得私下解决。

第六节　盾构隧道端头加固施工

端头加固是盾构始发及到达技术的重要组成部分。端头塌方在盾构施工事故中极为常见，端头土体的稳定是其主要影响因素，因此端头加固的成功与否直接影响到盾构能否安全地始发、到达。而合理选择端头加固施工工法和进行必要的加固检测，是保证盾构顺利施工的非常重要的环节。

一、端头加固的目的

盾构始发和到达洞门破除后，端头土体暴露，端头地层受力平衡状态被破坏，土体结构、作用荷载和应力发生了变化，端头土体有可能发生潜在滑移破坏，所以端头加固非常必要。端头加固实现的工程目的主要有以下几点：

（1）控制地表沉降，端头不坍塌。

（2）合理控制水土流失。

（3）确保重型机械作用时土体的承载力满足要求。

（4）确保周边建、构筑物安全。

（5）满足经济性要求。

二、盾构施工端头加固几种常用技术的比较分析

盾构施工端头加固与一般地基加固不同的是，其不仅要有强度要求，还有抗渗透性要求。在此基础上，还需要再考虑经济性的要求，这主要由加固体的长度、宽度以及加固方法来决定。

（1）高压旋喷桩加固是利用钻机钻孔，当钻至设计深度后用高压脉冲泵将一定压力的水泥浆液和空气向四周以高速射入土体切削土层，使喷流射程内土体遭受破坏。然后使土体与水泥浆液充分搅拌混合，固结硬化后形成比较均匀并具有一定强度的圆柱体。设备轻便，施工所需空间小，加固体强度较高，在桩身搭接较好的情况下，抗渗性较高；缺点是当始发井深度超过3000万或更深时，高压旋喷桩形成的加固桩位垂直度无法保证，极易形成加固盲区或渗漏通道，造价较高，且对周围环境影响较大。

（2）冻结加固法是利用钻孔机械对土体钻孔布置一定数量的垂直冻结孔，利用液氨压缩调节制冷，从而实现土体的冻结。冻结管周边地层的冻土圆柱体直径不断扩展增大，并与相邻冻土圆柱体相交，在冷冻土体范围内形成冻土挡土墙。冻结体在洞门处形成板状冻土帷幕有隔水作用，能防止土层塌落和泥水涌入工作井内，同时能承受外来荷载。它适用于任何含一定水量的松散岩土层，而不适用于动水和含水量低的地层，另外冻结法存在造价高、解冻后存在沉降等缺点。

（3）注浆加固。将浆液注入地层改善地基强度和止水性。注浆材料的种类多种多样，按浆液固结状态分类主要有填充注浆、渗透注浆、劈裂注浆、压密注浆等。该方法特点是占地面积小；噪声和振动较小，造价低、工期短，但对强度的改良有限，主要是增强凝聚力，所以它的加固质量可靠性差，单独使用风险大。

（4）深层搅拌桩法。深层搅拌桩是利用钻搅设备将地基土与水泥、石灰等固化剂搅拌均匀，使地基土与固化剂之间产生一系列物理–化学反应，硬凝成具有整体性、水稳定性和一定强度的优质地基。主要适用于饱和软黏土，也适用于淤泥质土、粉土、黏土层和无流动地下水的饱和松散砂土。但它在砂层中加固效果差。

从上面列举的部分方法不难看出，各种加固技术各有优缺点及其适用的具体情况。端头加固的具体施工中可以根据现场实际情况单独采用一种工法或多种工法相结合的加固手段。

三、加固效果检测

加固体的检测方法多种多样，如标准贯入试验、静力触探、旋转触探、弹性波检测、电探、化学分析等等，但端头加固的主要检测手段如下：

（1）竖向抽芯检测。目测判断加固体强度可否满足设计要求，是否连续（抽芯率）；试验判断加固体强度、抗渗性能。在砂层中，特别注意加固体连续性是否良好，抽芯率要达到90%以上。抽芯位置一般选取在桩间咬合部位（桩体垂直度的控制）。抽芯数量按规范选取，且每个端头不应少于1根。

（2）水平抽芯检测。沿洞门四周加固体范围内打数个水平探孔，观察渗水情况。探孔数量不少于6个，中间和四周均布。

（3）挖孔桩检测。在粉细砂地层，加固后效果可以采用挖孔桩代替竖向抽芯进行检测。

（4）冻结法测温检测。确定冷却速度、厚度等参数。

在目前的施工应用中最常应用的是竖向抽芯检测。要注意具体实践取芯的位置不同，往往所得出的检测结果差别很大。所以，现场技术人员在取芯过程中要盯在现场，对加固效果做出直观判断。往往在围护桩壁，车站施工中扰动过的地层，以及管线迁改过的区域，浆液汇集多，其他区域则不见凝结体。因此，取样检测要与现场目测判断结合起来。当然，注入浆液的体量和压力，也是判断加固效果的重要指标。

第七节　盾构隧道掘进技术

一、盾构法隧道施工基本规定

此处为一般规定，具体参数应符合日常使用说明。

（1）总推力一般控制在800t以内，其他地层总推力不超过1000~1200t。单套千斤顶油压控制在100bar以内，最大不超过140bar。

（2）刀盘扭矩控制在3700kN·m(246bar)以内，不超过4377kN·m(290bar)。

（3）刀盘转速为1~3r/min。

（4）挖掘速度控制在6cm/min。

（5）土仓压力，下半部分需保持一定的土压力，上半部分可空压或微压；开挖时，其他地层应保持土压力平衡。当土质无法确认时，应在开挖结束时在土仓内保持一定的压力。

（6）螺杆式提取器的转速(0~19r/min)、扭矩(最大150bar)，出口尺寸应与开挖速度和料仓压力一致，以确保开挖顺利。

（7）泡沫材料中泡沫油与水的比例应为2%~6%，空气与溶液的比例应为10∶1~20∶1。泡沫的注入量应根据具体情况确定，原则是确保库体土压力正常，刀盘和螺杆机扭矩正常，库体温度正常(小于60℃)，干湿开挖合理，开挖顺利。一般为开挖土方的20%~60%。

（8）导向系统显示，当盾构机偏离理论轴线较大时，盾构机的位置偏差应控制在±20mm以内，趋势偏差(Tendency)应在3~4mm/m。

（9）纠偏和俯仰角的调整力一般控制在5mm/m，不允许突然纠偏和调整。

（10）曲线地段施工时，管片容易偏离曲线外侧，因此盾构机一般会向曲线内侧偏移一定量。根据曲线半径的不同，一般取10~30mm。本工程最小曲线半径为600m，可控制在30mm以内，即在开挖进入缓和曲线前，将盾构机水平位置的偏差调整为±0mm，右转开挖逐渐增加至+20mm，左转弯开挖逐渐增加至-20mm，以上数据仅供参考，应根据测量段的实际偏移值适当调整准确数据。

（11）屏蔽尾脂注入量应控制在28~40kg/环之间。更换润滑脂时，应排空空气，避免润滑脂泵内充满空气而导致空泵。

（12）在软硬不平的地层中，应控制好盾构机的姿态，适当降低推进速度和压力，提高转速，库体应保持适当的土压力。

（13）注意铰接千斤顶行程的控制。一般来说，行程应为40~80mm（铰接式千斤顶的最大行程为140mm），以避免出现最大行程和最小行程。同时，注意控制盾尾间隙，当盾构机长时间停机时，应尽量保持盾尾间隙相等（盾尾间隙75mm）。

（14）每天稍微推动盾构机，避免盾构尾部被砂浆固结。

（15）操作员应根据SLS-T导向系统显示的数据不断调整盾构机千斤顶的油压，以确保正确的掘进姿态。掘进过程中严禁擅离岗位。

（16）操作人员和地面监控人员应密切关注盾构机的各种信息和参数，尤其是各种警告信息，并及时处理机电故障。

（17）未经批准，操作人员不得盲目前进。

（18）如果导向系统出现故障或异常，应及时报告测量员。

（19）超浅群桩及其他建筑物的施工工艺将有更详细的说明。

二、盾构隧道管片的选择和安装

（1）管片型号应根据盾构尾部间隙和千斤顶行程确定，左右转弯的管片可组合成一条直线。

（2）转向方向、型号，各节段的安装顺序和K型块位置应打印成图纸，并在过塑后悬挂在操作室外，供工程师参考。

（3）管片吊入井内下放前，检查管片是否损坏，吊孔是否完好，孔内是否有异物，止水带是否粘贴好，缓冲垫和泡沫条是否粘贴好，模型是否正确等。

（4）节段在提升、运输和最终放置在节段输送机上时应小心搬运。当节段放置在节段输送机上时，应直立、平整放置，以避免边缘损坏。

（5）节段在吊装前应保持清洁，尤其是止水带上不得有沉淀物。

（6）安装第一段时，应沿隧道轴线在前一个环形段上放置一把长水平尺，以确保两个环形段位于同一平面上。

（7）严格控制节段间的平整度，最大错位量应小于4mm。

（8）无论盾构机的姿态如何，分段环应与盾构尾部保持均匀的间隙，即上、下、左、右应为75mm。

（9）分段螺栓孔对齐后应安装螺栓。不允许用锤子敲打，更不用说打破手孔了。必须使用气动扳手将所有螺栓拧紧至300N·m的扭矩。在推动千斤顶期间和之后，应重新拧紧新安装的四环节段，并且还应经常检查和重新拧紧其他节段。

（10）在节段安装期间不要同时松开所有千斤顶。

（11）环形保护器应放置在正确的位置。加压过程中，应控制加压速度，且不得膨胀过快，以免损坏节段。

三、灌浆

（1）保证原材料质量，保证配合比正确，充分配合。地面砂浆搅拌站出浆口应安装滤网，以防止粗砾石和大块料混入砂浆中。

（2）灌浆量：每圈灌浆量不小于4.9m^3，约650冲程。

(3) 灌浆压力：取 1.1~1.2 倍静水压力，一般为 2~3kgf/cm^2(bar)。下部孔的压力略高于上部孔的压力(约 0.5kgf/cm^2)。

(4) 在每环开挖的最后 20~30cm 处注入膨润土，使灌浆管充满泥浆，防止砂浆堵塞管道。

(5) 如果管道堵塞，必须立即拆除管道进行清理，并用高压水和铁钻杆清理盾尾。

(6) 当机器长时间停止开挖时，应清理灌浆管和盾构尾部，并及时清理砂浆泵和储浆斗。清洁储浆斗时，特别注意清洁内表面上的硬质砂浆块。放置 3~4h 以上的泥浆不得再次使用。

四、刀具检查与更换

(1) 中、前滚刀磨损 30~35mm，边缘滚刀大于 15mm 时需更换。

(2) 如果边缘刮刀磨损严重，不能满足开挖直径，应及时更换。

(3) 其他刮刀和齿刀明显磨损损坏，应及时更换。

(4) 在地层中掘进时，应每 2d 检查一次切割机。在其他地层中掘进时，应根据具体情况每 100~200m 检查一次刀具，每次检查应有检查报告。

(5) 原则上，在全断面地层中检查和更换刀具时，人员可直接进入前方仓库进行操作，但要注意清理顶部松散的石块。在其他地层中，注意隧道顶部土壤的稳定性或采取必要的压力操作措施。

(6) 刀具更换是最容易出现安全问题的操作环节，应遵守操作规程，注意安全。①在准备更换工具之前，必须先了解里程的地质条件，然后再决定是直接更换工具还是在压缩空气下操作。②在压缩空气操作下更换工具前，必须检查制动器各系统功能是否正常，包括通风供气系统、通信系统、各种开关、闸阀、仪表等功能，并做好书面记录。在未确保人孔门性能良好的情况下，禁止进入土仓。③当工人进入人孔门并在压力下工作时，必须在人孔门外指派专人监视人孔门内的情况，如出现异常情况，必须立即采取措施进行救援和协助。当工人进入土坑作业时，必须有人从人孔门接他们。④打开仓库大门后，技术人员或地质工程师应首先检查工作面地质条件、地下水条件和稳定性，确认安全后进入仓库作业。⑤更换刀具时，首先更换刃刀，然后更换前面的中心刀。卸载一个并安装一个。禁止在所有拆卸后开始安装。⑥更换工具时，必须采取措施防止工具和其他物品落入仓库底部。如果大件物品落入仓库底部，应采取措施进行取回，以避免损坏刀盘或螺旋输送机，但前提是确保仓库人员的安全。⑦每次换刀时间应尽可能短(一般不超过 3d)，避免工作面暴露时间过长造成大面积坍塌。⑧如果更换工具时顶部坍塌，应立即报告项目负责人。

(7) 值班人员应密切注意开挖。一旦开挖速度明显降低或炉渣温度过高，应及时停机并向项目负责人报告，不得盲目推动。

(8) 测量和监测：①仔细研究，严格遵守相关规范和业主的测量规则。②维护自动导向系统，保护电缆棱镜和 TCA，确保 TCA 不受水和泥浆的侵害，并按照 VMT 技术人员的要求做好仪器的日常维护。③密切关注制导系统的异常情况，经常手动检查 TCA 的坐标点和 TCA 本身的准确性。④无关人员不得随意更改导向系统的设置。⑤TCA 托架安装尽可能离盾尾远，最好离最新的一环管片 10 环以外，以免管片移动误导掘进。⑥确保激光窗口区域无障碍物，确保通视性，保护 TCA 免受损坏。⑦如果地面沉降超过 2cm，建筑物沉降超过 1cm 或 1d 沉降超过 5mm，应及时报告，并对主要建筑物进行集中监测和巡查。⑧认真审查 DTA 数据，确保准确性。

六、设备设施维护

（1）盾构机维护保养应编制《设备设施维护手册》，主要包括以下内容：①定期检测和更换液压油和齿轮油；②主轴承密封脂 HBW 的质量检查和注入；③机械系统、液压系统和电气系统的维护，特别是安装人员的导轨容易被砂浆堵塞，安装人员的防过转系统容易失效，应注意并定期维修，以确保正常运行。

（2）设备维护，包括电瓶车、门式起重机、通风和监控系统。

（3）轨道维护和轨道车轮的定期检查。

第八节　盾构操作与换刀技术

一、盾构作业隧道参数

1. 土压力

（1）工作土压力计算由土水压力和土压力组成。在隧道施工中，通常根据土壤的埋深考虑静水压力，适当考虑土壤压力，但土压力应根据具体的地质因素计算。

（2）除了静水压力和理论土压力外，实际开挖中的土压力，应根据计算的土压力、实际的土壤移除和土地沉降综合考虑。

（3）各种地层的实际土压力还应考虑地面建筑物的条件和隧道上方的管道布置。一般情况下，对于各种含水或富水砂层以及地面建筑物的情况，土压力应考虑高于隧道埋深的静水压力，并可产生约 2~3mm 的地面隆起，以处理后期沉降；对于需要半仓风压开挖的地层，土压力也应比隧道埋深的静水压力高 0. 2~0. 3r，以保证正常开挖量；无须根据开挖水层的深度增加或减少土压力，也无须根据开挖水层的深度增加或减少土压力；对于富含黏土的地层，不建议采用全土压隧洞，即考虑半仓气压隧洞，但不在土压下，为了避免刀盘黏结。

2. 温度

（1）此处提及的温度是指土仓温度和渣土温度。

（2）无论是富黏土地层还是砂岩地层，如果土仓中的渣土黏结到刀盘上，渣土温度将高于正常开挖温度；如果黏结进一步发展，土仓壁的温度将升高。

（3）随时注意渣土或土仓壁的温度，这可以防止所谓的土仓结饼，尤其是打开料仓并清除软土层中的结饼而导致的施工停止。

（4）渣土温度的监测应连续进行，尤其是螺杆机挖出的大量矿渣土应作为温度检查的重要依据。

3. 泡沫参数

（1）关于发泡剂浓度和发泡剂原液与水的比例，应首先根据发泡剂制造商提供的发泡剂浓度调整发泡剂浓度，实际施工中的浓度应根据最终泡沫的出现情况进行调整。

（2）膨胀率和空气与泡沫剂溶液的比例通常为15~25，实际参数也应根据泡沫的最终效果进行调整。

（3）至于泡沫注入率，即掘进速度与发泡剂注入速度之比，最好根据渣土的实际改善情况进行调整。不建议完全按照制造商提供的注入参数注入，因为实验室中的渣土混合情况与刀盘中的情况不同。

（4）不论何种参数，最终依据都应该根据泡沫的发生效果和渣土改良效果以及实际掌子面泡沫隔水效果来定。

（5）关于泡沫注入量与实际出土量的差别，因为泡沫中含有大量空气，实际注入泡沫会在土仓内部分破裂而进入土体缝隙，部分随着出土散于空气中，部分含于土体的分散空间中，所以即使掘进中注入大量泡沫，出土量也不会有太大变化。

4. 注浆压力

（1）实际背衬压力与显示注浆压力的差别是随着盾尾内置注浆管的管径变化而变化的，所以初始注浆压力值应作为注浆压力的参考基数值。

（2）实际注浆压力与刀盘掘进土压相关，注浆压力应在土仓压力与参考基数值间调整。

（3）实际注浆压力必须考虑盾尾尾刷可以承受的密封压力，过大的注浆压力值必然损坏盾尾尾刷，尤其在进入富含水砂层前，必须慎重考虑注浆压力以免在富含水砂层中由于尾刷损坏而产生地层失水，从而使地表沉降的严重后果。

（4）同步注浆的真正含义在于同步，而不是背衬压力注浆，所以不同地层应该考虑不同的注浆量。

（5）对于各种原因造成的注浆不足，应该以二次注浆予以补充，而不能以同步注浆高压大量的方式填充。

5. 掘进推力

（1）正常掘进推力由刀盘切削土体的推力，土仓压力对盾体的阻力，盾体与土体的摩擦力以及后配套拉力组成。

（2）掘进推力是被动产生的。

（3）使掘进推力发生异常变化的原因有：刀盘切削直径小于盾体直径，卡住盾体；刀盘结饼产生阻力；刀盘上部分刀具损坏产生阻力；刀盘开挖隧道转弯半径小于盾体转弯半径，卡住盾体；二次注浆窜入盾体与隧道环缝凝结卡住刀盘。

（4）判断上述异常推力的方法如下：①随着孔径变小，刀盘扭矩变小，淤泥温度不会升高。无论如何，改变推进油缸的冲程。铰接油缸的压差或行程差不能减小推力。②结饼阻力：渣土温度高于正常值。③刀具损坏导致的阻力：推进速度快而慢。④由于隧道转弯半径的影响：在采取上述措施①时，推力变小。⑤二次灌浆意愿：二次灌浆刚刚结束，二次灌浆在盾尾后第五环。

（5）在全硬岩或局部硬岩条件下打桩时，记录正常打桩推力作为基础打桩推力。

（6）必须综合考虑单个滚刀的压力，以确定总推力的减小，以避免在将驱动速度调整到最快速度且仍无法提供足够推力以满足盾构机方向调整要求时，滚刀频繁损坏，有必要考虑增加附加载荷以增加推力。

6. 驱动刀盘扭矩

（1）刀盘扭矩是指盾构机驱动期间刀盘切割土壤时刀盘驱动系统提供的力。刀盘扭矩由土壤切削扭矩和土壤搅拌扭矩组成。影响刀盘扭矩变化的因素有：掘进速度；地质因素；渣土改良；刀具状况；切割机盘的状况。①当开挖速度较快时，刀盘对土壤的切削量增大，扭矩增大；②当地层地质发生变化，刀盘切割土壤所需的切割力发生变化时，扭矩会相应增大；③当渣土改良效果发生变化时，如果土仓内渣土流动性变差，刀盘搅拌扭矩增大；如果刀盘与刀面之间的淤泥流动性变差，刀盘与刀面之间的摩擦力会发生变化，刀盘的扭矩也会发生显著变化；④当刀盘扭矩发生变化时，刀盘或上刀盘会明显损坏；⑤当刀盘被淤泥粘住时，扭矩增大。

（2）应以刀盘和刀具正常且残渣改善效果较好时的同一地层扭矩作为基本参考扭矩。

7. 推进速度

（1）以盾构机单位速度推进长度为贯入度，以单位时间推进长度为推进速度。

（2）在硬岩地层中掘进时，需要考虑贯入度对刀具的影响。

（3）一般来说，在软土地层中掘进时，盾构机推进速度应越快，更好、更快的掘进速度可以有效控制淤泥量。

（4）当盾构机推进速度出现忽快忽慢周期性变化时，应考虑刀盘出现泥饼或中心部位刀具损坏。在强风化地层中，当盾构机掘进速度突然变慢时，应考虑是否土仓内渣土积土严重，避免发生泥饼。

8. 螺旋输送机的速度和扭矩

（1）土压平衡模式。在开挖过程中，螺旋输送机的速度可以调节土压力并控制开挖量。

（2）当螺旋输送机在富水砂层中行驶时，如果涌水严重，可以通过反向开挖进行开挖。

（3）当螺旋输送机在掘进过程中的扭矩继续过大时，应考虑向螺旋管内注入泡沫，以减小扭矩，防止螺旋机积土。

9. 铰接油缸的行程差

（1）铰接油缸的行程差决定盾构机的转弯半径。

（2）罗宾斯盾结构机属于主动铰接，因此，在掘进过程中，通过主动铰接的方式控制盾构机的转弯半径或调整盾构机的姿态，可以有效防止盾构机尾部间隙过小导致管片卡住。

（3）利用铰接油缸行程差调整盾构机姿态时，最好先水平或垂直调整，不要同时在水平和垂直方向调整。

10. 推进油缸行程差

（1）此处提及的推进油缸行程差是指挖掘期间每组油缸 Z 的行程差，与节段组装后形成的油缸行程差不同。

（2）掘进期间推进油缸行程差的变化可以判断盾构机行驶方向的变化。

（3）对于主动铰接式盾构机，使用铰接式油缸调整盾构机的姿态，可以更好地避免因推进缸行程差调整姿态导致盾构尾部间隙变化过大而造成管片卡住的情况。

11. 盾构机姿态

（1）盾构机姿态是指盾构机轴线相对于隧道设计轴线的位置和变化趋势，以水平和垂直方向上的相对量表示。

（2）对于主动铰接式盾构机，根据铰接油缸的行程测量尾部盾构的中心位置，即后点，计算刀盘或刀盘前面的中心点，即前点相对于轴的位置。

（3）对于主动铰接式盾构机，应定期检查铰接油缸的实际行程，以避免由于盾构机前端位置的计算误差而误导盾构机的方向控制。

12. 滚动角度

（1）盾构机的滚动角度是指盾构机机身相对于预设水平线的摆动夹角，通常以 mm/m 或度为单位。当单位为 mm/m 时，可简单计算屏蔽体外径处的周向位移。当以度为单位时，周长乘以 1/360 的度数是周向位移，根据简单计算的周向位移，可以获得盾构机的允许滚动角度。

（2）禁止在程序中跨越滚动角度的限制，以避免盾构体大角度反转。

（3）可以通过改变刀盘的旋转方向来调整盾构机的滚动角度。通常，刀盘逆时针旋转产生负滚动角，顺时针旋转产生正滚动角。

13. 刀段滚动角

（1）刀段滚动角的产生将影响刀段的正常装配，通常是一步一步累积。

（2）调整节段滚动可以从推进缸的行程差和刀盘的旋转方向一步一步地完成，也可在管子件组装过程中有意调整，但效果不明显。

二、启动准备

1. 启动前的设备检查

盾构机的初步检查应在操作员接班掘进前进行。内容如下：①延长电缆和水管的余量；②带式输送机不会偏离；③后匹配轮对没有偏离轨道；④空压机工作正常；⑤液压站液位正常；⑥导航系统显示正常；⑦主传动齿轮油位正常；⑧延伸轨迹正常；⑨内外循环水压力正常。

2. 开机前检查操作面板

① 刀盘速度旋钮为零；②螺旋输送器门关闭；③螺钉速度旋钮为零；④触摸屏没有联锁连接释放设置；⑤所有泵的启动旋钮均已关闭。

3. 启动前的材料确认

① 灌浆材料准备就绪；②发泡剂正常；③如果需要添加膨润土，膨润土是正常的；④护罩尾油正常；⑤密封和润滑脂正常；⑥如果需要延长轨道，则延长轨道已就位。

4. 启动前确认故障

启动前应基本消除故障显示屏上的故障。

三、掘进作业

1. 启动

首先启动盾构发电机组，选择推进泵、辅助泵、超挖切割机油泵、螺旋输送机旋转驱动、油泵、铰接油缸油泵、灌浆油泵、齿轮油润滑油泵、润滑油泵、盾构尾油泵。选择刀盘驱动马达当上述动力装置启动时，即可启动盾构机的掘进作业。

2. 启动掘进的操作顺序

盾构机的启动掘进顺序如下：①开始泡沫喷射；②根据盾构机显示的滚动角度，选择刀盘转向，旋转刀盘；③启动皮带输送机；④开始推动；⑤打开螺旋输送机后门，开始排渣。

3. 方向调整

(1) 建议在盾构机 576 的主动弯曲模式下调整盾构机铰接弯曲的方向。

(2) 一般来说，考虑到盾构机的下沉趋势，铰接油缸上下油缸的行程差需要在 30mm 左右（不同地层的行程差需要在实际黄金开挖时进行调整）。

(3) 曲线开挖时，铰接油缸行程差按不同转弯半径设置。

(4) 当盾构机姿态由铰接油缸控制时，可以更好地保证分段的装配质量，避免尾刷的异常损坏。

4. 滚动调整

(1) 当发现盾构机的滚动值大于 6mm/m 时，需要调整盾构机的滚动。此时，停止推进，停止刀盘旋转，根据滚动显示的正负值确定刀盘旋转，使盾构机的滚动慢慢趋于正常。

(2) 盾构机刀盘脱离困难时，注意滚动超限。

5. 使用泡沫

(1) 对于透水系数低于 10^{-4}m/s 的地层，泡沫具有良好的隔水效果。在某些富水地层中，连续使用泡沫进行掘进时，可以防止掘进过程中的涌水现象。

(2) 对于富含黏土的地层，泡沫可以调节淤泥的流动性，防止泥饼。

(3) 对于砂卵石地层，泡沫可以有效降低刀盘扭矩，加快推进速度。

(4) 在需要注入泡沫的地层中钻进时，最好不要停止和启动泡沫，以免堵塞泡沫管。

(5) 泡沫管一旦堵塞，应立即疏通，以防止堵塞进一步恶化。

三、开挖过程中的矿渣和土壤条件

1. 矿渣和土壤条件

(1) 从矿渣和土壤的成分来看，我们可以大致分析当前的地质条件，然后估计刀具磨损。

(2) 从残渣的黏度和块度可以看出刀盘残渣的改善情况，从而提高残渣改善添加剂的注入量。

(3) 泡沫改善的效果可以从淤泥中泡沫的状态看出来，同时可以判断泡沫是否合适。

(4) 从炉渣温度可以分析刀盘开口是否黏结，以考虑是否提前消除泥饼膨胀趋势。

(5) 根据渣量确定当前土压力是否受压，并确定合理土压力参数。

2. 隧道当前位置的地质条件

从早期地质预测中了解盾构当前位置的地质条件，并结合渣、土的开挖条件，可初步估算以下要素：

(1) 隧洞开挖方式的选择、敞开式、半敞开式或土压平衡方式。

(2) 泡沫注入量的初步估算。

(3) 如果需要进入土仓，应采用大气压、气压或其他施工工艺。

3. 当前开挖位置的地面和管道铺设条件

根据当前地质条件，针对地面或地下管道(特别是压力管道和燃气管道)上的建筑物条件，操作人员应仔细操作，并采取充分措施防止地面沉降：

(1) 对于软弱地层，可考虑采用高压开挖，使地面隆起在2~3mm范围内，以防后期可能出现沉降。

(2) 严格控制灌浆效果，确保灌浆管通畅。

(3) 严格控制开挖量，在开挖过程中记录开挖量和水量，以判断是否有超挖，以便及时准备二次灌浆或其他填筑措施。

(4) 对于软弱地层富水段，充分发挥泡沫隔水作用，防止失水。

4. 刀盘扭矩变化

考虑到上述影响刀盘扭矩变化的原因，应采取具体分析或相应措施，及时处理刀盘扭矩的变化：

(1) 因残留物改善的原因，应及时调整泡沫效果或泡沫注入量。

(2) 由于刀盘的黏结，可考虑采取一些泥饼处理措施。

(3) 如果刀具损坏，应及时处理，避免最终损坏刀盘，影响工程。

(4) 任何情况下的扭矩变化都需要立即进行分析和处理。

5. 盾构掘进推力的变化

掘进过程中，应随时观察相同地质条件下掘进推力的异常变化，并根据以上影响及时做出相应的调整。

6. 盾构机掘进姿态调整

在掘进过程中，随时观察盾构机姿态调整的效果，并采取适当措施避免姿态意外劣化到允许值，特别是在以下情况下，应立即处理：①盾构机在淤泥层中沉降；②一侧硬地层引起的姿态偏差；③由于开挖直径小，无法调整姿态；④推进系统故障；⑤测量误差。

四、掘进期间可能的紧急处理

(一) 刀盘

当刀盘卡住时，可使用以下方法：①使用刀盘逃生模式尝试旋转刀盘数次。②卸下推进油缸的压力，尝试左右旋转刀盘，并密切注意护罩的旋转。③确保通道表面稳定，尽量将刀盘和前护罩反转并再次旋转，对于螺旋输送机的喷渣现象，应停止掘进，待喷渣现象消失后再掘进，避免喷渣量太大严重污染隧道环境。

(二) 螺旋输送机喷渣溢流

螺旋输送机是由旋转的叶片将物料推移进行螺旋输送，具有效率高，自动化程度高等诸多优点。一套搅拌站设备，包含很多配套设备，根据用户产量选择合理的型号及配置，螺旋输送机作为中小型搅拌站的配套设备之一，其作用是不可忽视的，为了更好地使用以及提高螺旋输送机的效率，在使用螺旋输送机厂家时一定要注意以下事项。

1. 螺旋输送机在作业前的准备工作注意事项

（1）根据产品的技术使用手册进行空载预备使用，确认符合使用要求。检查通信设备系统，确认联络信号清晰、准确。

（2）经检查试验符合使用条件后，向中控进行安全确认，并记录好安全确认时间与确认人姓名，存档备查。

2. 螺旋输送机作业中的注意事项

（1）严格按中控的信号指令进行机械操作。

（2）严禁穿戴手套检查运转中的机械部件。

（3）停止作业前要将输送机内物料卸出，使机械处于空转状态后方能做停机处理。

（4）严格按物料输出要求操纵控制螺旋输送机的输送量，严防物料溢仓、溢槽或造成槽内强力挤压。

（5）不准打开各种防护罩及槽盖板，不得进行本机的维修、保养和拆检。

（6）现场手动操作时，要自机尾出料端由后至前顺序开动；自螺旋头装料端由前至后顺序停机。

3. 螺旋输送机设备停机后需要做的工作

（1）对机械进行全面的清洁、保养、润滑及防锈，机械需要用水喷洗时，须将电气部分遮盖严密，严防水淋受潮。

（2）对输送廊道及本机的控制电气进行除尘、除湿处理，清理结束须按要求加以复原封闭。

4. 螺旋输送机的日常维护

随着长时间的使用，螺旋输送机设备自身会有所损耗，所以在日常的使用以及完成后对设备加以维护，以维持产品的性能，延长使用寿命。

（1）应定时向轴承、齿轮和链条等传动件加润滑油。

（2）箱送机停用后，应检查螺旋叶片磨损情况，磨损严重时补焊。

（3）输送量不可过载，否则物料排不出，引起螺旋轴弯曲和箱体胀坏。

（4）输送的介质温度较高时，应注意箱体的伸缩变化是否自由而无卡着的地方，若有抓紧解决。

（5）输送机在运转中，发出的噪声刺耳时，应开盖检查，排除故障。

（三）螺旋输送机的后舱门无法关闭

罗宾斯螺旋输送机的后舱门可能由于以下原因无法关闭：

（1）舱门和门框上粘有石块。此时，您可以等待更多淤泥留在舱门和门框之间的间隙中，以堵住挖掘的间隙。前舱门关闭后，确认螺旋输送机紧急关闭和舱门蓄能器已减压，然后处理卡石。

（2）当辅助泵故障导致螺旋输送机后舱口无法关闭时，应使用后舱口紧急关闭功能关闭舱口。

（四）从带式输送机上坠落的人员

其他工人可能在盾构掘进过程中从带式输送机上坠落。有鉴于此，操作员应做到以下两点：①确保本班人员了解带式输送机紧急停止拉线的使用。②确保在掘进过程中没有人在带式输送机上方工作。

（五）掘进过程中带式输送机上的橡胶气味

一旦掘进过程中隧道内出现橡胶气味，操作员应立即停止掘进和带式输送机的旋转，并找出带式输送机上橡胶气味的根本原因，为避免带式输送机损坏或更严重的一分为二现象，禁止用水冲洗以消除异味，因为带式输送机在砾石地层中行驶时容易被砾石划伤。

五、开挖结束

1. 停机顺序

（1）为了防止在节段安装 K 块时止水条受损，最好在推进缸行程超过 1.8m 时停止开挖，以避免 K 段块可能出现的纵向接缝泄漏，并增加后期隧道水封的工作量。

（2）正常停机顺序为：停止螺旋输送机旋转→关闭螺旋输送机舱门→停止推进→停止刀盘旋转→停止泡沫注入→停止带式输送机→停止液压站油泵。

2. 停机后注意事项

（1）例如，在掘进过程中始终使用土压掘进模式，无须考虑停机后土压的变化。

（2）如果在打开模式下推动，确保停机前土仓中有 2/3 以上的土壤，为了防止刀盘集水，并在下环开挖期间导致螺旋输送机喷渣。

（3）如果在气压半仓模式下进行开挖，当机器停止时，应根据当前地质条件保持开挖压力，或应使用土压力确保土仓中的土壤堆积，以防止土仓拱顶坍塌或刀盘集水导致螺旋输送机在下一圈开挖开始时喷洒矿渣。

（4）注意停机后土仓压力的变化。如果压力增加，下环开挖时应考虑调整开挖土压力。

六、开挖记录

开挖记录主要提供以下信息：①记录各工序的工作时间，为施工管理提供流水线作业中存在的问题分析依据。②记录本班发生的设备故障，为维护提供历史依据。③记录材料消耗，为材料采购提供依据。

七、盾构机换刀

盾构机换刀是为了使刀盘刀具的布置满足盾构机所在各地层的开挖要求，防止刀盘结构因过度磨损而损坏，保证盾构施工生产的顺利进行。

1. 盾构机换刀

根据检查确定是否需要维修刀盘，更换磨损的刀具，清除泥饼。所选检查和换刀作业地点符合下列条件：

（1）检查换刀段隧道围岩较均匀，力学性能好，自稳性强；

（2）检查换刀段隧道埋深适当，覆盖层无不良岩层。

换刀作业前，应根据盾构机运行情况对盾构机部件进行检修维护，确保盾构机正常运行。盾构掘进过程中，如果必须更换刀具且必须带压作业，应按照《带压更换刀具操作规程》进行。

2. 刀具更换步骤

进行操作进入土仓后，工作人员应清理刀具上部，然后用刀盘背面的卡钳检查刀具的磨损情况。所有刀具均通过松开其固定螺栓进行拆卸。更换工具后，再次按照规定的拧紧力矩拧紧螺栓。更换工具后，可以清洁接地仓，并关闭仓门。人员离开后，试着将刀盘旋转几圈，然后安排人员进入土仓重新拧紧刀具。确认紧固后，退出土仓并关闭仓门。

3. 检查盾构机床的磨损情况

进口刀具体积磨损过半，两个安装孔损坏；再制造的刀具不到 1/10。在基本相同的地层条件下，再制造工具的推进里程比进口工具高 20%。

4. 盾构机换刀后的修复工艺

（1）焊接材料的选择。考虑到母材为 Q235，属于中碳钢，本次耐磨堆焊必须使用抗裂性能优异的焊接材料，因此选用固本焊丝作为背衬材料。为了满足耐磨性的需要，耐磨层选用冲击硬化材料，覆盖时采用高铬铸铁作为覆盖层，并用高铬铸铁焊接格栅，以增加初始耐磨性。

（2）量具。制作辅助量具测量直径。

（3）焊前处理。清洁焊接表面，彻底清除沉积物和油污，检查是否有裂纹。

（4）外露结构部分需要覆盖 20mm 厚的钢板，然后根据图纸尺寸恢复刀座焊接位置（预切原刮边器和耐磨块）。除了焊接耐磨块，其他零件需要配备高级刀具，包括面板，这些刀具均匀分布耐磨块，根据材料提供密封块。用第一把刀焊接 26 件。

（5）焊接底漆。用氧乙炔局部预热至 250℃，焊接两层奥氏体焊接材料。圆周分为 6 段，采用对角交叉焊避免变形。

（6）堆焊耐磨层。采用固本耐磨焊丝堆焊。

（7）堆焊罩。继续用高铬铸铁堆焊至设计尺寸。

（8）堆焊网格。刀盘内混合筋板网面堆焊。将刀盘周围的环块焊接至设计尺寸。推进面覆盖耐磨格栅，由高铬铸铁制成，间距 80mm×80mm，焊缝高度 5mm。

（9）堆焊顺序。4 名焊工均匀分布在周围，同时焊接。工作内容要求一致。

（10）竣工验收。焊后测量尺寸，测量圆周轨道允许偏差±5mm。刀架位置及中心尺寸协调现场作业条件，工棚、水电、照明、供电、仓库、起重、技术等部门沟通协调。

（11）焊材选择。堆焊选用谷本耐磨焊丝，具有极高的耐磨性，完全满足低应力高磨损的要求。

第九节　盾构机的维护保养

一、盾构本体及整个支撑钢结构

目视检查所有平台、楼梯、安全栏杆及接头是否损坏，钢结构导向装置的运动部件是否完好。如果条件允许，必要时检查刀盘和刀具的结构。如果工具磨损或损坏，应及时修理。

二、前盾

(1) 主传动。主传动润滑，每天检查齿轮油油位(油位应小于23且大于12，油位充足时及时加油)，检查旋转中心接头是否工作正常，密封性能是否完好，确保施工过程中无渗漏。如果发生漏油，立即停机处理。

(2) 螺旋输送机进土口。闲置螺旋输送机，查看螺旋输送机的扭矩是否大于正常开挖时的扭矩。

(3) 螺旋输送机前闸门。根据施工过程中的使用频率，判断闸门驱动油缸是否完好。定期检查螺旋输送机伸缩油缸、伸缩油缸处的钢接触面磨损情况，以及出渣口闸门滑板的磨损情况。如果磨损严重，应加注润滑脂进行润滑或及时更换。检查出渣闸门滑板密封磨损情况，严重时更换。

(4) 土压力传感器。定期检查土压力传感器密封是否完好，是否能正确反映土压力。

(5) 水、气、泡沫通道。开挖过程中，确保前盾内所有管道畅通、清洁，所有阀门均能正常使用。

(6) 土仓气压调节系统。根据使用情况定期清洗气压调节设备和空气管路。

(7) 主传动齿轮油循环系统。根据使用情况定期维护和清洗齿轮油换热器，检查齿轮油位和滤芯。

(8) 润滑系统。按计划注入润滑脂，清洁和维护。

(9) 人孔门至地仓门。检查门密封，如果门密封损坏，更换，检查门是否变形，并纠正变形部位。

(10) 铰接式千斤顶。定期检查铰接式千斤顶的密封性能是否良好，确保施工过程中无损坏。检查油管是否损坏或泄漏。如果是，及时处理。

(11) 检查前罩、中罩密封是否正常，定期加注润滑脂进行密封，同时检查罩体是否清洁。

(12) 推进系统液压阀组。检查推进系统液压阀组表面是否有油污、杂物。如果有大量的堆积物，需要进行清理，以确保阀组所有部件的正常工作。检查各个接头是否有泄漏。如有必要，应及时处理。

三、中盾

(1) 推进千斤顶。检查推进千斤顶的密封性能是否完好，确保油缸在施工过程中没有损坏，测量油缸的安装是否牢固，如有松动应立即紧固。检查推进油缸支撑靴是否牢固。如果旋转，应及时纠正，防止压碎止水带。及时清理黏附在油缸上的泥土。

(2) 激光靶。检查激光靶是否干净，是否有位移和偏转。如有位移和偏斜，应调整。

(3) 手动刹车。检查手动刹车密封性能是否完好，内部部件是否损坏，手动刹车中刀盘控制面板功能是否正常。照明设施是否完好，各种记录仪器是否完好。维护期间，检查人行闸门密封件，更换损坏的密封件。检查闸门是否变形。如有损坏，应及时处理。

(4) 多点泵。检查功能是否正常，限制器是否能正常工作，台面是否清洁。

(5) 气动隔膜泵。检查是否能正常工作，球阀是否能正常使用，管路是否清洁。如果污水排放管道中有大量沉积物，必要时清洁所有污水排放管道。检查启动隔膜泵进口压力调节器是否完好。如有问题，应及时处理。

四、尾盾

（1）盾尾密封刷。根据管片组装质量判断盾尾密封是否完好，开挖过程中是否漏水。如有漏水，应及时处理。

（2）螺旋输送机。螺旋输送机旋转轴上焊的螺旋叶片，叶片的面型根据输送物料的不同有实体面型、带式面型、叶片面型等形式。螺旋输送机的螺旋轴在物料运动方向的终端有止推轴承以随物料给螺旋的轴向反力，在机长较长时，应加中间吊挂轴承。

（3）螺旋轴。检查运行中螺旋输送机轴是否完好、正常。如有异常，应及时处理。

（4）螺旋输送器油缸。检查施工过程中螺旋输送器油缸是否磨损。

（5）螺旋输送器传动及传动系统。检查螺旋输送器传动系统是否正常，传动行星减速器是否正常，减速器齿轮油是否需要更换。必要时应及时处理。

（6）螺旋输送机后门。检查螺旋输送机后门密封性能是否完好，门传感器是否灵敏，门滑动铜板是否过度磨损。必要时，应及时用分段拼装机进行搬运。

（7）装配机头。检查装配机抓头是否完好，装配机头微作用油缸外表面是否锈蚀，润滑密封是否到位。如有异常，应及时处理。

（8）装配机驱动齿轮和齿圈。根据用途及时添加润滑脂。检查齿轮室防尘密封是否损坏。如果损坏，更换密封件。

（9）节段起重机。在维护期间，检查并更换节段起重机行走驱动电机和提升电机的制动片，并储存备件。检查片式起重机行走驱动轮是否磨损，检修时更换行走驱动轮。管片起重机的起重链条和吊钩在工作过程中工作频率高，影响大。考虑到节段组装前吊装的安全性，盾构机维护期间应检查起重链和吊钩。如发现异常，应及时处理。

（10）送料小车垫板。检查节段小车垫板是否严重磨损，维修时可将该垫板全部更换。

（11）钢结构框架。检查节段小车钢结构框架是否有轻微变形。检修时按图纸尺寸检查变形情况并纠正。

（12）分段送料小车行走橡胶轮。检查分段小车橡胶轮是否严重磨损，检修时更换橡胶轮，并制定备件储备计划。

（13）节段小车。检查节段小车油缸、液压油管是否润滑、保养到位，拉节小车小油缸是否正常工作。如有异常应及时处理。

五、压缩空气系统

（1）空压机。检查空压机是否完好。维护时，根据使用情况更换空气滤芯、气压油滤芯和油水分离器。检查空气压缩机的启动阀并储存一些备件。

（2）检查空气压缩系统的附件是否完好。维修时，检查气动三通及管路是否完好，以提高压缩空气系统的工作可靠性。

六、液压系统

（1）液压油。根据机器的运行情况定期对液压油进行取样和测试，并对各项指标进行评估，确保液压油在上限和下限之间。必要时及时加油。

(2) 液压管路。定期或不定期检查液压油管(胶管)的表面和接头是否有损坏。需要制作备件。必要时应及时处理。

(3) 控制元件。检查螺旋输送机后门动作换向阀等动作频率高的控制元件是否正常，并准备备件。

(4) 液压系统辅助部件。组装调试后及开挖过程中检查所有滤芯是否完好。如有异常，应及时处理。

七、水循环系统

(1) 入口滤芯。检查入口滤芯是否损坏。如果损坏，更换并准备备件。

(2) 进水软管。检查进水软管是否磨损。必要时必须制作备件并进行处理。

(3) 换热器。检查换热器的功能是否正常。如有异常，及时处理。

(4) 管道。维护期间，应定期和不定期清洁水循环系统的管道，以清除管道内壁附着的水垢和其他污垢，为保证管道的畅通。

(5) 水循环系统球阀及附件。检查小车上的系统附件是否清洁，检查冲洗阀是否损坏，必要时及时更换损坏的球阀。

八、带式输送机系统

(1) 在施工过程中，检查带式输送机的皮带轮是否部分丢失。检修时，检查皮带轮的转动灵活性，更换皮带机部分皮带轮，检查皮带轮。如有必要，及时更换带轮并存放备件。

(2) 检查带式输送机主动轮和从动轮工作是否正常。

(3) 带式输送机钢结构框架。检查结构框架是否变形。维修时，应测量变形情况，进行纠正和加固，更换锈蚀严重的连接螺栓。

九、泡沫系统

(1) 泡沫泵。定期检查泡沫泵的磨损程度，并为泡沫剂泵准备备件。

(2) 泡沫发生器。定期维护和清洁泡沫发生器，必要时及时处理。

(3) 泡沫注入管道。泡沫注入管道会有大量的水垢和污垢。维护期间，定期和不定期清洁泡沫管道，检查管道损坏程度，提前做好管道备件。

十、灌浆系统

(1) 灌浆泵。检查灌浆泵的性能是否良好，定期检查泵柱塞和活塞的磨损程度，更换磨损严重的部件。

(2) 灌浆管道。彻底清洁灌浆管道，检查管道的磨损程度。更换磨损严重的管道并制定备件计划。

(3) 砂浆储存箱。需要彻底清洁。检查砂浆搅拌机叶片是否有轻微磨损。如果是，则需要补焊。

十一、电气系统

（1）变压器。施工期间检查变压器运行是否正常；如有必要，清洁变压器表面(停机维护)，然后检查绝缘，抽出并检查变压器油。

（2）高压电缆。检修时，应清理高压电缆表面，然后检查绝缘情况。

（3）总配电柜。维护期间，清洁主配电柜的表面和所有部件，检查所有断路器和接触器触点的点火情况，检查所有线圈是否处于良好状态。

（4）主控室。维修时，主要清理主控室的表面和内部部件，检查所有继电器是否完好，保险丝是否完好，所有显示器和连接线是否牢固。

（5）配电柜。配电柜包括：油缸控制面板、螺旋输送机控制面板、分段进料小车控制面板、刀盘控制面板、分段拼装机蓄电池充电柜、分段吊车配电柜及控制手柄、VMT电气箱、分段拼装机控制手柄、灌浆控制面板、皮带控制面板、电缆卷筒和水管卷筒控制面板。检修时，主要清理各配电柜的表面和内部元件，检查各接线是否牢固，各急停按钮是否正常，必要时及时更换损坏的操作按钮。

（6）功率补偿器。定期检查补偿柜内电气元件接线是否紧固、完好。如有问题，应及时处理，并清洁机柜。

（7）接线盒的表面和内部。维护期间，清洁所有接线盒表面，检查接线是否牢固，并修理或更换损坏的电线。

（8）电力电缆。定期清洁所有电力电缆表面，检查绝缘情况，更换损坏的电缆。

（9）灯具。盾构区间施工期间，部分照明灯具在使用中会损坏。维护、修理或更换损坏的灯具和支架，并调整部分灯具。

（10）通信系统的位置。通信系统将部分损坏。在维修过程中，对损坏的电话进行维修或更换，并对全线电机进行检查和调试。检修时应清理电机表面，检查绝缘情况，检查并加注电机轴承润滑脂。

第十节　特殊条件下盾构掘进技术

随着地下空间的开发利用，盾构法在国内的应用越来越广泛。与传统的钻爆方法相比，盾构施工方法自动化程度高，对不同地质条件的适应性强，对城市居民和建筑物影响小，有利于控制软弱地层的地表沉降，安全性高。地铁盾构施工方法在北京、上海等城市的成功应用，使得盾构施工技术在国内越来越完善。在总结铁盾构施工经验的基础上，本节初步探讨了土压平衡盾构法在复杂地质条件下穿越建筑物的施工技术。

一、土压平衡盾构概述

土压平衡盾构又称挖土密封盾构或土压盾构。适用于软土、软岩、硬岩及含水混合地层的隧道施工。基坑施工可采用土压平衡、气压平衡和开口三种方式。掘进作业可自动、半自动、手动控制。盾构机配备了自动导向系统，能够控制和稳定开挖方向，具有灵活的转向和纠偏能力，开挖误差可控制在±20mm以内。盾刀盘结构具有刀具(滚刀和齿轮刀)的互换性和可替换性。因此，它可以适应更大的地层范围，满足不同地层的掘进速度要求。盾构采用同步注浆系统，对控制隧道周围土体沉降和对建筑物的保护非常有利。屏蔽层配备泡沫和膨润土喷射系统，有利于压舱土的改善。配备压缩空气系统，有利于防止工作面渗水，控制地表沉降。

二、复杂地质条件下盾构隧道施工控制技术

1. *盾构穿越软、硬不均匀地层*

结合地质资料，提前探索上软下硬地层的软硬条件；开挖采用土压平衡或气压平衡方式，必要时注入泡沫或泥浆改善压载土；采取必要的措施，注意轴控制和姿态控制的盾牌，如超挖刀的合理使用，及时调整千斤顶推力组合。根据测量数据，合理使用铰接，调整保护的角度，利用稳定翼等措施控制盾构的旋转，减慢掘进速度，以便更好地保护设备和控制轴线。

2. *盾构穿越砂层和泥层*

通过对地铁盾构隧道施工的调查，在穿越砂层和淤泥层部分路段时，主要采用的施工技术有：采用土压力平衡模式进行开挖，严格控制挖土量，保证土仓压力稳定工作面，控制地表沉降；盾构隧道的过程中，泡沫和其他添加剂材料注入土壤中，刀面改善压载土壤的性能，提高压载土壤的流动性和水密性，防止水泄漏，沙子流动和泄漏，并促进螺旋输送机的土壤放电；选择合理的开挖参数，快速通过，尽量减少施工对地层的影响；利用制导系统，控制推进油缸在不同区域，控制防护罩的姿态，防止防护罩提升；适当缩短浆液固井时间，保证同步注浆质量，减少地层损失，控制地表沉降。

3. *盾构穿越断裂带地层*

地铁工程要经过许多断层地质带。断裂带埋深在10~30m范围内。岩体破碎，原始岩石强度较大，最大天然单轴抗压强度可达154MPa，强度不均匀，稳定性差。地下蓄水结构形成，地下水相对丰富。盾构通过的主要问题是：易发生涌水；破碎段岩体较大，容易堵塞螺旋输送机；断裂带下的基岩为蚀变花岗岩和硅化岩。岩体强度高，对盾构破岩能力要求较强。盾片通过断层断裂带时的主要技术措施是：及时将双刃滚刀更换为单刃滚刀，因为单刃滚刀要比双刃滚刀好。滚刀接触面小，破岩能力强；开挖采用土压力平衡工况，及时调整土仓压力，保证土压力平衡，并采取措施，防止盾构机在拼装段时撤退，保证工作面土稳定性；及时调整开挖参数，防止过度方向偏差，充分切割岩石，避免大块岩石堵塞螺旋输送机；开挖时向土仓内注入泥浆水或泡沫，防止螺旋输送机堵塞，水流入隧道；连续开挖，连续监测地表和建筑物。及时灌浆充填管片与地层之间的环形间隙，防止土体塑性区扩大，控制地表沉陷。

4. *盾构通过球状风化地层*

比如：某地铁工程中多处通过球状风化地层，俗称“孤石”层，花岗岩球岩单轴抗压强度在200MPa以上。由于风化球岩体的强度远大于周围岩土层的强度，是盾构施工的不利因素。风化球周围岩土层主要为花岗岩强、全风化层，强度差异较大，稳定性差，为Ⅱ~Ⅲ类围岩。花岗岩球状风化，由于风化球周围岩体与球状风化岩体本身强度存在较大差距，

易造成刀具损坏，甚至会导致刀盘变形，致使整个盾构瘫痪。处理该种不良地质问题时的主要施工技术措施有：超前钻探或地质雷达物探，以预防为主，提前采取诸如地表或洞内深孔爆破等必要的处理措施；注意观察盾构掘进的异常情况以及掘进参数的异常变化，判断是否碰上球状风化岩体，一旦发现推力加大时，盾构进尺缓慢或停滞不前，应立即停机，切不可贸然推进；以低掘进速度和高转速掘进球状风化岩体，掘进过程中随时监测刀具和刀盘受力状态，确保其不超载并观测刀盘是否受力不均，以防刀盘产生变形，如遇刀盘卡住，可回缩刀盘予以调整，然后重新掘进；如球状风化岩体在软地层随刀盘一起滚动，可利用地质超前钻机对周围软地层予以加固，然后进行掘进。如上述措施不能奏效，则人员通过压缩空气仓、切削仓进入开挖面，对球状风化岩体予以人工处理；如开挖面地层稳定性差，则预先予以加固；及时足量进行同步注浆。

5. 盾构穿越硬岩地层

某地铁项目中的地质钻探资料显示在某个区间段揭露出抗压强度为140MPa和156MPa的硬岩，盾构施工技术措施有：采用单刃滚刀破岩，减少换刀次数与频率，加快施工进度，掘进过程中随时监测刀具和刀盘受力状态，确保其不超载；适时合理更换刀具，以提高掘进效率，避免损伤刀盘；换刀时启动刀盘伸缩装置缩短换刀时间并在土仓内更换刀具，减少换刀时间对掘进循环的影响，提高设备利用率；硬岩段掘进时启动盾构稳定装置，减小盾构机的振动和防止盾构机产生超限扭转，使管片的受力稳定，确保隧道的成形质量和保护管片，防止盾构机的变形；采用敞开模式掘进，遵循高转速、低扭矩原则选取参数，以提高掘进速度；进入硬岩段掘进前要对盾构机进行一次全面的维修保养，确保盾构机的工作状态良好。

6. 盾构穿塘回填浅埋段

例如，地铁隧道从两个鱼塘下穿过。在隧道顶部距鱼塘底部小于3m厚的地段，必须进行回填，以确保隧道顶部土壤覆盖厚度不低于6m。盾构施工采取的技术措施包括：采用土压力平衡方式开挖，严格控制开挖土量，保证土仓压力稳定工作面，防止地下水沿原层及回填面入渗；在掘进过程中，严格控制各工段推进油缸的压力，保证盾构正确掘进方向和正常姿态，防止盾构机抬头；严格控制同步注浆，对环形间隙及时回填，防止无水泥回填土松弛引起地面大沉降。

7. 相邻小间距隧道的盾构施工

当某一区间段的盾构吊出井筒时，左右线间距变得非常小，只有9m，净间距只有217m。这样小的距离对盾构施工非常不利，特别是到达段的施工。当后续盾构施工到达此段时，可能会影响已施工的隧道，造成地层坍塌。该区段的施工技术措施包括：对线间距很小的区段进行加层加强和改善两隧道间地层的强度和稳定性；开挖采用土压力平衡方式，严格控制开挖速度、推力和仓压，准确控制盾构机姿态，减少对地层的扰动；加强对地表沉降和第一隧道变形的监测，严格控制同步注浆压力，出现异常情况时及时调整开挖参数，采取加固措施，确保地面环境和已完工隧道的安全；必须保证左右两行盾构机之间有一定的安全距离。

第七章

新奥法施工

第一节　施工顺序及开挖方法

新奥法即新奥地利隧道施工方法的简称，原文是 New Austrian Tunnelling Method，简称 NATM。新奥法概念是奥地利学者拉布西维兹(L. V. Rabcewicz)教授于 20 世纪 50 年代提出的，它是以隧道工程经验和岩体力学的理论为基础，将锚杆和喷射混凝土组合在一起，作为主要支护手段的一种施工方法，经过一些国家的许多实践和理论研究，于 20 世纪 60 年代取得专利权并正式命名。之后这个方法在西欧、北欧、美国和日本等许多地下工程中获得极为迅速发展，已成为现代隧道工程新技术标志之一。20 世纪 60 年代 NATM 被介绍到我国，70 年代末 80 年代初得到迅速发展。至今，可以说在所有重点难点的地下工程中都离不开 NATM。新奥法几乎成为在软弱破碎围岩地段修筑隧道的一种基本方法。

一、新奥法施工特点

1. 及时性

新奥法施工以喷射混凝土锚支护为主要手段，最大限度地跟随开挖面施工。因此，可以利用开挖面的时空效应来限制支护前的变形发展，防止围岩进入松散状态，必要时可以进行超前支护，此外，喷射混凝土的早期强度和综合黏结性保证了支护的及时性和有效性。喷锚支护可以有效地阻止岩石变形的发展，控制应力降低区的扩大，降低支护的承载力，提高岩层的稳定性。

2. 封闭性

因为喷锚支护可以及时施工，是一种综合密集的支护，能及时有效地防止水和风化对围岩的破坏和剥落，防止膨胀岩体的潮解和膨胀，保护原岩体的强度。巷道开挖后，围岩可能因爆破产生新的裂缝，原有地质结构中的裂缝可能随时产生变形或坍塌。当喷射混凝土支护高速喷射到岩石表面时，可以很好地填充围岩的裂缝、节理和凹坑，大大提高了围岩的强度(提高围岩的黏聚力和内摩擦角)。同时，喷锚支护起到封闭围岩的作用，隔离水、气与岩层的接触，使裂隙填料不会软化、崩解，导致裂缝张开，围岩失去稳定性。

3. 黏结性

喷锚支护可与围岩充分黏结。这种黏结效应可以产生 3 种效应：

（1）连锁效应，即由裂缝分隔的岩块黏结在一起。如果围岩中的危岩或活岩发生滑动和坠落，会引起相邻岩块的连锁反应，进而失去稳定性，导致大范围的顶板坠落或边坡。如果巷道掘进后能及时进行喷锚支护，喷锚支护的黏结力和抗剪强度可以抵抗围岩的局部破坏，防止个别围岩活石的滑移和坠落，从而保持围岩的稳定性。

（2）复杂的作用，即围岩与支护形成一个复杂的(应力系统)共同支护围岩。喷锚支护可以提高围岩的稳定性和自身的支护能力。同时，它与围岩共同形成一个力学系统，将岩石荷载转化为岩石承载结构，从根本上改变支护负承载的弱点。

（3）增加效果。巷道掘进后，及时进行喷锚支护。一方面，对围岩表面不平整的部分进行填充，消除不平整岩石表面造成的应力集中，避免应力集中过大对围岩造成破坏；另一方面，巷道周围的围岩受到两个方向的应力，提高了围岩的黏聚力和内摩擦角，即围岩的强度。

4. 柔性

这是一种柔性薄支护，能与围岩紧密配合。一方面，由于喷锚支护具有一定的柔性，它能与围岩一起产生变形，在围岩中形成一定范围的非弹性变形区，并能有效控制和允许围岩塑性区适度发展，从而充分发挥围岩的自承能力。另一方面，喷锚支护在与围岩共同变形中受到压缩，对围岩产生越来越大的支护反力，它可以抑制围岩的过度变形，防止围岩的松动和破坏。

二、新奥法的理论要点和施工要点

1. 新奥法与传统施工方法的区别

传统方法认为巷道围岩是一种荷载，采用厚壁混凝土支护松动围岩。新奥法认为，围岩是一种承载机制。建造薄壁、柔性、紧密的支护结构(主要采用喷射混凝土和锚杆)，使围岩与支护结构形成支护环，最大限度地承受压力，保持围岩的稳定性，不发生松动和破坏。新奥法将围岩视为道路承载构件的一部分。因此，在施工过程中，应尽可能进行全断面开挖，以减少对巷道周围围岩应力的扰动，并采取光面爆破、微差爆破等措施。减少围岩振动，保持其完整性。同时，道路表面应尽可能光滑，以避免局部应力集中。新奥法将锚喷混凝土适当结合，形成相对较薄的衬砌层，即采用锚喷混凝土支护围岩，使喷混凝土层与围岩紧密结合，形成围岩支护体系，保持两者共同变形，因此可以最大限度地利用围岩本身的承载力。

2. 保护巷道围岩的承载力

新奥法施工在巷道开挖后采取了一系列综合措施：修建防水层和围岩巷道排水；选择合理的截面形状和尺寸；预留支架变形余量；巷道打开后，及时支护和封闭围岩，保护巷道围岩承载力，将围岩扰动影响控制在最小范围内，加强围岩，提高围岩强度，使其与人工支护结构共同承受巷道压力。

3. 允许围岩发生一定程度的变形，以充分发挥围岩的固有强度

将围岩变形控制在一定范围内。必须避免围岩过度变形，否则会削弱围岩强度，导致坍塌和失稳。支护结构具有一定的变形量，使巷道围岩产生一定的变形，从而减轻巷道的巨大压力，进一步降低支护荷载。

4. 新奥法施工测量的特殊性

由于施工条件的复杂性和对工程设计参数的精确要求，有必要通过多种测量手段对施工过程中的围岩动力学、支护结构的工作状态和支护结构的工作状态进行监测。并利用监测结果修改初步设计，指导施工。测量结果可作为施工现场分析参数和修改设计的依据，及时采取措施预防事故，提高施工安全程度。如上所述，新奥法的支护原则是：围岩不仅是承重对象，也是承重结构；围岩支承环与支护体构成巷道的统一体，是一个力学系统；巷道的开挖和支护是为了维护、改善和提高围岩的自支撑能力。

三、新奥法的主要支护方式和施工顺序

新奥法以喷射混凝土和锚杆支护为主要支护方式。由于锚喷混凝土支护可以形成一个柔性薄层和一个与围岩紧密结合的可压缩支护结构，它允许围岩发生一定的协调变形，而不会对支护结构施加过大的压力。施工顺序可总结如下：开挖→主要支持→二次支护。

1. 开挖

开挖内容包括：钻孔、装药、爆破、通风、排渣等，开挖作业与一次支护作业同时进行。为了保护围岩的自支撑能力，应尽快进行第一次支护工作。为充分利用围岩的自承能力，开挖采用注浆爆破(控制爆破)或机械开挖，尽量采用全断面开挖。当地质条件较差时，可采用分块多次开挖。一次开挖的长度应根据岩石条件和开挖方法确定。当岩石条件较好时，长度可以较大，当岩石条件较差时，长度可以较小。在相同的岩石条件下，分块多次开挖的长度可以较大，全断面开挖的长度应该较小。一般情况下，中等硬度岩石中的长度约为2~2.5m，膨胀性地层中的长度约为0.8~1.0m。

2. 第一次支护作业

为争取时间，松散围岩开挖时，对开挖的渣桩进行第一次支护作业，待渣桩未覆盖的开挖面第一次喷射混凝土完成后排渣。锚杆按一定体系布置，加固深部围岩，在围岩中形成承重拱，外拱由喷层、锚杆和岩面承重拱组成，起临时支护作用，也是永久支护的一部分。复喷后应达到设计厚度(一般10~15mm)，并将锚杆、金属网、钢拱架等包裹在喷射混凝土中。完成第一次支持的时间非常重要。一般应在开挖后围岩自稳定时间的一半以内完成。目前，松散围岩施工条件应在爆破施工完成后3h内确定。在地质条件极差的破碎带或膨胀性地层(如风化花岗岩)中开挖巷道时，为了延长围岩自稳时间，争取初期支护时间，安全作业，需要在开挖面前方的围岩中进行超前支护(预支护)，然后进行开挖。在现场安装锚杆、埋设仪器或测量点在围岩和支护中测量围岩的位移和应力时，根据测量信息了解围岩的动力学和支护阻力对围岩的适应性。第一次支护后，当围岩变形趋于稳定时，第二次支护和封底，即永久支护(或补喷混凝土，或浇筑混凝土内拱)，可提高整个支护的安全性和承载力，支护时间可从监测结果中获得。由于底板失稳和底鼓变形严重，不可避免地会影响侧壁和顶支架的失稳。因此，应尽快封底，形成封闭式支护，以寻求围岩的稳定性。

第二节 超前支护

在地铁施工过程中，超前支护加固技术的应用非常普遍，主要包括大管棚超前支护技术和长短小导管超前支护技术。这两种技术主要针对不同的地质环境。因此，在地铁施工过程中，需要根据实际地质条件做出相应的技术选择。

一、预支护加固技术在地铁施工过程中的应用

1. 大管棚预支护技术的应用

施工过程中需要强有力的支撑，地铁施工过程中的实际情况应及时动态测量，确保测量更加规范。在灌浆过程中，要坚持严格原则，在开挖支护前迅速完成施工项目，尽可能控制地层沉降，确保施工安全。开孔前，尽可能检查设备的使用情况，确保开孔段钻孔达到一定精度，以确保开孔方向相对正确。只有在确保开口正确且没有问题后，才能继续钻孔。开孔时应选择进尺短、封孔快的方式，以尽量减少地铁施工对地层的影响。在处理拱脚变形问题时，应确保管棚在控制前已配管，以确保管棚处于中空状态。然后，在地铁施工和土方开挖过程中，应尽可能提高管棚的刚度，以加强隧道内的横向支护，从而保证支护结构的稳定性，对限制土体变形起到重要作用。在灌浆过程中，需明确灌浆工艺套管与管棚钢管的连接应通过穿线完成。喷射混凝土施工时应预留灌浆管，灌浆套管上的配套排气管和进浆管由阀门控制。最终支护工作完成后，可通过压水泥浆回填缝隙。

2. 应用先进的长短小导管预支护技术

先进的长短小导管预支护技术在地铁建设项目中经常使用。一般来说，该施工工艺主要用于软弱围岩地层。地铁施工中，常采用长短小导管注浆相结合的方法进行超前支护施工处理。通过对隧道上部进行灌浆，小导管周围的土壤被固结，形成相对坚实的拱形轴瓦。此时，由于对承重外壳和小导管的脚手架进行保护，可以顺利进行后续下层土壤的开挖。与其他工艺相比，该施工工艺具有一定的安全性，总体上相对稳定。它可以在很大程度上防止地铁隧道拱顶坍塌造成的安全隐患。一般来说，这种施工工艺需要经历这样一个过程：关闭工作面；在施工面上钻孔；安装小导管；对导管进行灌浆；检查实际施工效果。

首先，要明确先进小导管的加工制造。一般来说，常用的小导管是用普通的水煤气管简单加工而成的灌浆导管。超前小导管的前端部分在加工时应加工成锥形，便于插入和敲打，有效防止泥浆向前冲造成导管堵塞。超前小导管中间需钻一个约 8～10mm 的泥浆溢流孔，以防止灌浆过程中死角。在大约 20cm 的间隔处，即导管尾部大约 1m 处，不要钻孔。这是为了避免泥浆泄漏。

其次，灌浆后需要检查灌浆效果。总的来说，灌浆效果的检查主要体现在以下几个方面。为防止小导管孔口漏浆，有必要在花管尾端用水泥和水玻璃的混合物和麻绳密封花管与钻孔之间的间隙。灌浆顺序必须从两侧到中间对称进行，逐孔灌浆应自上而下进行。花管与灌浆管之间的接头应采用灵活的连接方式，以确保在组装和拆卸过程中更加方便。

第三节 初期支护

一、初期支护工艺流程

初期支护工艺流程如图 7-1 所示。

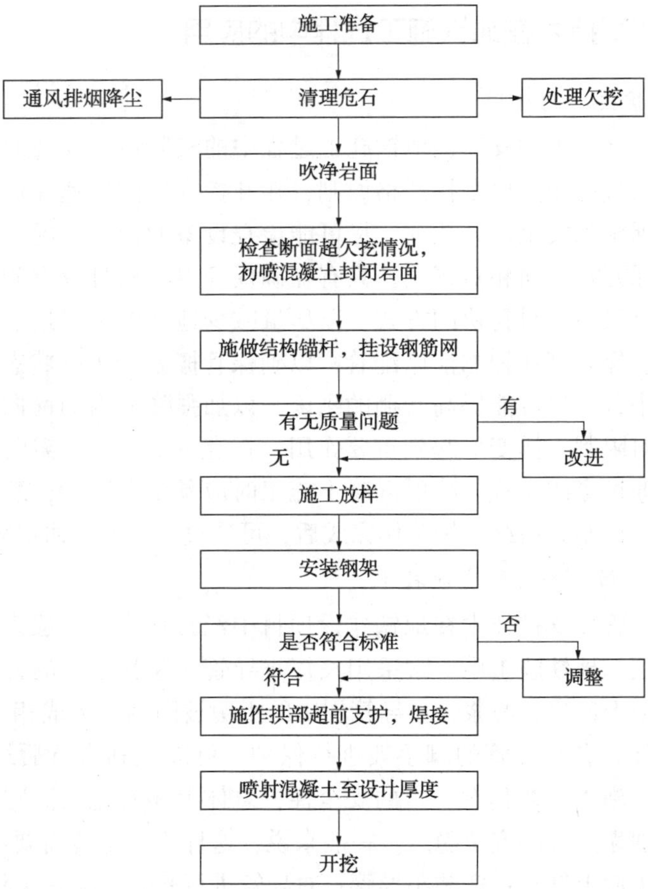

图 7-1 初期支护工艺流程示意图

二、超前小导管注浆施工技术

超前小导管采用 ϕ42mm 无缝钢管，长度和环向间距必须满足设计要求。其施工方法为：

（1）小导管管壁每隔 10~20cm 交错钻眼，眼孔为 ϕ6~8mm。

（2）注浆管采用风枪钻孔插打或风枪顶入两种方式进行，土质松软时采用风枪直接将钢管顶入；土质较硬时采用风枪钻孔插管，即沿隧道纵向开挖轮廓线向外以 10°~30° 的外插角钻孔，将小导管打入地层。

（3）小导管注浆前，应对开挖面及 5m 范围内坑道，喷射厚 5~10cm 混凝土进行封闭，并将检查注浆机是否完好，备足注浆材料。

（4）为防止孔口漏浆，采用水泥药卷封堵注浆管与钻孔之间的空隙。

（5）为避免注浆管堵塞而影响注浆效果，注浆前采用高压风清洗注浆管。

（6）在小导管前安设分浆器，一次可注入 3~5 根小导管，注浆压力由小到大，从开始 0MPa 升到终止压力 1.5MPa，稳压 3min，流量计显示注浆量较小时，即可结束注浆。必要时可在孔口处设置止浆塞，止浆塞应能承受规定的最大注浆力或水压。

（7）注浆时由两侧对称向中间进行，自下而上逐孔注浆，如有窜浆或跑浆，采用间隔注浆，最后全部完成注浆。

（8）注浆时结束后，拆除注浆接头，并迅速用水泥药卷封堵注浆管口，以防止未凝固浆液外流。

（9）灌浆技术措施：①严格控制灌浆配合比和凝胶时间，在初步选择配合比后，用凝胶时间控制搅拌。调整浆液配合比，测量凝结水强度，选择最佳浆液配合比。②灌浆过程中应严格控制灌浆压力。最终压力必须满足设计要求，并保持稳压时间，以确保泥浆的渗透范围。③灌浆后检查灌浆效果。隧洞开挖后，可检查灌浆体的固结厚度。如果达不到设计要求，应调整灌浆参数，改进灌浆施工工艺。④灌浆过程中，应有专人记录灌浆情况，并根据实际情况调整灌浆压力和灌浆速度，确保灌浆效果。

三、砂浆锚杆施工工艺

（一）材料控制

需要选择硅酸盐水泥；杆体直径为 ϕ22mm 螺纹钢筋，其质量应符合设计要求；砂的粒径不得大于 2.5mm。使用前应进行筛分，严防石块和杂物混入；水泥砂比一般为 1.50~1.45。

（二）钻孔

采用自制简易钻孔操作平台架，采用风动凿岩机按设计要求的间距和深度钻孔，孔内岩屑被高压空气吹走，然后用灌浆机将早强水泥砂浆注入锚孔。

（三）螺栓安装和灌浆固结

对于向下的螺栓，将灌浆管插入孔底，然后在灌浆时拔出灌浆管，直至灌浆满为止；向上锚杆采用排气灌浆法将内径 4~5mm、壁厚 1~1.5mm 的软塑料排气管沿锚杆全长固定在杆体上，并在孔外留有约 1m 的余长；将锚杆缓慢送入孔内至设计位置；用早强或超早强水泥将长 250~300mm、外径约 25mm 的薄壁钢管固定在管口处，并将管口封堵严密；灌浆前，应检查排气管。确认灌浆管畅通后，方可进行灌浆。正常情况下，灌浆过程中会排出气体。当排气管未排出或溢出浆液时，可停止灌浆；3d 后，安装底板并拧紧螺母。

（四）钢筋网的悬挂

钢筋网在使用前应进行清洁和除锈，并在现场进行预点焊。在围岩表面喷一层混凝土后，应随喷面起伏进行悬挂和铺设。钢筋网与锚杆连接牢固，喷射混凝土时不得晃动。网片加工和铺设应符合以下要求：

(1) 钢筋网采用的钢筋型号和网格尺寸必须符合设计要求;

(2) 钢筋网铺设前必须除锈;

(3) 钢筋网与地脚螺栓、钢纤维钉和网格钢架焊接牢固,网格搭接长度不小于 20cm;

(4) 钢筋网铺设时,靠近支护面,保持 30~50mm 的保护层。

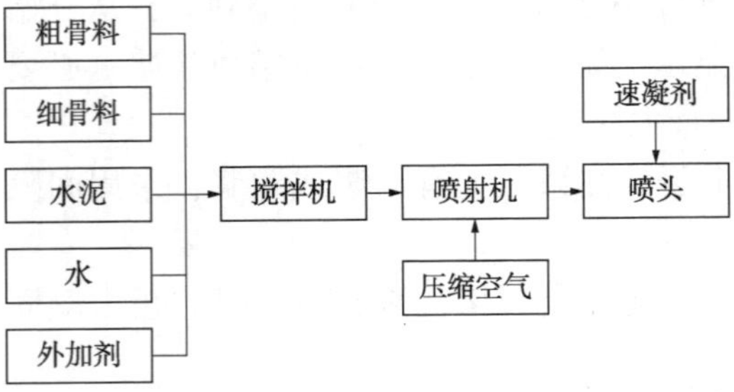

图 7-2 喷射混凝土施工工艺示意图

(五) 喷射混凝土施工工艺

喷射混凝土施工工艺示意图见图 7-2。

1. 待喷涂表面

检查待喷涂表面的尺寸和几何形状是否符合设计要求;清除待喷涂表面上影响喷涂作业的障碍物,保护无法清除的障碍物;为保证施工质量和安全,施工前对喷涂表面进行如下处理:①清除浮面、有害的黏合杂物、木屑等;②有涌水的地方要排水;③喷涂表面吸水性强时要提前洒水;④有钢筋或钢丝网时,为了不反弹,钢筋或钢丝网应牢固固定在喷射基面上。

2. 喷射混凝土

采用泵式喷射器湿喷混凝土,将掺有水的混凝土混合料压成细骨料、粗骨料、水泥、水外加剂、搅拌机喷头、促进剂和压缩空气等。然后在此处添加加速器,并在压缩空气的帮助下喷射。湿喷粉尘少,回弹小,易保证混凝土质量。

(1) 湿喷机的工作风压应大于 0.5MPa,以克服混合混凝土在管道中流动的阻力。

(2) 水压一般比风压大 0.1MPa 左右。将高压压缩空气引入水箱以获得稳定的水压。

(3) 喷嘴与喷涂表面的距离为 1.5~2.0m。喷涂时,喷嘴应垂直于喷涂表面。如果喷涂表面被钢筋网覆盖,喷嘴可以稍微倾斜,但不小于 70°。喷涂路线应自下而上,并以“S”形移动。

(4) 一般可获得较厚的喷涂层,坍落度约 8cm;能保证混凝土在 2min 内凝固良好;工作面上的空气温度应高于 15℃。

(5) 当喷射混凝土的设计厚度大于一次喷射的厚度时,应分层喷射。在常温(15~20℃)条件下,添加速凝剂或使用喷射水泥、双速凝水泥和其他速凝水泥时,两次喷射的最小时间间隔为 15~20min。当间隔超过 2h 时,在重新喷涂前洒水湿润。

(6) 为了充分水合水泥,减少和防止收缩裂缝,喷射混凝土终凝后应立即洒水养护。养护时间和浇水时间取决于水泥类型和空气湿度。在任何情况下,养护时间不得小于 7d。

(7) 冬季施工时,喷射混凝土的温度应保持在 0℃。

第四节 全断面注浆加固

如果地下水处理不到位,将在地下水和土壤丰富的地区造成严重的塌陷。该类地层加固可采用冻结法、水平旋喷法和注浆法。本节仅考虑采用注浆法加固地层。全风化和强风化花岗岩的灌浆改良应满足以下条件,以满足施工要求:

（1）由于全风化和强风化花岗岩地层的可灌性较高，要求一次灌浆范围不宜过大，灌浆压力、灌浆量和浆液凝胶时间应可控，减少浆液量。

（2）开挖轮廓内的灌浆是为了开挖安全，而开挖轮廓外的灌浆是为了提高其承载力，并与初期支护一起进行。对于不同部位，灌浆要求进行不同的处理，强弱不同。

（3）一次注浆和二次注浆时间间隔大概需要4~6h。二次注浆需在一次注浆形成的水泥结石体强度达到5.0MPa时进行。

一、具有最佳的时间匹配优势

双管钻机双液灌浆工艺一方面改善土壤，提高土壤强度，另一方面达到止水效果。它具有以下特点：

（1）施工采用双管钻机，钻杆具有成孔和双液注浆功能，保证连续快速钻孔注浆；泥浆在双管钻机的端部混合器中混合，横向喷射，可靠可控。

（2）它可以在一次和二次喷射之间切换，回路转换装置易于实现。它可以实现复合多频率注入。

（3）二次灌浆材料是一种低黏度、长凝胶时间的饱和灌浆液，可以通过压力喷射到均匀的土壤颗粒中。由于这种操作方法，减少了对周围建筑物的影响。

（4）由于一次注浆为有限注浆，二次注浆为渗透注浆，浆液不会溢出注浆范围外，有利于保护地下环境免受污染，对现场污染小，对周围环境影响小。

（5）设备简单、重量轻、工艺易操作、施工效率高、无须灌浆管、成本低且经济。

二、灌浆材料和灌浆参数

由于地层渗透性强，灌浆过程的实质是充分置换土壤水分，提高土壤强度。采用普通水泥+水玻璃+外加剂灌浆材料可以改善和加固地层。水泥浆材料种类繁多，成本低，无毒，工艺简单，黏度随水灰比变化，范围从16s到139s。随着水灰比的增加，凝结时间从几个小时延长到几十小时。其抗压强度高，稳定性差，因此难以在密实土壤中灌浆。水泥+水玻璃浆液材料种类繁多，价格低廉，对环境和地下水无毒污染，浆液制备简单，早期强度高，凝胶时间可控制在几秒钟到几十分钟内。水玻璃的波美度越小，胶凝速度越快；用量越少，胶凝速度越快；石料抗压强度高。

（1）浆液比采用PO32普通硅酸盐水泥5以上，水玻璃40be°以上。其中，水泥浆水灰比控制在(0.8~1.2)：1，外加剂用量占水泥用量的5%，水玻璃与水泥浆的体积比为1：1。

（2）灌浆参数。

① 灌浆范围：考虑到隧道周围的承载和开挖安全，根据勘察报告，设计推荐的地层加固强度为1.2MPa，加固范围为隧道及其周围3m以内。

② 注入速率：注入速率是注入预定土层的泥浆体积$Q(m^3)$与预定注入范围内地层的总体积$V(m^3)$之比。实践经验表明，如果淤泥质土的注入速率保持在30以上，注入效果明显，因此确定注入速率为30~50。

③ 注浆速度：一般速度控制范围为8~20L/min。

④ 注浆压力：注浆压力是影响注浆施工效果的关键因素之一。根据现场试验注入数

据，分析确定注入压力：注入前 $P=0.3\sim1.0$MPa；补充注射 $P=1.0\sim1.5$MPa。

三、施工过程控制

双管钻机采用特殊的端部混合器和双管注入方式。

(1) 钻孔。钻孔前，严格按照施工平面布置布置孔位。钻机定位和钻杆角度应准确。不同角度钻孔时，孔位偏差不大于 2cm，入射角偏差不大于 1°；钻孔前，调整钻杆角度，对准孔位，不得随意移动或升降钻机。

(2) 灌浆。首先从灌浆混合室的终点排出清水，确保水流顺畅，并关闭终点进行水平射流切换。一般注浆速度为 8~20lmin，各段注浆量严格按设计执行。浆液运行时，应采取封堵、间歇灌浆等措施，确保灌浆量符合设计要求。退注时，退注段长度一般为 30~50cm。

(3) 封堵。在所有步骤喷涂完成后，应用止浆塞或砂布封堵灌浆孔。

(4) 动态调整监测。根据观测结果，当沉降超过警戒值时，应在此点进行动态灌浆，钻孔方向可根据需要在 0~90°范围内调整。

第五节　防水层施工

一、防水原则

漏水的常见原因是：

(1) 侧墙、底板防水卷材破损，接缝不严密。从设计理念来看，围护结构是防水的第一道防线，防水卷材是防水的第二道防线，而主要防水混凝土是屋面防水涂料施工的第三道防线。

(2) 防水基层表面未清理干净，有杂物和积水，基层表面不干燥，使得防水涂料难以与楼板混凝土紧密连接。防水涂料涂刷不均，涂刷次数不够，与侧墙防水卷材的接缝处理不到位，导致漏水。

(3) 施工缝、感应缝、变形缝、后浇板缝渗水，主要是接缝处处理不充分，防水能力弱，在主混凝土施工期间，如果混凝土被排空或断开，很容易发生漏水。

(4) 混凝土振捣不到位；混凝土浇筑后，由于自身的塑性收缩、干缩、内外温差、化学反应等原因，混凝土养护不到位，难免产生裂缝，容易导致漏水。许多地铁项目水文地质条件复杂，在施工过程中，根据实际情况对设计进行调整，从围护结构到主体结构完成，动态指导施工。在围护结构地下连续墙施工过程中，由于施工期间地下水位较高，地下连续墙接缝处存在较大的渗漏现象。为保证施工安全，将接缝设计由双轴水泥搅拌桩调整为三轴水泥搅拌桩，加强了接缝的止水效果。主体施工完成后，主体结构如有渗水，必须有渗漏通道。因此，在封堵时，应通过泄漏的最后一个环节，用改性环氧树脂浆处理主体结构的裂缝和泄漏。漏水防治施工工艺结合地铁车站实际情况及漏水原因分析，防水卷材和涂料防水施工是主体结构能否达到预期防水效果的关键。在主要施工过程中，控制原材料的质量。防水卷材施工时，检查基层表面是否符合设计要求。如不合格，应处理至符合要求，并检查卷材是否损坏，接缝是否严密；涂料防水施工时，应在晴天施工。顶板无明显积水，多次涂刷均匀。

二、施工缝和变形缝应及时凿毛清理

在刷 5cm 砂浆后，按设计防水要求放置止水带，然后浇筑混凝土。混凝土施工时，应加强振捣，尽量保证混凝土的密实度。浇筑完成后，及时加强混凝土养护，减少裂缝，达到混凝土自防水的目的。主体结构施工完成后，应确定产生裂缝的位置，并绘制成地图。施工期间，应对裂缝进行统计分类，渗水裂缝应采用高压灌浆。

三、进行加固和封堵

主要设备和材料：

（1）堵漏注浆机。单液 sl-999 高压堵漏注浆机、切割机。

（2）防水材料。背贴止水带、钢边止水带、防水卷材及涂料。

（3）防渗止水材料。改性环氧树脂浆、黑水泥、白水泥和快硬水泥。

四、施工程序

（1）底板、侧墙和顶板防水施工。底板防水施工应在底板垫层施工后进行。底板防水施工时，必须检查基础表面平整度是否符合设计要求，主要控制卷材接缝是否严密，方可进行下一步施工。底板混凝土施工完成后，强度达到要求，搭设脚手架进行边墙防水卷材施工。在施工过程中，注意卷材顶部应超出设计结构顶板 50cm，以确保与顶板接缝的连接。防水卷材经检查无破损，符合设计要求后，方可进行下道工序施工。屋面混凝土浇筑完成后，进行屋面防水涂料施工。非雨天施工，基面无明显渗水。

（2）施工缝、变形缝、诱导缝处理。提前凿毛，刷 5cm 厚水泥砂浆。按设计防水要求安装止水带。止水带用钢筋定位牢固，接缝严密，止水带与混凝土基面紧密接触。

（3）混凝土浇筑施工。混凝土浇筑前，清理杂物，浇水浇灌模板、施工缝等。在施工过程中，严格控制混凝土坍落度，分层分段进行，尽量减少温度裂缝的发生；加强混凝土振捣，确保混凝土施工的密实度。

（4）主体施工后的渗漏水处理。根据现有裂缝的分布及裂缝的宽度和穿透力，采用不同的施工方法，合理安排施工人员。对于宽度小于 0.2mm 且未穿透裂缝的，应多层涂抹混合有黑白相间的水泥浆，以恢复构件的视觉质量。对于穿透裂缝和宽度大于 0.2mm 的裂缝，应注意裂缝灌浆加固和渗水通道灌浆封堵。使用钻孔设备，在裂缝最低处左侧或右侧 5~10cm 处斜向钻孔至结构厚度的一半，循序从低处向高处钻孔，钻孔至最高处后依次埋设止水针，并用快硬水泥封堵待处理的裂缝。达到一定强度后，采用单液 sl-999 高压堵漏灌浆机，通过预埋止水针将改性环氧灌浆材料注入结构中，达到加固堵漏的效果。封堵完成后，应多层涂抹混有黑白相间的水泥浆，以恢复部件的外观质量。

（5）主要渗漏水处理后发现和处理新的渗漏点。由于一些裂缝和薄弱点不明显，水位不高，因此不会发生泄漏。封堵完成后，随着水位上升，可能再次发生泄漏。因此，站内渗漏水的处理是一个长期的重复过程。堵漏结束后，应经常对站场进行检查，发现新的泄漏点，重新清点，并安排人员及时处理。

第六节　衬砌施工

一、钢筋制作安装

隧道衬砌采用钢筋混凝土，钢筋在洞外现场加工，衬砌工作面绑扎焊接。施工时每隔5m设置一道衬砌钢筋网骨架。钢架按设计衬砌钢筋的相关尺寸现场分段加工，分段用钢板和螺栓连接。钢架架设完成后，按设计在钢架之间绑扎钢筋，钢架起支撑作用，保证钢筋绑扎后不变形，有利于钢筋绑扎与衬砌施工的平行进行。衬砌钢筋的施工应符合下列要求：

（1）衬砌钢筋的规格、型号、力学性能、化学成分和焊接性应符合规范和设计要求。钢筋进场后必须复验取样，检验合格后方可投入使用。

（2）冷弯，不得热弯。同时，钢筋表面应清洁，无损伤、锈蚀和油污。

（3）钢筋焊接焊工必须持证上岗。正式焊接前，必须根据实际施工条件对焊接试样进行测试，测试合格后方可进行焊接施工。

（4）衬砌钢筋的受力钢筋采用焊接接头时，焊接接头应相互错开，错开距离为35D（D为钢筋直径），且不得小于50cm。受力钢筋的接头面积占受力钢筋总横截面积的百分比为：受拉面积不得超过50%，受压面积和组装构件的连续部分不得受到限制。

（5）焊接接头和弯曲部分之间的距离不得小于10D（D为钢筋直径），也不应大于构件的最大弯曲距离。

（6）钢筋的交叉点应使用铁丝牢固绑扎，至少为90%，钢筋绑扎接头的搭接长度和误差应符合规范和设计要求。

（7）隧道衬砌工作面钢筋焊接施工时必须采取必要的保护措施。严禁钢筋绑扎、焊接破坏防水层。钢筋加工完成后，衬砌区域的防水层必须仔细检查并重新验收，确保施工前没有损坏，否则必须采取补救措施。

二、混凝土施工

1. 仰拱和隧道底部填筑施工要点

（1）区间隧道施工时，应先按照监理工程师批准的施工方案和施工程序进行仰拱施工。

（2）仰拱施工前，必须复核仰拱断面尺寸，不得欠挖。仰拱分段施工，段长10~15m。

（3）仰拱两侧衬砌边墙基础。仰拱衬砌时，应设置大型仰拱模板，从仰拱中心向两侧对称进行。仰拱混凝土浇筑采用插入式振捣器加强振捣，保证混凝土施工质量。

（4）隧道仰拱填筑混凝土施工前，应清理仰拱上的虚渣和杂物，清除积水。顺层表面应平整，横坡和纵坡应与设计一致。

（5）仰拱施工缝与填充混凝土施工缝相互错开。施工缝要求平直、平整，凿净。同时，仰拱施工缝应设置止水带。

（6）施工缝止水带的设置应平整、黏结牢固，施工中止水带不得移位。

2. 隧道衬砌

隧道标准段采用简易衬砌台车施工，过渡段、锚碇段采用组合钢模板匹配截面钢拱框架施工。

（1）隧道标准段衬砌采用简易衬砌台车施工，台车长度 9m，模板为大型钢模板，表面平整光滑。

（2）台车两端挡头模板采用木模板，在木模板上钻孔衬砌纵向连接钢筋，便于下循环连接。

（3）渡线段采用人工衬砌施工，每周期长度为 5.0m。

（4）隧道衬砌施工前，必须对隧道断面尺寸进行复核，以确保衬砌厚度。同时检查防水层铺设是否符合要求，有无破损，衬砌钢筋保护层厚度是否符合要求。当出现上述问题时，不得进行衬砌施工，待处理符合规范要求后方可施工。

（5）衬砌台车末端的挡头模板必须与模板台车和外拱墙紧密预埋，并堵住两者之间的缝隙，防止衬砌施工时漏浆，影响混凝土质量。

（6）混凝土采用输送泵泵入模板，两侧边墙采用插入式振捣器振捣，拱部采用台车附着式振捣器振捣。

（7）混凝土浇筑应连续进行，不得有水平和斜缝。混凝土浇筑因故中断时，必须将前混凝土表面的硬化软层和水泥砂浆膜凿除后，方可继续浇筑施工，表面应凿毛并用高压水冲洗。

（8）拆除混凝土模板时，必须达到规范规定的强度才能进行。拆除模板后，应立即进行连续维护，维护时间不少于 7d。

（9）混凝土施工前，按设计要求布置预埋件，预留孔洞，并复核其位置。在施工过程中监测其位置和形状的变化，必要时采取措施。

三、衬砌混凝土

（1）折返线衬砌混凝土 C30 S8 应为商品混凝土。

（2）混凝土运输过程中，应使用专用设备防止泥浆泄漏和离析。

（3）混凝土离开搅拌机后必须随时进行监督，不得随意向混合料中加水。混凝土从搅拌机中排出后，运至浇筑地点。混凝土浇筑前，应清除模板内的垃圾、泥土、钢筋油等杂物，并检查预埋件、预留孔洞和立模情况，从浇筑到浇筑完成的最长允许时间应符合相关规定。

（4）浇筑混凝土时，自由落体高度不得超过 2.0m。

（5）当超过 2.0m 时，必须在模板上设置工作窗，并通过工作窗浇筑混凝土。

（6）混凝土应连续浇筑。当因故必须间歇时，允许的间隔时间不得超过具体工程要求。

（7）混凝土采用输送泵输送，两侧分层、水平对称进行。振捣时不得危及钢筋、防水层和模板拆模，混凝土强度应符合规范要求，拆模后应连续养护 7d。

四、衬砌施工技术保证措施

1. 质量保证措施

（1）成立区间隧道质量管理小组，项目副经理为组长，作业组长、技术负责人、质量负责人、现场试验员、作业组长为组员，加强施工过程中的监督检查。制定严格的奖惩制度，并按制度办事。

（2）做好施工人员的素质教育。施工前进行素质教育和考核。考试合格者持证上岗。考试不合格者，不得参加施工。对涉及的施工人员，明确职责，按规定施工，规范操作。

（3）在施工过程中，按“三检”制度进行检查，不合格工序严禁直接进入下道工序。

（4）加强对施工材料的检查和检验。所有进入现场的材料必须在施工前进行检查。不合格材料必须从现场移除。对现场堆放的材料进行保护，对易变质材料进行定期检查，确认其质量符合要求后方可使用。

（5）在施工过程中，加强机械设备的维护保养，确保机械设备的正常运行，有利于保证施工质量。

（6）在施工过程中，加强各单位和工序的协调。

2. *确保隧道衬砌尺寸的措施*

（1）隧道开挖及支护施工时，开挖断面每10m复测一次，确保断面尺寸符合设计要求。

（2）衬砌施工前，应按设计尺寸检查已准备好的衬砌段的衬砌尺寸。

（3）在施工过程中，加强测量，并派专人负责测量，确保隧道中心线和标高正确。

（4）加强施工过程中的监测。根据监测分析结果，对局部变形严重、影响隧道结构尺寸的部位加强支护措施，或尽快安排该段衬砌施工，以保证各部位尺寸。

第七节　地质预报

一、超前地质预报的主要工作内容

超前地质预报的主要工作内容见表7-10。

表7-1　超前地质预报的主要工作内容

工作相关的内容	说　明
不良地质、地质灾害	在预报掌子的前方范围之内，明确是否出现了涌水现象，并明确不良地基问题，了解具体范围情况、规模情况、性质情况等，在一定程度上可以提出具体的施工建议
水文地质	针对洞内的涌水数量进行合理分析，明确具体变化规律，在合理评价地质条件与水文条件的情况下，明确影响特点
断层及其破碎带	针对断层位置合理地进行判断处理，明确宽度数据信息、性质数据信息与填充物数据信息，保证明确冲水断层问题，了解稳定性特点，并提出较为准确的建议
围岩类别、稳定性	针对掌子面围岩类别进行分析，明确是否与设计内容相互吻合，在了解稳定性特点的情况下，开展修改设计工作，提出建议与意见
有害气体	进行隧洞的预报处理，明确是否存在有害气体，了解含量与动态变化

二、超前地质预报的实施程序

超前地质预报综合预报法实施程序如图7-3所示。

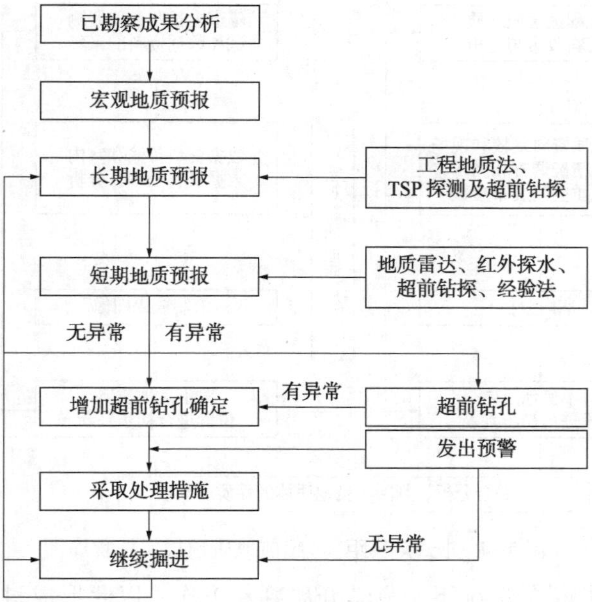

图 7-3　综合预报法的实施程序图

三、宏观超前地质预报的实施程序

在开展施工准备工作中，应结合隧道工程的施工特点，使用超前地质勘查的方式，获取基本资料数据信息，在工程地质法的支持下，明确隧洞地层界线数据信息，了解围岩的具体类别，并在涌水方面进行预测处理，明确是否出现特殊工程的问题。

（1）应针对区域之内的地质资料进行合理的收集与整理，在全面调查的情况下，明确是否出现了断裂发育的现象，总结规律，判断规模与方向，以此形成地质灾害的分析机制。

（2）在超前预报的过程中，应进行地质勘查资料的获取，合理预测工程与水文地质情况，合理开展研究工作。

（3）应结合其结果情况，进行岩性的分布分析，了解构造特点，明确涌水问题的特点，在了解围岩类别的情况下，进行桩号范围的分析，在提出预报处理建议的情况下，进行开挖调整处理。

四、长期（长距离）超前地质预报的实施程序

在使用多种类型技术方式进行勘察的过程中，应开展定性预报与定量预报工作，进行掌子面前 100m 范围之内不良土质的分析，如图 7-4 所示。

（1）对于长期类型的超前地质预报而言，主要可以划分成为宏观不良地质、隧道长距离探测工作，在这两种勘察技术的支持下，可促进综合预报的合理实施与发展，形成良好的工作模式。在工程中，应科学地使用地质分析方式，明确不良地质特点，合理地进行预报，然后使用 TRT6000 技术开展研究工作，在隧道之内的 120m 距离之内进行长距离处理，采取合理措施提升工作效果。

（2）在对掌子面前方相关岩石界线与断层进行预报分析的时候，需明确是否出现不良

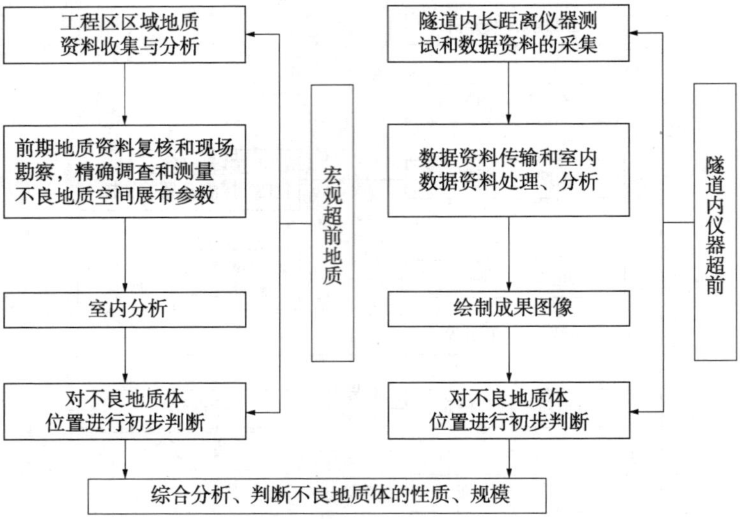

图 7-4　长期(长距离)超前地质预报实施程序图

地质，在明确位置及规模的情况下，科学开展判断工作，以此形成科学化与合理化的工作模式，确保全面判断不良岩石的等级特点。

(3) 对于一次预报而言，需将长度控制在 120m 左右，每次预报的长度都符合要求，重复段为 20m 左右。

五、短期(短距离)预报的实施程序

对于短距离的预报工作而言，需结合具体的地质预报特点与要求，将长期超前预报作为基础内容，针对掌子面前面 50m 左右的区域地质条件进行合理的分析，明确围岩的具体类型。如图 7-5 所示，在工作中需要合理使用先进的仪器设备。

(1) 主要是通过将工程地质法、经验法等相互结合在一起，在雷达技术的支持下，明确地质标志，了解不良地质情况，在分析暴露位置的情况下，科学开展预测判断活动，预测不良地质的实际规模与相关位置。

(2) 对于短期预报而言，可以将其划分成为两种类型，其一，就是岩体具有一定的完整性特点，将预报距离控制在 50m 左右，可以提升信息的反映效果。其二就是呈现裂隙发育特点，岩体较为破碎，不能更好地反映数据信息，将预报距离控制在 25m 左右。

(3) 对于此类预报方式而言，主要成果就是针对地质岩性特点、地下水情况等进行合理的分析，在短期与长期预报方式相互结合的情况下，进行精确的预报处理，以此形成不良地质的分析模式，确保在合理预报的情况下，进行严格分析。

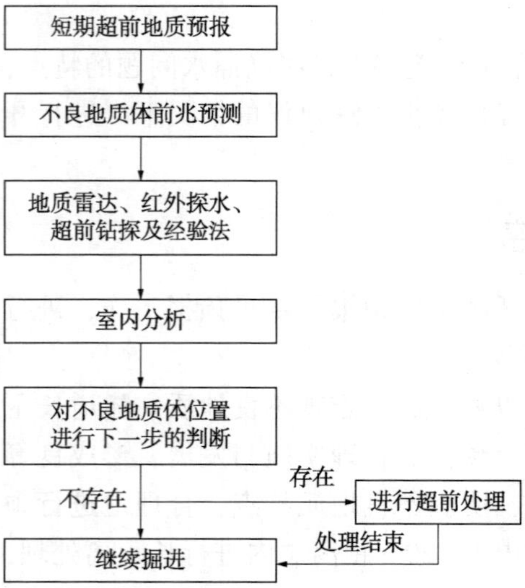

图 7-5　短期(短距离)预报的实施程序

第八章 地铁环境与灾害控制

第一节　地铁通风与空调

一、地铁通风空调系统要求

地铁地下线路是一个相对狭窄和较长的地下建筑。除了每个车站和通风通道都与大气相连外，可以认为地铁一般与空气隔离。由于列车运行、设备使用和乘客会释放大量热量，地铁环境具有以下特点：列车运行过程中产生活塞效应，容易干扰车站的气流组织。如果不能科学使用，将对车站负荷产生一定程度的不利影响；列车运行过程中产生的大量热量被带入车站；地层具有蓄热作用。随着运营时间的增加，地铁系统内部温度将逐年升高；当发生火灾事故时，将导致环境恶化和难以救援。

二、空调室内外计算参数

1. 室外计算参数

一般地面建筑的室外计算参数对空调系统的设计有重要影响。因此，在确定室外计算参数时，既不能选择多年未遇到的极值，也不能任意降低空调系统对服务对象的保证率。《工业建筑供暖通风与空气调节设计规范》(GB 50019—2015)规定，夏季工作地点的温度，对于夏热冬冷或夏热冬暖地区可提高 2℃，对于累年最热月平均温度小于 25℃的地区可降低 2℃。工业建筑应保证每人不小于 30m^3/h 的新风量。

2. 室内计算参数

地铁车站空调系统属于舒适性空调系统。一般情况下，乘客只需在车站大厅层和站台层停留 3~5min 左右，下车离开车站约 3min。在地面上，大多数人 80%以上的时间都花在特定的建筑环境中。因此，地铁车站空调设计标准与地面建筑舒适性空调设计标准不同。在确定地铁站环境设计标准时，考虑到乘客在地铁站只经过或停留很短时间，为了节约能源，地铁站仅为乘客提供过渡性的热舒适环境。因此，应合理确定各环节的温差范围。温差大会使人体调节功能无法快速适应，产生不适感，增加空调负荷；而温差太小，无法为乘客提供舒适的乘坐环境，失去环境控制的原有意义。

三、空调冷负荷的构成与计算

1. 空调冷负荷的构成

普通地面建筑的空调冷负荷主要包括围护结构传热形成的冷负荷、人体散热和湿度形成的冷负荷，照明散热形成的冷负荷，设备散热形成的冷负荷。地铁环境的空调负荷不同于普通地面建筑。地铁列车消耗的能量最终以热量的形式分布在地铁环境中，成为影响地铁环境的动荷载。此外，地铁位于地下，不受太阳辐射的影响。在计算冷负荷时，除了考虑室外新风的影响外，在计算地铁车站本身的空调冷负荷时，基本可以忽略室外环境的影响。地铁车站空调冷负荷主要考虑以下部分：列车运行散热负荷、列车空气负荷、乘客负荷、进站室外空气负荷、车站照明负荷、空调及其他设备负荷。

2. 空调冷负荷计算

（1）空调冷负荷估算指标。在实际工程设计中，有时需要对建筑空调冷负荷进行预估，以估算设备容量和系统成本。地面建筑空调冷负荷估算指标因建筑类型而异。一般建筑空调冷负荷估算指标为100~200W/m^2；对于大型建筑，如体育馆、电影院和室内游泳馆，其功率为250~350W/m^2。对于地铁系统，没有统一的空调冷负荷估算指标。地铁的热环境受到列车运行的影响。列车进站时引入的活塞风对站台空调环境影响较大，需要进一步研究找出不同地区地铁空调冷负荷估算指标。

（2）空调冷负荷计算方法。目前，在我国暖通空调工程中，地面建筑往往采用冷负荷系数法来计算空调冷负荷。冷负荷系数法是基于传递函数法的一种简化计算方法，便于工程中的人工计算。目前设计中，空调冷负荷估算指标大多用于估算或采用暖通空调设计软件进行计算。

四、通风与空调系统

地铁环境控制系统分为隧道通风系统和车站通风与空调系统。隧道通风系统分为区间隧道通风系统和车站隧道通风系统。车站通风与空调系统分为车站公共区域通风与空调系统、车站设备管理室通风与空调系统和车站空调水系统。

1. 隧道通风系统

列车在隧道内行驶时消耗的能量转化为热量并在隧道内分配。当行车密度很高时，隧道内的温度可能很高。列车辅助设备和隧道内设备的运行将提高隧道内的空气温度。为了保持隧道内的正常卫生条件，有必要对隧道进行通风，以降低隧道内的温度，并向隧道内输送新鲜空气，以满足隧道工作人员和乘客的生理需求。《地铁设计规范》(GB 50157—2013)规定隧道正常通风采用活塞通风。当活塞通风不能满足排出余热的要求或活塞风道布置困难时，应设置机械通风系统。隧道通风一般采用轨顶排风和轨底排风。列车产生的大部分热量分布在站台地板上。因此，设置轨顶排风和轨底排风可以有效地消除列车进站时带来的热量，从而降低车站空调的冷负荷。

2. 车站通风与空调系统

地铁通风与空调系统应以通风为主。当夏季最热月平均气温超过25℃，每小时列车数与地铁高峰小时每列车车辆数的乘积大于180时，车站采用空调系统。车站公共区域的通风空调系统应根据车站热源的组成特点，合理布置车站的供排风系统，有效消除余热和余湿，减少活塞风对站台的干扰，为乘客提供舒适的候车环境。车站环境控制系统分为开放系统、封闭系统和屏蔽门系统。开放式车站一般采用水平送排风，也可与区间隧道连接进行纵向通风；封闭式系统中，送风管道通常沿车站长度方向布置在站台两侧，出风口向下均匀送风，排气系统设置在站台和轨顶；在屏蔽门系统中，车站成为独立的空调场所。一般情况下，送风管沿车站长度方向布置在站台和站厅上方两侧，出风口向下均匀送风，回风管设置在车站中上部，也可采用车站两端集中回风的形式。站内各房间应根据使用要求设置通风系统，必要时可设置空调系统。此外，地下车站通风空调系统的运行还需要在地铁沿线设置风亭和风井，以提供足够的新鲜空气，并将空调的回风排至室外。

3. 排烟系统

(1) 站厅、站台排烟系统。通常用于正常通风和排气系统。系统应满足火灾时正常通风和排烟的要求。

(2) 区间隧道排烟系统应采用一供一排纵向推拉系统。排烟设施应考虑采用通常的隧道通风。一般在车站两端设置机房。一台风机接入一个隧道，两台风机互为备用，也可并联运行。本机为可逆轴流风机，正向旋转排烟，反向旋转风量、风压应满足排烟要求。

(3) 设备管理室的排烟设计根据管理室的要求设置，按照相同的使用要求分为一个系统，最好与常用的排烟系统一起使用。

第二节　地铁防水

根据不同的环境条件、交通条件和地质条件，地铁车站的施工方法分别采用明挖和盖挖；区间隧道的施工方法主要采用暗挖法，少数区间隧道采用明挖法和盾构法。

一、材料控制

为了确保防水工程的质量，商品混凝土和防水材料的入口必须关闭。主要措施如下：

(1) 通过公开评审，选择商品混凝土和防水材料供应商。通过对申请人资质、性能、经验等因素的综合评价，为商品混凝土和每种防水材料选择多家供应商，以承担商品混凝土和防水材料的供应，并从源头上控制质量。防水材料应用于工程前，必须按照建筑材料抽样检验规定的要求进行“见证送检”，检验合格后方可使用。

(2) 定期或不定期抽查合格的材料供应商。以商品混凝土为例，主要检验内容如下：①要求供应商对搅拌站进行技术改造。②鼓励供应商开发搅拌站网络管理系统，对搅拌站的原材料、配合比、生产、质量、调度全过程进行计算机化和动态管理，提高及时调配和运输的能力。③在原材料和生产质量保证方面，要求选择合格的商品混凝土供应商，相对稳定地供应，严格地管理，确保材料和生产的质量稳定。在保证材料质量方面，为控制砂砾石的氯离子含量，搅拌站需配备 ag-100 氯离子快速测试仪；对于进场的原材料，应进行搅拌站各部门的联合检查。未经搅拌站试验人员签字，不得卸料；同时，搅拌站中心实验室应定期进行抽样检查，确保原材料质量处于受控状态。为保证生产质量，要求搅拌站每半月或每月对搅拌站计量系统进行一次检查。④定期检查搅拌站的质量体系和质量保证数据。为控制防水工程质量，结合地铁工程特殊环境下的防腐抗裂要求，开展混凝土自防水、防裂、防腐、超缓凝等一系列技术研究，及时转化应用研究成果。

(3) 提高混凝土配合比，控制商品混凝土的出厂温度和浇筑成型温度，以减少与腐蚀性介质发生化学反应的主要成分的含量。有防腐要求的泵送 C30 混凝土普通硅酸盐水泥用量降低至不超过 280kg/m^3；增加粉煤灰掺量，保证胶凝材料总量不小于 400kg/m^3，提高地下水的抗腐蚀能力，满足不小于 0.8 的抗腐蚀系数；水胶比一般控制在 0.42 以下，最大不超过 0.45；不同的气候条件应采用不同的配合比，以适应气候的影响。配合比改进后的混凝土密实度更高，抗裂性、抗渗性、氯离子扩散系数等性能指标均优于原混凝土。

(4) 地铁工程防水材料质量控制要求。①防水材料应具有优异的耐久性、耐腐蚀性、抗渗性、抗裂性和相容性，适应结构变形和截面变化的要求。②防水材料应具有足够的强度、抗折强度和伸长率。③材料之间的黏结牢固、耐久、不透水；可在潮湿的基面上施工，材料与基面黏结紧密，黏结牢固，无空鼓、无泡沫、无漏水。④施工工艺简单，操作方便，对环境无污染，防火性能好，无毒无异味，确保施工人员的安全。

二、设计控制

地铁工程防水贯彻“综合治理”的指导思想，从混凝土配制与工艺、附加防水层材料选择与工艺、施工缝处理、防水设计、防水施工环节等方面进行有效的综合控制。设计是防水工程质量控制和管理的基本环节之一。防水设计原则和标准如下：

1. 防水设计原则

(1) 基于“高标准、多设防、多保险”的原则，遵循“预防为主、刚柔结合、多防线、因地制宜、综合治理”的原则，根据环境条件和结构形式选择可靠、方便的防水方案。

(2) 地下结构以混凝土结构的自防水为主，保证混凝土结构的抗渗、抗裂和耐久性，然后在主体结构或复合衬砌的上游表面之间添加柔性防水层。

(3) 对地下水位高的含水层，加强变形缝、施工缝、穿墙管(箱)、预埋件、预留槽缝和预留孔洞等细部结构的防水措施。地下水对混凝土和钢筋具有弱腐蚀性，首选柔性防水层的全方位防水方案。

(4) 防水材料的选择应适应环境和地下水条件，并应遵循施工方便、可靠、耐用、经济、安全、环保的原则。

(5) 地下构筑物的排水措施应以消除混凝土结构内部渗漏为原则。

2. 防水设计标准

(1) 地下车站、机电设备集中区和人行通道的防水等级为一级，不允许渗水，地下车站结构防水采用钢筋混凝土结构自防水，抗渗等级为≥S8，并按要求铺设附加防水层或其他防水措施。对于有腐蚀性介质地下水的地段，防水混凝土的侵蚀系数不应小于 0.8。

(2) 隧道及附属结构的总防水面积不应大于 1000m^2，隧道的总防水面积不应大于 1000m^2；任何 100m^{2}防水区域的湿斑不超过 4 处，单个湿斑的最大面积不超过 0.2m^2。

(3) 明挖法和采矿法段的隧道结构采用防水混凝土，具有抗渗等级≥S8。位于地下水腐蚀性介质地段，防水混凝土的乳侵蚀系数不小于 0.8。

(4) 预制衬砌节段(盾构节段)采用抗渗等级的防水钢筋混凝土≥S10。

3. 防水设计

(1) 车站防水设计应首先加强结构的自防水。主体结构和人行通道的钢筋混凝土必须满足防水、抗渗要求，其抗渗等级不得低于S8。在现浇混凝土结构的设计和施工中，应采取有效的防渗抗裂措施，确保混凝土具有良好的密实性和耐久性。裂缝控制要求：结构上游面裂缝宽度不大于0.2mm，背面裂缝宽度不大于0.3mm，无贯通缝。防腐要求：防腐系数不小于0.8。

(2) 区间防水设计。明开挖法和采矿法区间隧道防水主要技术要求。明开挖和露天边坡施工的区间隧道应采用防水钢筋混凝土并包裹柔性防水层，形成双层防水防线。对于由排桩或连续墙支撑的明挖段，围护结构应作为重要的防水防线。表面不得有露水，允许有少量湿渍。采矿法施工段隧道初期支护应在喷射混凝土后进行充填灌浆。结构表面不得有露水，允许有少量湿渍。采用采矿法建造的区间隧道应采用复合衬砌，并在初期支护和二次衬砌之间铺设额外的防水层。根据施工缝的划分，采用附加防水层和环向止水带形成分区防水，并在二次衬砌中预埋注浆管，以填补二次衬砌与初期支护之间的空隙。设计中应综合考虑地面降水或灌浆止水，实现无水施工。施工缝设置：环向施工缝间距一般为12m左右，纵向施工缝可按施工组考虑。施工缝应选用防水材料。一般应使用止水带。要求防水、可靠、耐用、施工方便、有一定弹性，与混凝土接触牢固、无裂缝。

(3) 设置变形缝。区间隧道与车站交界处设置变形缝。变形缝所用材料必须保证沉降引起的变形，具有足够的强度和可靠的防水、密封、弹性和耐久功能，并与接缝两侧的混凝土表面有牢固的黏结力。变形缝宽度不仅要满足变形要求，还要满足施工工艺要求。变形缝宽度一般为20~30mm。

(4) 盾构隧道防水的主要技术要求。管段外部防水。盾构管片采用防水钢筋混凝土制作，管片外敷防水涂料。除节段混凝土的抗渗试验外，还必须对单件生产的节段进行抗渗试验。要求管片表面在0.8MPa水压和恒压下保持2h，水迹穿透不得超过管片厚度的15。在地下水对管片混凝土有腐蚀性介质的地段，管片上游表面应进行防腐涂层处理，以提高管片的防腐性和耐久性。

(5) 防水衬里接缝。为了加强接头的防水效果，在节段接头处设置了弹性密封垫和嵌缝两种防水措施。弹性密封垫是接缝防水材料的第一道防线，应满足在设计压力和接缝最大开度错位下无泄漏的要求。嵌缝是接缝防水的辅助防线。嵌缝材料应具有收缩小、耐久性好、长期抗渗性和气密性，并能适应各种原因引起的结构变形。灌浆孔和螺栓孔均应配备密封垫圈，密封圈应具有耐油、耐水、耐老化等性能。区间隧道与边槽接口的防水措施应重点加强接缝处的密封措施(补充灌浆、密封剂等)。加强圆形隧道与端井的接缝防水，包括施工阶段的临时接缝和竣工后的永久接缝。加强管片墙后注浆，有效防止地面沉降，防止衬砌成环渗漏。

4. 防水工程质量的施工控制

(1) 管理措施。制定《防水工程施工质量管理办法》，对地铁防水工程的质量控制有规定可循。鉴于防水施工的专业性和技术性较强，要求承包商选择一支具有防水专业施工资质证书的施工队伍负责施工，并对分包商进行严格管理。承包商必须对防水工程的质量、安全和进度负责。对于防水专业施工队伍，基本要求如下：①防水施工队伍的资质和选择必须按照项目管理程序报监理人批准；②防水施工队伍资质不低于三级，“三证”(企业资质等级证书、营业执照、施工安全许可证)齐全，应在建设主管部门登记或单独登记；③防水专业队伍应有足够的合格防水技术人员和操作人员，防水施工人员必须持证上岗；④具有相同防水材料和类似工艺的地铁工程或类似工程的施工经验，且至少有一个地铁工程或至少两个类似防水工程。

(2) 防水工程的施工方案，包括变形缝、施工缝、穿墙管、预埋件等，应包括以下几个方面的内容：①确保防水工程质量的技术和组织措施；②针对防水工程常见质量问题制定的施工技术措施；③为确保防水工程质量而制定的质量标准和预控措施，防水工程施工作业指导书，包括施工工艺流程图；④防水材料的取样和试验方法及工作程序；⑤成品保护措施和方法等。

(3) 防水层必须在基础垫层、维护结构或初期支护验收合格后才能施工。在防水施工过程中，承包商必须加强组织、管理、协调与配合，为防水施工创造必要的条件，完善过程管理控制点，在管理控制点开展合格的管理活动。专业防水施工队伍必须做好技术交底，严格工艺管理，加强特殊部位的施工控制，认真执行自检、互检、交接检、工序检验等制度，确保防水工程质量通过一次验收。

(4) 驻地监理工程师应充分发挥监督、检查和协调的作用，对防水工程施工的关键工序和特殊部位进行现场监督，并对防水基层进行监督，对防水层的施工前过程和成品保护进行逐项检查，并做好隐蔽工程的验收记录、中间检查记录和共用检查记录。质检处处长必须在检验记录上签字。未经隐蔽检查验收，前道工序不得进入下道工序。防水工程施工过程中，防水材料供应商负责技术培训，防水施工人员的现场跟踪和技术指导。

(5) 设计人员应结合相关施工现场，了解现场防水施工的实际操作情况，并在防水施工完成后对现场进行回访，进一步完善防水工程设计。

5. 工程措施

为防止混凝土结构开裂，保证结构防水性能，地铁工程采取以下工程措施：

(1) 在防水混凝土中掺入适量粉煤灰和具有补偿收缩功能的外加剂，减少水泥加水量，降低水泥水化热，控制水胶比和坍落度；选择合理的砂率和细度模数。砂率一般控制在40%，细度模数为2.8~3.0；积极采用粉煤灰延缓和降低热值，延缓水泥水化热释放时间，以减少温度裂缝的趋势，提高混凝土的和易性；水胶比控制在0.4~0.45之间，并加入适量的减水剂和膨胀剂；加强混凝土养护。

(2) 采取有效措施降低混凝土成型温度。

(3) 施工时，结构纵向钢筋的设置应精细和密实。

(4) 不得用水作业，严禁在浇筑混凝土时加水。

(5) 严格按规范施工，做好混凝土的浇筑、夯实和养护工作。养护时间不少于14d，并采取防晒、堵水措施。模板应平整，最好是钢模板，接缝应严密，不得漏浆。施工时，减少单宽混凝土的浇筑长度，避免大收缩；侧墙宜采用跳宽混凝土浇筑，使单侧墙结构的大部分混凝土早期收缩尽可能完成，以减少宽度之间的裂缝；浇筑过程中必须均匀分布，边墙混凝土在浇筑过程中同步上升，振捣密实，提高混凝土均匀性，减少收缩。加强保护措施，确保混凝土凝固后的湿养护；采取有效的保温措施和测温手段，控制混凝土内外温差，保证侧墙混凝土墙有一个缓慢的冷却过程。

(6) 结构防腐及腐蚀性措施地下水对混凝土具有弱酸性腐蚀、弱分解腐蚀和弱溶解度腐蚀，对钢结构具有弱腐蚀性。建议采取以下结构防腐和腐蚀措施：

① 防水混凝土的耐腐蚀系数不应小于 0.8。

② 结构采用弱防水层包裹：防水层具有良好的延伸性能、适应变形的能力，以及良好的抗老化、耐腐蚀和黏结性能。防水层可以防止地下水直接侵蚀主体结构的混凝土，防止混凝土约束开裂。

③ 增加钢筋保护层的厚度。

④ 加强施工管理，遵守施工操作规程。

6. 围护结构的防水控制

(1) 当围护结构漏水时，进行灌浆封堵和防水。灌浆材料一般为水泥浆、超早强自流平浆、水泥水玻璃浆等。

(2) 应清除桩表面和桩接头上的土壤。除灌浆和防水外，还应使用堵漏材料堵住桩缝渗水。

(3) 桩缝应用喷射混凝土或砂浆抹面，使围护结构大致光滑，并为铺设防水层创造条件。

(4) 如有必要，应采取排水措施。

(5) 围护结构防水标准：无渗漏、渗漏，个别部位不允许有湿渍，基面一般应光滑。

7. 结构外柔性防水层施工质量控制

(1) 基面防水层要求：围护结构应光滑、无渗漏，并增设防水层。

(2) 防水层施工。①可采用冷作业、焊接法和湿基面施工，采用密贴法代替空铺法，以防漏水。②成膜保护：保护完成的防水层。严禁绑扎钢筋、浇筑混凝土破坏环形防水层。

8. 变形缝、施工缝、墙管等部位的防水处理

变形缝是防水的薄弱环节。因此，车站主体不设置变形缝，仅在区间、出入口通道、风道与车站主体结构的连接处设置变形缝。变形缝设置在距离车站侧墙外支护结构外缘 1m 的区间隧道或通道内。变形缝的设计宽度为 20～30mm，所用材料必须防水、可靠、耐用，以满足变形缝的伸缩要求。接缝应使用橡胶砂浆和聚氨酯密封，因此橡胶砂浆和聚氨酯不得泄漏和变形。为防止少量残余漏水，在侧墙和顶部设置辅助排水设施，将漏水引入结构排水沟。

9. 施工缝

施工缝分为纵向施工缝和周向施工缝。车站主体结构顶板、底板不设纵向施工缝，横向施工缝间距一般不大于 16m，设置在受力较小的位置；车站侧墙水平施工缝按施工组织设置。上下施工缝一般设置在顶板底部以下，底板以上 500mm 左右。侧墙垂直施工缝间距一般不大于 12m。施工缝之间各结构段的混凝土应间隔浇筑。当墙体有预留孔洞时，施工缝与孔洞边缘的距离不得小于 300mm。要求商品混凝土供应商和施工承包商共同“集混凝土制备、生产、施工、养护管理于一体”。施工前，商品混凝土供应商与施工单位提前签订《严格控制混凝土裂缝，创造优质工程协议》，并采取“混凝土制备、生产、施工、养护一

体化管理路径”。供应商通过对现场施工的跟踪，对施工下料中可能导致混凝土抗裂性能恶化的问题进行各种模拟试验，并免费提供这些科学数据，有助于优化现场施工组织设计，改进混凝土浇筑和下料方法，这对提高现场施工和维护环节的质量将起到很好的作用。

10. 防水工程施工质量检查验收措施

（1）防水层基层必须牢固、平整、干净、无砂土、无皮，不得有突出钢筋、钢管头等尖锐物体。柔性防水卷材、薄膜防水层和预埋密封材料的基层必须干燥，聚合物水泥砂浆、刚性薄膜防水剂、刚性表面渗透防水剂等防水层的基层表面必须湿润，但不得有露水。

（2）柔性卷材和黏结材料必须符合设计要求和规定，基层处理剂涂刷均匀，不得漏涂。铺筑方法、搭接、收尾应符合规定，黏结牢固、严密，接缝密封严密，不得有破损、空鼓、起皱、翘边等缺陷。

（3）塑料防水板铺设应无钉孔。固定缓冲层的垫片应采用与塑料防水板材质相同的热塑性材料制成，黏结牢固，不得烧穿塑料防水板。焊缝应光滑、无波纹、色泽均匀透明、无焊焦、无烧焦、无夹层。当双焊缝之间的充气压力达到时，内部压力不得下降。

（4）涂层防水层的外观质量应平整均匀，无剥落、鼓包、裂纹和气泡，每 $100m^2$ 切割 20mm×20mm 试样的平均厚度应符合设计厚度，最小厚度不应小于设计厚度的 85%。

（5）嵌缝用密封材料的质量必须符合设计要求。密封材料的填缝必须严密、连续、无气泡、无滞留、黏结牢固、无裂缝，厚度必须符合设计要求。嵌缝后的保护层应黏结牢固，覆盖严密，盖缝两侧不小于 20mm。

（6）防水工程完工后，承包商应首先进行自检，在施工过程中整理相关资料，确认无误后，与业主、设计、监理、质监部门按标准进行验收。并填写交工验收报告。

11. 防水工程防护维护措施

（1）在防水工程施工过程中，当下道工序或相邻工程同时施工时，除对已完工部分进行保护外，防水施工人员应值班，及时检查和修复损坏。涂层防水层未干透前，不得在防水层上堆放物品或进行其他施工作业，以防止下道工序破坏防水层造成渗漏。如果未采取保护措施或发现损坏而未及时修复，监理工程师应停止下道工序或相邻工程的施工。

（2）严禁在已完成的防水工程中钻孔。如需钻孔，必须采取可靠的补救措施，经设计、监理确定后实施。

（3）防水工程的质量保证期为五年，自取得工程使用许可证之日起计算。质保期内发生泄漏，由承包人负责维修，费用由责任方承担。

第三节　地铁给排水

一、设计依据

（1）《地铁设计规范》（GB 50157—2013）

（2）《地铁设计防火标准》（GB 51298—2018）及规范组回函

（3）《城市轨道交通技术规范》（GB 50490—2009）

（4）《消防给水及消火栓系统技术规范》（GB 50974—2014）及规范组回函

（5）《建筑给水排水设计标准》（GB 50015—2019）

（6）《建筑设计防火规范》（GB 50016—2018）

（7）《生活饮用水卫生标准》（GB 5749—2006）

（8）《室外给水设计标准》（GB 50013—2018）

（9）《室外排水设计标准》（GB 50014—2021）

（10）《自动喷水灭火系统设计规范》（GB 50084—2017）

（11）《气体灭火系统设计规范》（GB 50370—2005）

（12）《建筑灭火器配置设计规范》（GB 50140—2005）

（13）《污水排入城镇下水道水质标准》（GB/T 31962—2015）

（14）《污水综合排放标准》（GB 8978—1996）

（15）《人民防空工程设计防火规范》（GB 50098—2009）

（16）《人民防空工程设计规范》（GB 50225—2005）

（17）《建筑给水排水及采暖工程施工质量验收规范》（GB 50242—2002）

二、设计原则

（1）给水设计必须贯彻节约用水、综合利用的设计原则。

（2）给水系统应安全可靠，必须满足设计范围内地铁各站、点的生产、生活和消防对水压、水量、水质和水温的要求。车站的各项生产、生活和消防用水均以市政自来水作为水源。部分车站或车辆段周围暂无市政给水水源，若无市政水源，应允许采用其他可靠的消防给水水源。

（3）各站点采用生产、生活给水与消防给水分开的系统，分别形成独立的供水系统。

（4）生产、生活给水管网在车站内布置成枝状管网。消防给水管道在地下车站及地下区间内形成环网。

（5）全线防火设计按同一时间发生一次火灾考虑。火灾延续时间消防栓系统为 2h，自动喷水灭火系统为 1h。

（6）高架车站消防设计按现行《建筑设计防火规范》（GB 50016—2018）和《消防给水及消火栓系统技术规范》（GB 50974—2014）的要求执行。

（7）高架站消防水源引自市政给水管网，设置消防水池和消防泵房提供消防用水。

（8）高架车站不设置消防水箱，采用稳压泵和气压罐联合稳压方式。

（9）地下车站每个消防供水分区至少引入两路不小于 *DN*200 的城市自来水。对于市政给水管网不能满足两路供水要求的消防供水分区应有消防水池等可靠的给水水源。

（10）对城市自来水的供水量能满足消防要求但供水压力不能满足消防压力的地下车站，设置消防增压泵和消防稳压装置。当设计车站满足 2 路市政供水条件时，消防泵直接从城市自来水管网吸水，不设消防水池；设计车站仅有 1 路市政供水条件或无市政水源条件时，应按现行相关规范和标准设置消防水池。

（11）地铁开发的地下商场（面积大于 $500m^2$）根据《建筑设计防火规范》（GB 50016—2018）的要求设置自动喷水灭火系统；或地下停车库（大于 10 辆车）应按照《汽车库、修车库、停车场设计防火规范》(GB 50067—2014)的要求设置自动喷水灭火系统。

(12) 根据现行地铁设计规范要求，设置在地下的通信及信号机房、变电所、综合监控设备室等重要电气设备房间设置自动灭火系统。

(13) 在设置完善的水消防系统和自动灭火系统的同时，按照现行国家标准《建筑灭火器配置设计规范》(GB 50140—2005)配置灭火器。

(14) 排水采用分流制。排水系统对结构渗漏水、消防废水、冲洗废水、生活及粪便污水、露天出入口雨水、隧道洞口雨水、事故水、凝结水等分类集中，就近排至城市污水系统或雨水排水系统。

(15) 车站附近有城市污水排水系统时，车站排出的生活污水经化粪池后，接入城市污水排水系统。当附近无城市污水排水系统时，车站排出的生活污水必须经过处理，达到国家及地方排放标准后才能排放。

(16) 为满足人防要求，所有管道穿越人防结构时，应做满足人防要求的套管，在人防结构内侧应设置工作压力不小于 1.0MPa 的防护阀门。

(17) 车站及区间的给排水管与市政给排水管接口位置、管径、检查井、化粪池及污水处理装置位置等，均应和地方有关部门达成协议。

(18) 地铁给排水及消防系统尽量利用现有的市政设施，当个别车站、区间市政设施不能满足要求时，也应结合城市规划予以解决。在有条件且同时满足运营要求时，除通道换乘的车站外，其他换乘车站的生产、生活及消防给水系统按一套系统进行设计，以实现资源共享、方便管理、节约能源，减少接管费用。

(19) 给排水设备的选型，应采用技术先进、安全可靠、经济合理，并经过运营检验的产品，规格尽量统一，以便于安装和维修。除自动灭火系统待招标确定外，其余采用国产设备。

(20) 全线各站点的设计原则、技术标准、系统构成、主要设备类型和主要工程措施做到协调统一。

(21) 设计中不仅考虑工程建设投资，还需要与工程总寿命期间所有费用进行综合比较，在充分考虑节约工程建设投资的情况下，采取突出节能、节水等减少长期运营成本，建立节约型社会的措施。

三、系统构成及功能

(1) 给排水及消防系统由各地上车站、地下车站、地下区间等工点的给排水、水消防、自动灭火设施及灭火器等系统组成。其主要功能是为以上各工点提供满足国家的规定标准和地铁营运所需要的生产、生活和消防用水；排水通畅且水质达到国家或地方环保部门的规定；自动灭火系统为满足地铁车站内重要电气设备机房的消防要求，最终确保地铁线运营安全可靠。

(2) 生产生活给水系统：各地下车站、地上车站、地下区间等水源一般采用城市自来水，从附近市政管网上接入，接管水压根据自来水公司提供的压力确定。

(3) 用水量标准：车站工作人员的生活用水为 50L/(人·班)，时变化系数 2.5。乘客用水量按照卫生器具的小时用水量计算，其中蹲便器的小时用水量为 80L/h，坐便器的小时用水量为30L/h，小便器的小时用水量为60L/h，洗手盆的小时用水量为50L/h，拖布池的小时用水量为100L/h。

（4）车站冲洗地面用水每次按2L/(m^2·次)，每天冲洗1次，每次冲洗1h。未预见水量按最高日用水量的15%计。

（5）系统布置及给水方式。从既有市政给水管网条件分析，无水源车站水源由周边单水源车站或双水源车站从区间引入。生产、生活给水管从室外引入一根给水管，单独设置水表后进入车站，在站内呈枝状布置。各用水点直接由管网中接出。生活用水布置根据现行国家标准《建筑给水排水设计标准》(GB 50015—2019)的规定确定。生产用水布置：污、废水泵房设冲洗用水；通风机房冲洗用水。给水方式采用直接供水方式；除通道换乘的车站外，其他换乘车站的生产、生活给水系统按一套系统进行设计，近期车站为远期车站预留给水接口条件。通道换成的车站生产、生活给水系统按照车站所在线路独立设置生产生活给水系统。对换乘车站的不同线路的用水、公共厕所等大用水点，因用水量较大可设表计量外，其他用水点用水量少，可不设置计量设施。为节约用水，采用非接触式节水型卫生器具。生活饮用水水质应符合国家现行《生活饮用水卫生标准》(GB 5749—2006)的规定，从而保证轨道交通的正常运营。地下车站的生产、生活给水系统一般可直接利用市政给水管网压力供给。区间均不考虑生产、生活给水。

（6）消防给水系统。①用水标准。地下车站室内消火栓用水量为20L/s，火灾延续时间为2h。②地下车站出入口通道和地下区间隧道消火栓用水量为10L/s，火灾延续时间为2h。③地下车站，对于车站外有市政给水管网的地下车站，按照《消防给水及消火栓系统技术规范》(GB 50974—2014)的规范组回函条文要求，一路水源地下车站室外消防水量按20L/s设计，二路水源地下车站室外消防水量按30L/s设计，火灾延续时间为2h。④高架车站消防用水量应符合《建筑设计防火规范》(GB 50016—2014)和《自动喷水灭火系统设计规范》(GB 50084—2017)的规定。⑤消火栓栓口动压不应小于0.25MPa，且消防水枪充实水柱不小于10m。

（7）系统布置及给水方式。①地下车站及地下区间。当设计车站满足2路市政供水条件时，消防泵直接从城市自来水管网吸水，不设消防水池；每个车站从市政自来水管网引两根*DN*200消防供水管，供水管上设倒流防止器。设计车站仅有1路市政供水条件或无市政水源条件时，应按现行相关规范和标准设置消防水池，无水源车站要从相邻有水源车站进行引水，区间敷设*DN*150引水管道。②地下车站消防泵的服务范围为本车站至站后一个区间(大里程方向)。每个供水分区的消防泵房设两台消防泵，一用一备。当工作泵发生故障时，备用泵应自动投入运行。消防泵定期进行自动低频巡检。系统设稳压设备，平时由稳压设备稳压，并实现火灾状态下消防主泵的降压启动。③消防系统在每个供水分区内形成相对独立的环状管网，车站和区间之间利用从车站端部的消防立管进入区间。地下区间隧道行车线的右侧沿墙设置一根*DN*150消防给水管，并在下一站的风道内相连形成环状管网，构成车站和区间完整的消防体系。④车站消火栓间距应按相关规范及计算校核确定，单口单阀消火栓一般不大于30m，双口双阀消火栓一般不大于50m。⑤车站及出入口通道内尽量按单口单阀消火栓进行设置，站台层公共区因受建筑布局等因素影响，可考虑设置双口双阀消火栓。⑥车站内设置大型薄型消火栓箱，上部设DN65的单口单阀或双口双阀消火栓及自救式软管卷盘，下部设3~4具MF/ABC灭火器。消火栓箱内均应设水泵启动报警按钮。室内消火栓的布置应保证每一个防火分区同层有两支水枪的充实水柱同时到达任何部位。⑦在车站室外风亭或出入口附近便于消防车使用的合适位置设地下式水泵接合器井，并考虑防冻措施，在水泵接合器井15~40m范围内应有地下式室外消火栓或消防水池取水口。当在上述范围内有可利用的市政消火栓时应计入配套消火栓的数量内。设置在风亭附近的水泵接合器或室外消火栓，其位置应考虑到火灾时的使用不受车站排烟影响。⑧车站及地下区间设有的消火栓给水系统一般为环网布置，当消火栓口的出水压力大于0.5MPa时，应采取防超压措施。⑨地下区间隧道每线设一根*DN*150消防给水管，沿线路走向设置*DN*65消火栓栓口，设置间距不大于50m，每隔5个消火栓设置检修闸阀，在车站两端与区间连通管处设检修阀门，阀门设置在站厅层或设备层，便于工作人员使用。每段区间低点设置泄水阀、高点设置自动放气阀。区间内不设置消火栓箱和水龙带，水龙带设置在相邻车站端部的“区间专用水龙带箱”内。⑩地下站站厅层非付费区的乘客疏散区外设置的商铺布置喷头，由车站内消火栓环网接出小于或等于*DN*65的供水管，设置水流指示器和信号阀，水流指示器联动车站消防泵，信号阀监视管道水流是否运行。

（8）地上车站(高架站)。①各车站分别从车站附近的城市自来水环状管网上引入1~2根*DN*200给水管。当车站周边只有一路市政水源时，消火栓系统采用消防水泵+消防水池的供水方案，消防水池储存2h室内和室外消防全部水量。其中室内、室外消火栓系统独立设置泵组和管网，由室内、室外消防水泵分别加压供给，并在消防水池设置消防取水口，消防取水口与车站最远端距离不大于150m。②当车站周边有两路市政水源时，室内消火栓系统采用消防水泵+消防水池的供水方案，消防水池储存2h室内消防流量。室外消火栓分别从两路市政给水管上引出，室外消火栓间距不大于120m，室外消火栓与车站最远端距离不大于150m，并充分利用车站附近的市政消火栓。车站消火栓系统采用稳压泵+气压罐(有效容积300L)联合供水的稳压方案，不设屋顶水箱。消火栓给水系统在车站水平或竖向布置成环状消防管网，消火栓口的静水压力不超过1.0MPa；消火栓口处出水压力不应超过0.5MPa，否则应考虑减压措施。消防环状给水管网采用阀门分成若干独立段，当某段损坏时，停止使用的消火栓在一层中不应超过5个。消火栓的布置应保证有两股水流同时到达室内任何部位，车站除站台公共区布置双口双阀消火栓(内设一只*DN*65消火栓，两盘25m衬胶水龙带，两把*DN*19多功能水枪和一套自救式消防卷盘)外，其他位置均布置单口单阀消火栓(内设一只*DN*65消火栓，一盘25m衬胶水龙带，一把*DN*19多功能水枪和一套自救式消防卷盘)。消火栓布置间距按计算确定，其中单口单阀消火栓间距不大于30m，双口双阀间距不大于50m。③在车站附近便于消防车使用的合适位置设置*DN*100消防水泵接合器2座，在水泵接合器井15~40m范围内应设有室外消火栓或取水口。

四、排水系统

（1）排水量标准。工作人员生活用水排水量按用水量的95%计算。冲洗及消防废水排水量和用水量相同。地下结构渗水量按1L/(m^2·d)计算。生产设备排水量按所选设备，生产工艺的情况确定。露天出入口、敞口风亭及洞口排雨水量按50年一遇暴雨强度计算。

（2）污水系统。主要排除车站卫生间的粪便污水及冲洗水、盥洗间、茶水间的生活污水，除周边无排水管网的站外，所有车站生活污水均通过管道收集经化粪池处理后排入市政污水管网。地下车站的污水经压力检查井消能和化粪池处理后，就近排入市政污水管网。如周边暂时无市政排水管网，近期在车站附近设置 $100m^3$ 化粪池一座，污水排至化粪池暂时储存，运营期间定期对化粪池进行清掏，待远期市政管网配套后，再将化粪池出水管接至市政排水管网。污水泵房尽量在卫生间附近设置，主要排除厕所污水和车站的生活污水。污水泵房内设置整体组装密闭式污水提升装置一套，该装置由干式污水提升泵和集水箱（含进出水管、通风管接口）、辅助泵、液位控制器以及接口所需弹性连接件、闸阀、止回阀、弯管等部分组成。车站内的各项生活污水通过管道集中到污水泵房的集水箱中，经生活污水提升泵提升后，沿风道排至地面泄压井。地下车站卫生间排水立管的透气管应尽量引至污水泵房内的独立排气系统内，污水提升装置的透气管应接至排风井处。

五、高架站的生活污水及生产废水均采用重力流系统

1. 废水系统

地下车站的各类废水经收集后由泵站提升，经室外压力检查井消能后排入附近的市政污水管网。

地下区间废水由排水泵提升排入室外消能井后，直接排入市政雨水管网。

地下废水泵房主要排除结构渗水及隧道冲洗和消防废水。设两台排水泵，根据液位启动，必要时可同时使用。每台排水泵的总排水能力，按消防时的排水量和结构渗漏水量之和的 1/2 确定。集水池的有效容积不小于最大一台排水泵 15~20min 的出水量。

在与线路等专业配合的情况下，车站主废水泵房应设置在车站下坡方向一端；区间废水泵房应设置在线路的最低点。其出水管应和施工竖井或区间风道相结合并由此出户。在无上述条件时，设置在区间的废水泵房的出水管延区间敷设至附近车站出户。

地下车站的出入口自动扶梯附近应设置局部排水泵站。内设两台排水泵，根据液位启动，必要时可同时使用。每台排水泵的排水能力，应大于最大小时排水量的 1/2。

为排除地下车站站台板下的积水，如有可能应将站台板下的积水排入车站废水泵房的集水池内。如不能满足要求，应设置临时集水坑。

地下车站所有污水、废水均通过排水泵提升后直接排入附近的市政污水、雨水管网。如周边暂时无市政排水管网，近期在车站附近设置 $100m^3$ 化粪池一座，污水排至化粪池暂时储存，运营期间定期对化粪池进行清掏，待远期市政管网配套后，再将化粪池出水管接至市政排水管网；近期在车站附近设置 $100m^3$ 蓄水池一座，雨水排至蓄水池暂时储存，待下雨 2h 后，吸抽排除。

设在地下的消防泵房等局部低洼处设置局部排水泵站用来排除各类废水。集水坑内设两台潜水排污泵，平时一用一备，并可自动切换运行，必要时同时使用。

在变电所地下电缆夹层、残疾人垂直电梯基坑附近设置临时排水集水坑，基坑内积水通过手提式潜水泵临时将积水排除。

2. 雨水系统

车站露天出入口、敞口风亭底部以及地下区间在敞开段峒口处设雨水泵站，泵站的排水能力按 50 年一遇的暴雨强度计算。

露天出入口和敞口风井下的雨水经泵站提升直接排入附近的市政雨水管网。隧道入口处雨水由排水泵提升排入室外消能井后，直接排入市政雨水管网。

地下隧道出洞线洞口处设置雨水排水泵站，内设三台雨水泵，平时两用一备，暴雨时同时启动。每台泵的排水能力大于最大小时排水量的1/3。集水池的有效容积不小于最大一台排水泵5~10min的出水量。

高架车站屋面雨水通过管道收集后排入市政雨水管网或散流至绿化带内。

车辆段电缆廊道内较低点设置局部排水泵站排除电缆廊道内的积水。

第四节　地铁防灾设计

一、设计原则及主要技术标准

1. 设计原则

为了保障地铁工程的正常运行，同时保障人民生命及国家财产的安全，贯彻“预防为主，防消结合”的方针，采取积极有效的措施，防止和减少各类灾害带来的危害。地铁的防火灾设计按同一时间内发生一次来考虑。地铁的建筑防火设计严格遵循国家有关方针政策，从全局出发，积极采用行之有效的先进的防火技术，保障安全，方便使用，经济合理。

主体结构材料均为不燃材料，结构尺寸均满足耐火极限3h以上。结构受力钢筋混凝土净保护层厚度均满足耐火极限3h。地铁的水消防措施主要采用消火栓灭火系统，并根据要求配置手提式灭火器。地铁的重要电气设备房间均设置清洁自动气体灭火系统来保护。地铁设置火灾自动报警系统，控制中心是全线防灾指挥中心。各地下车站及区间隧道设置完善的火灾事故通风和排烟系统。设计选用有关消防器材和设备，必须是经国家法定检测部门检测合格的产品，并具有当地公安消防部门批准的准销证。地铁内部设计了公安无线通信系统的引入以及消防无线通信系统的引入，为事故时的重要部门的通信创造便利条件。

二、设计规范及标准

《地铁设计规范》(GB 50157—2013)

《建筑设计防火规范》(GB 50016—2014)

《地铁设计防火标准》(GB 51298—2018)

《城市轨道交通技术规范》(GB 50490—2009)

《建筑防烟排烟系统技术标准》(GB 51251—2017)

《消防给水及消火栓系统技术规范》(GB 50974—2014)

《自动喷水灭火系统设计规范》(GB 50084—2017)

《建筑内部装修设计防火规范》(GB 50222—2017)

《火灾自动报警系统设计规范》(GB 50116—2013)

《气体灭火系统设计规范》(GB 50370—2005)

《建筑灭火器配置设计规范》(GB 50140—2005)

《人民防空工程设计防火规范》(GB 50098—2009)
《汽车库、修车库、停车场设计防火规范》(GB 50067—2014)
《民用建筑供暖通风与空气调节设计规范》(GB 50736—2012)
《城市轨道交通通风空气调节与供暖设计标准》(GB/T 51357—2019)
《声环境质量标准》(GB 3096—2008)
《混凝土结构设计规范》(GB 50010—2010)
《建筑结构荷载规范》(GB 50009—2012)

三、防灾措施

1. 车站建筑消防

地铁工程的地下工程、出入口通道、风井的耐火等级为一级，出入口地面建筑耐火等级不低于二级，高架车站的耐火等级不低于二级；车站各部位建筑构件的耐火极限应符合现行《建筑设计防火规范》(GB 50016—2014)要求，并需得到消防部门认可。地下车站站台和站厅公共区应划为一个防火分区，站厅公共区的建筑面积不宜大于5000m²，设备管理区每个防火分区的最大允许使用面积不应大于1500m²；地上车站不应大于2500m²；两个相邻防火分区之间应采用耐火极限不低于3h的防火墙分隔，防火墙上的门应采用甲级防火门。与车站相接的商业设施等公共场所，应单独划分为防火分区。多线换乘车站共用一个站厅公共区，站厅公共区面积不应大于5000m²。

车站站厅、站台公共区应划分防烟分区，每个防烟分区的建筑面积不应大于2000m²，且不应跨越防火分区。站台层与站厅层相连通的楼电梯口部设挡烟垂壁，高度不小于500mm，其下缘至楼梯踏步面的垂直距离应不小于2300mm。地下车站防火分区安全出口设置应符合下列规定：车站站台和站厅防火分区的安全出口数量不应少于两个，并应直通车站外部空间；换乘站之间的连通口不作为安全出口。设备及管理用房有人区的防火分区安全出口数量不应少于两个。其中一个必须直通地面；另一个可利用与相邻防火分区连通的甲级防火门作为第二个安全出口。地下车站管理用房宜集中一端布置，该区域内站台至站厅的楼梯应为封闭楼梯，站厅至地面提升高度为≥10m的车站应设防烟楼梯间。经常停留的人数不超过3人的无人区，可设置一个与相邻防火分区相通的甲级防火门作为安全出口。竖井爬梯出入口和垂直电梯不得作为安全出入口。防火分区的安全出口应按不同方向分散设置，安全出口的距离应不小于10m。与车站相连的其他建筑物，其自身独立的安全出口不得作为车站的安全出口，相邻建筑也不应以车站的出入口和紧急疏散通道作为该建筑的安全出口。消防专用通道应设置在含有车站控制室等主要管理用房的防火分区内，并应能到达地下车站各层；当地下车站超过3层(含3层)时，消防专用通道应设置为防烟楼梯间。车站站台有效长度外设人行疏散楼梯通向区间，梯宽≥1. 1m。站台至站厅或其他安全区域的疏散楼梯、自动扶梯和疏散通道的通行能力，应保证在远期或客流控制期中超高峰小时最大客流量时，一列进站列车所载乘客及站台上的候车乘客能在4min内全部撤离站台，并能在6min内全部疏散至站厅公共区或其他安全区域。火灾紧急疏散时，站内上行自动扶梯不停运，下行自动扶梯停运，疏散计算按照上行扶梯折减1部计算通行能力。

地下车站内的商场及与车站相联开发的地下商业等公共场所，应与车站作防火分隔，并符合现行民用建筑设计防火规范的规定。地下车站站厅乘客疏散区、站台及疏散通道内不得设置商业用房。车站站台、站厅、出入口楼梯、疏散通道、封闭楼梯间等乘客集散部位，车站设备管理用房等处墙、地、顶面装修材料、车站内部广告灯箱、座椅、电话亭、售检票亭、各类导向标志和其他站内设备所使用的材料，应采用不燃材料，装修材料不得采用石棉、玻璃纤维制品及塑料类制品。

2. 消防给水和灭火装置

(1) 车站。车站内设消火栓灭火系统，原则上采用单头单阀消火栓，消火栓间距不大于30m，岛式站台层可采用双口双阀消火栓，消火栓间距不大于50m，消火栓箱内增设一套消防软管卷盘。在地下车站站台层两端头进入区间处设置消防器材箱。车站消防给水系统在地面适当地点设水泵接合器。水泵接合器宜设在出入口或风亭附近，其数量根据室内消防水量确定，并在15~40m范围内应有相配套的室外消火栓。

地下车站的通信设备室、信号设备室、商用通信设备室、公安通信设备室、综合监控设备室、站台门控制室、环控电控室、地下变电所等重要设备房间设置气体灭火系统。高架车站、主变电所、车辆段、控制中心等重要设备房间气体灭火系统的设置应按现行《建筑设计防火规范》(GB 50016—2014)的相关条款规定执行。由地下车站修建开发的地下商业或地下停车库等，其面积或停车数量达到设置自动灭火系统规定时，必须增设自动喷水灭火系统，并采用和车站分开的系统。

(2) 区间。地下区间隧道内设消火栓系统，消火栓间距为50m，只设单头单阀消火栓，不设水带及水枪，在车站进入区间的通道设区间消防水龙带箱。

(3) 车辆段及停车场。车辆段各建筑单体消防设计按现行《建筑设计防火规范》(GB 50016—2014)执行。

(4) 火灾事故通风与排烟。

3. 防排烟设计标准

地下车站站厅、站台公共区和设备及管理用房应划分防烟分区，且防烟分区不应跨越防火分区。站厅、站台公共区每个防烟分区的建筑面积不应超过2000m^2，设备及管理用房每个防烟分区的建筑面积不应超过750m^2。排烟风机及风管的风量应符合下列规定：

(1) 排烟量应按各防烟分区的建筑面积不小于60m^3/(m^2·h)分别计算。

(2) 当防烟分区中包含轨道区时，应按列车设计火灾规模计算排烟量。

(3) 地下站台的排烟量应满足站厅到站台的楼梯或扶梯口处具有不小于1.5m/s的向下气流。

(4) 排烟风机的风量应按所负担的防烟分区中最大一个防烟分区的排烟量、风管(道)的漏风量及其他防烟分区的排烟口或排烟阀的漏风量之和计算。

(5) 排烟风机的风量不应低于13000m^3/h。

(6) 排烟风机宜设置在排烟区的同层或上层，并宜与补风机、加压送风机分别设置在不同的机房内，排烟管道宜顺气流方向向上坡或水平敷设。地下车站的排烟风机确需与补风机、加压送风机共用机房时，设置在机房内的排烟管道及其连接件的耐火极限不应低于1.50h。

下列场所应设置排烟设施：①地下或封闭车站的站厅、站台公共区。②同一个防火分区内总建筑面积大于200m^2的地下车站设备管理区，地下单个建筑面积大于50m^2且经常有人停留或可燃物较多的房间。③连续长度大于一列列车长度的地下区间和全封闭车道。④车站设备管理区内长度大于20m的内走道，长度大于60m的地下换乘通道、连接通道和出入口通道。⑤当列车在区间隧道内发生火灾时，首先应尽可能将列车行至车站，如果列车因故停在区间，应保证火灾区间隧道断面风速≥2m/s，并应高于防止烟气逆流的临界风速，但排烟流速不得大于11m/s。区间隧道两座机械风井之间仅按一列车火灾设计。⑥地下车站的排烟风机在280℃时应能连续工作不小于1.0h，地上车站和控制中心及其他附属建筑的排烟风机在280℃时应能连续工作不小于0.5h。⑦地下区间的排烟风机的运转时间不应小于区间乘客疏散所需的最长时间，且在280℃时应能连续工作不小于1.0h。

4. 排烟模式

（1）车站火灾排烟工况。根据火灾发生的位置，启动相应的排烟系统和补风系统。当站厅层发生火灾时，开启车站两端排风机SVF，关闭站台层排风管（道），开启站厅层排风管排烟，形成着火的站厅层排烟，出入口自然进风的局面。当站台层发生火灾时，开启车站排风机SVF，关闭站厅层排风管和站台板下排风道，开启站台层轨顶排风道和候车区排风管排烟，形成着火的站台层排烟，出入口、楼梯口自然进风的局面。同时开启车站端部的区间事故风机TVF，通过站端事故风阀排烟，以增大站台排烟量，保证自站厅往站台向下风速不小于1.5m/s。

（2）车站车轨区域火灾排烟工况。开启车站排风机SVF，关闭站厅层排风管和站台板下排风道，开启站台层轨顶排风道，形成着火的站台层排烟，出入口、楼梯口自然进风的局面。同时开启车站端部的区间事故风机TVF，通过站端事故风阀排烟，以增大站台排烟量，保证自站厅往站台向下风速不小于1.5m/s。

（3）列车在区间隧道内发生火灾的排烟工况。由区间隧道一端两个车站的SVF、TVF风机排烟，另一端两个车站的SVF、TVF风机送风，使排烟方向与人员疏散方向相反。

5. 防灾用电

（1）负荷分级和供电要求。轨道交通车站中的消火栓泵、综合监控系统、防灾报警系统、环境与设备监控系统、气体灭火、防火卷帘门、站台门、隧道风机、消防排风/排烟风机及相关风阀、应急照明、废水泵、区间射流风机及消防疏散兼用的自动扶梯等防灾负荷为一级。一级负荷应采用双电源双回路进行供电，并在最末一级配电箱处进行自动切换。

（2）集中成片布置的小容量防灾负荷可共用一个双电源切换箱。应急照明作为一级负荷中的特别重要负荷还应增设蓄电池作为备用电源。

（3）应急照明的设置。照明配电室内设车站EPS应急照明电源系统设备，蓄电池应为应急照明和疏散标志照明提供不小于90min工作时间。应急照明系统的交流电源来自降压变电所两段不同的低压母线且在EPS应急电源柜内切换。应急照明系统在火灾发生时，由FAS强启。

（4）变配电室、弱电机房、车站控制室、消防泵房、防排烟机房以及在发生灾害时仍需坚持工作的其他房间，应设置备用照明。

（5）车站站台、站厅的出口，车站出口及其他通向站外的应急出入口均应设置安全出口标志灯。安全出口标志灯的安装高度应为2.2m。

（6）地铁车站站台、站厅、楼梯、通道及通道转弯附近，当不能直接看见或不能看清出口标志灯时，应根据需要设置灯光疏散指示标志，安装间距不应大于10m，安装高度距地面不应大于1m。疏散标志灯采用嵌入式安装。

（7）区间隧道应设置可控制指示方向的疏散指示标志灯，安装间距不应大于10m，安装高度距行人地面应小于1m。

6. 电线电缆

地下车站及高架车站在火灾时仍需工作的负荷线路选用低烟无卤耐火电线、耐火电缆和矿物绝缘电缆。消防泵、环控电控柜消防(一级)负荷、消防风机、FAS采用矿物绝缘电缆，馈线采用低烟无卤阻燃耐火电缆及耐火铜导线；其他火灾时仍需运行的设备采用低烟无卤阻燃耐火电缆及耐火铜导线；电缆阻燃性能不低于B类。

7. 配线线路敷设

（1）所有火灾报警系统的传输线路穿金属管敷设并涂防火漆。

（2）吊顶内敷设的或其他部位明敷的电线电缆必须采用金属桥架、金属线槽及金属管敷设。

（3）暗敷的电线、电缆用镀锌焊接钢管敷设。

（4）地面建筑工程需采取防雷措施，并按国家现行有关规范执行。

8. 站内配电要求

FAS系统要求一级负荷供电。低压配电专业为FAS提供两路独立电源，在车站控制室设置末端电源自动切换箱，FAS系统根据设备配置和实际需要设置后备电源，要求后备电源时间不低于60min。

防灾报警系统、消防水泵、事故风机、应急照明等防灾设备等均为一级供电负荷，双电源在供电末端自动切换；EPS电源柜的工作状态应由FAS/BAS对其进行远程监视，EPS电源柜应具有由防灾报警系统集中强启应急照明的功能；消防应急照明及疏散指示系统的应急照明控制器与FAS设有接口，火灾时接收FAS指令联动点亮应急照明灯。应急疏散照明的照度为：车站，5lx；地下区间隧道，3lx。

低压电气设备及照明灯具均采用非燃材料制成，电缆采用阻燃型或耐火型低烟无卤电缆，电线采用阻燃型或耐火型。照明及动力管线过墙处均应做好防火封堵。

9. 区间隧道配电要求

在地下区间隧道正常工作照明，疏散照明、区间射流风机、事故风机为一级负荷。工作照明由降压变电所400V母线配电，双电源自动切换；疏散照明与相邻车站共用一套集中电源集中控制型消防应急照明及疏散指示系统；区间射流风机、事故风机采用两路电源末级切换。

10. 电气设备措施

地下供电设备应优先采用防火、无卤低烟阻燃、无自爆的产品。

火灾报警系统、环境与设备监控系统、消防水泵、事故风机、站台门、应急照明等防灾设备及车站管理服务设备均按一级负荷供电。

备用照明采用EPS集中应急电源供电。

防灾设备用供电电缆应选用耐火电缆或矿物绝缘电缆。

电缆、电线在防火区内采用槽式防火电缆桥架或防火镀锌焊接钢管敷设，并采取防潮和防鼠害措施。

地面建筑工程需采取防雷措施，并按国家现行有关规范执行。

当出现警报而导致灾害模式时，在确认了警报的正确后，各电气设备在 ISCS 系统管理下自动运行灾害模式。

11. 杂散电流系统

在全线工程建立杂散电流防护，排流系统和监测系统，降低杂散电流对沿线的钢筋和金属结构件等尤其与线路长距离平行敷设的管线(如：消防水管)的腐蚀。

通过杂散电流监测系统采集的数据，在监测点的钢筋极化电位超出相关标准要求时，启动排流系统，将杂散电流收集回到牵引变电所的负极。在极化电位严重超标时，停止排流并及时检修和维护，防止杂散电流对钢筋和沿线金属管线的腐蚀。

12. 火灾自动报警

系统设计必须严格执行国家“预防为主，防消结合”的消防工作方针。

全线按照同一时间发生一次火灾设计指挥救灾能力，换乘车站主体及相邻的区间隧道按照同一时间发生一次火灾考虑指挥救灾能力。

车站级火灾报警系统与中心级火灾报警系统通过通信提供的光纤组成独立的火灾自动报警系统网络。

FAS 监控管理范围：全线车站和地下区间隧道、车辆段(车场)以及主变电所。

地下车站及区间隧道按火灾自动报警系统一级保护对象设计；地面和高架车站按二级保护对象设计；车辆段的车辆停放和各类检修车库的停车线部位、燃油车库、可燃物品仓库、重要设备用房设火灾自动报警系统。

系统采用中心、车站两级管理，中心、车站、现地三级控制的监控管理模式，全线防灾救灾调度指挥权在中央级。FAS 系统按两级监控方式设置，第一级为中央级，作为 FAS 系统集中监控中心，设置于控制中心中央控制室(OCC)；第二级为车站级，作为本地 FAS 系统控制室，设置于各车站控制室、车辆段、停车场及主变电站消防值班室。车站级火灾报警控制器以下为独立火灾报警系统，具备完整的火灾报警和控制功能。

车站内消防广播与车站广播系统合用，设有火灾紧急广播功能，火灾时可手动或自动强行转入紧急广播状态。车辆段(或停车场)的消防广播由 FAS 单独设置。

系统设计如果采用单个火灾探测器+手动报警按钮同时报警或两个火灾探测器依次报警的确认方式，则亦为自动确认报警，FAS 自动发出火灾模式指令至 BAS，由 BAS 实现相关设备的联动控制。

对于平时用于送、排风，火灾时执行防排烟任务的车站设备，由环境与设备监控系统直接操作控制，火灾时 FAS 通过向 BAS 发出指令来实现联动控制，FAS 指令具有优先权。

车站内专用的排烟风机、不参与模式控制的防火阀由 FAS 进行监控，消防泵等重要的消防灭火设备在车站控制室的紧急后备盘上设置自动控制失效时的后备控制。

在火灾情况下，火灾自动报警系统联动门禁系统时，通道门禁自动释放，即使刷卡或者按出门按钮，门禁依然保持释放状态，直到确认火灾结束；当确认火灾结束后，通过人工现场确认并解除门禁门锁释放状态。

气体自动灭火系统对所保护的区域进行独立的报警和控制，FAS 接收气体灭火系统火灾报警信息、确认火灾信息、气体喷放信息、故障信息及手自动信息等。

FAS 系统中所用火灾探测器、控制器等主要消防设备，必须经国家消防电子产品质量监督检测中心检测合格，同时通过国家规定的 3C 认证。

FAS 系统设备应具有防尘、防腐蚀、防潮、防霉、防震、抗电磁干扰和静电干扰的能力，能适用地铁特殊环境条件下长期安全、可靠运行。

FAS 系统线缆应采用无卤、低烟、阻燃或耐火线缆。

有物业开发或与物业相邻的车站，相关物业开发区域的火灾报警系统应与车站 FAS 之间实现火灾信息互联互通。作为换乘站的相邻车站之间也应实现火灾信息互联互通。

13. 环境与设备监控

环境与设备监控系统负责对所有车站设备的监控和日常管理，在满足环境调控同时进行节能管理。环境与设备监控系统(BAS)在车站控制级以上集成到综合监控系统(ISCS)，ISCS 提供 BAS 人机界面，实现 BAS 的控制中心和车站控制室两级功能。

全线车站及区间的机电设备(通风空调设备、给排水设备、照明设备、自动扶梯、电梯、安全门、导向设备等)均纳入 BAS 监控范围。

BAS 采用分级、分布式系统结构，即现场分散控制，中心集中管理的组成模式。管理级别从上向下依此为：控制中心—车站控制室—现场控制主机—受控设备。

通风与防排烟系统的风机、风阀等设备大部分参与正常和灾害两种模式下的各种运行工况，此类设备纳入 BAS 系统监控管理，火灾时由 FAS 下达预定的救灾运行模式指令，BAS 接受并优先执行；专用的防火排烟风机、不参与模式控制的防火阀由 FAS 系统直接控制。

BAS 主控制器同时与 FAS 通过通信接口可靠连接，接受 FAS 下达的火灾模式指令。BAS 在车控室 IBP 盘内设置控制器，通过 I/O 和硬线与 IBP 上的手动按钮相连接，实现火灾时排烟系统的手动模式控制。

区间发生火灾或列车阻塞停车时，隧道通风排烟控制命令由控制中心及车站综合监控系统发布模式指令，车站 BAS 接受指令并执行。

在系统工作站上，所有的报警信息都具有声光报警显示，报警界面自动弹出，并要求管理人员确认。

控制器均采用高可靠性、高处理能力的工业级控制器，冗余配置。

BAS 系统线缆应采用无卤、低烟、阻燃线缆。

14. 综合监控

按全线同一时间只发生一次火灾考虑系统的防救灾能力。

ISCS 系统采用安全性、可靠性、先进性、可用性及可维护性技术，具有开放式结构，遵循模块化设计、组网灵活、重要设备冗余配置的原则，便于管理，节约投资。综合监控系统应经济适用，造价合理，满足本线延伸和接入线网平台的可扩展性要求。

综合监控系统作为地铁线路信息共享平台，与地铁大部分自动化系统均设接口，进行信息交换。在火灾情况下，实现相关系统在火灾模式下的联动，提高地铁救灾效率。

当车站或区间某处发生火灾，综合监控系统接收 FAS 发出的火灾确认信息后，进入火灾联动模式，自动或手动启动各个子系统进入相应的火灾模式。

接收火灾自动报警系统发来的模式指令，联动车站 BAS，启动相应模式控制。

联动 CCTV，将摄像头指向火灾位置以及相关的出口处，为防灾调度员提供火灾现场的视频信息。

联动 PA 系统进入火灾情况下的广播，将预录的紧急信息或人工信息播放到指定的火灾地点，辅助乘客疏散。

联动 PIS 系统，将预制的乘客引导信息或人工信息分别播放到火灾车站显示终端，为防灾和乘客安全服务。

提供火灾信息给信号系统，在行调辅助工作站上为行调人员提供火灾全信息。

HMI 上提示车站值班人员通过 IBP 手动释放 AFC 闸机，以便乘客疏散。

HMI 上提示车站值班人员通过 IBP 手动释放门禁系统，将车站门禁解除，系统进入不设防模式。

15. 门禁

车站值班员在站长授权下，直接按下位于 IBP 盘上的门禁紧急按钮，使门禁电子锁断电释放，便于人员紧急疏散。

FAS 确认火灾后，通过切断门禁电子锁电源释放门禁。

16. 自动售检票

各站自动检票机的配置数量及员工通道门数量满足紧急疏散要求。

当车站出现紧急情况时，车站值班员按下紧急按钮或通过 FAS 给出的联动指令，控制所有自动检票机呈自由通行状态，便于乘客快速疏散，并将操作信息上传。

在断电情况下，自动检票机闸门能自动打开，但不是由备用电源(如电容、电池等)的驱动来完成。

17. 防灾通信与信号

(1) 防灾电话。控制中心设有与市消防、防汛、地震预报中心等部门联系的外部直线电话。在公务通信系统中，将“119、110、120”特种业务呼叫自动转移到市话的“119、110、120”上。控制中心设置防灾调度电话总机、各车站、车辆段、主变电所设置调度电话分机。控制中心、各车站控制室设置与列车司机联系的消防无线通信系统，各站点与控制中心防灾调度员可实现即时无线通信。系统在地下车站、高架车站及正线区间，实现公安消防 350MHz 无线覆盖，当全线空间内发生紧急事件时，保证公安消防指战员地下抢险的无线通信畅通。

(2) 防灾广播。全线防灾广播与行车公共广播合用，控制中心控制台上设广播控制盒及话筒，当地铁发生火灾时切换为防灾应急广播，对有关车站进行广播，防灾广播具有优先级。设有行车广播的区域防灾应急广播与行车公共广播合用，当地铁发生火灾时切换公共广播为防灾应急广播。未设置行车广播的区域由 FAS 设置消防应急广播或警铃。在地下区间设有广播扬声器，控制中心及车站调度员可通过扬声器对区间进行广播，指导区间人员疏散。

18. 视频监视

防灾控制中心与行车管理等共用一套闭路电视监视系统，在控制中心防灾控制台上设切换装置及显示终端，发生火灾时，切换为火灾监视。

各车站防灾与行车管理共用一套视频监视系统，当轨道交通发生火灾时切换为防灾监视，防灾监视具有最高优先级。

紧急情况下控制中心防灾调度员可任意选择一个车站或是一个车站内的一组摄像机图像，车站值班员可任意选择本车站中任意一个摄像机的图像，从而实现对火灾确认以及指挥现场救灾。

19. 防灾信号

信号室内外设备应具有可靠的防雷、安全措施，在外电源引入室内电源屏上配置防雷单元，在高架和地面设备电缆进入室内分线柜上配置防雷单元。室外电缆进行屏蔽接地，室外设备现场进行防雷接地。在遭受雷击或任何强电流扰动的情况下，信号系统及其相关安全电路都不得产生危险输出。

信号系统的电磁抗干扰度应满足《电磁兼容试验和测量技术》(GB/T 17626)的要求。信号轨旁设备应具有对车辆接触网牵引产生的电磁干扰或谐波干扰的防护能力。车地通信应采用数据传输循环冗余校验(CRC)、传输频率远离干扰谐波频率、提高数据传输信噪比、周期性地更新传输数据、接收数据进行合理性和一致性检查等措施提高信号系统抗干扰能力，以确保电磁场环境中正确稳定的工作。如车地通信受到不可避免的干扰，应产生安全性制动。

信号系统可根据列车在隧道区段的滞留时间(该时间标准应根据实际情况由运营相关部门确定)给出列车在隧道内的阻塞信息，该信息反映到调度指挥中心，协助提醒调度人工确认列车是否在隧道内遇到灾害情况，以便及时作出应急反应。

信号系统可根据长大隧道内的消防分区划分情况，在满足全线最小追踪间隔的前提下限制进入消防分区的列车数量。信号系统可根据长大隧道救援的具体要求，在满足全线最小追踪间隔的前提下适当加大在隧道内追踪列车的最小安全距离。

信号系统可根据调度指挥中心防灾要求，设置全线扣车/取消全线扣车等功能，以配合地震等生态灾害时的疏散和紧急调度。

20. 站台门

(1) 材料选用原则。站台门系统不作为火灾状态的防护分隔设施，但其材料的选用标准如下：框架应采用不锈钢或铝合金材料，门板玻璃应不低于单层钢化玻璃的要求。火灾不会在站台门结构内部蔓延。采用的电缆应采用阻燃、低烟、无卤材料，满足《低压配电设计规范》(GB 50054—2011)的要求。密封材料等塑料制品的燃烧性能应满足《城市轨道交通站台屏蔽门》(CJ/T 236—2022)的要求。紧急状况时，应不会阻碍乘客从车内疏散，且站台门能手动打开。

(2) 火灾运行模式。当车站站台发生火灾时，根据通风系统排烟需求，在确认站台安全的情况下(无进站列车通过或有未进站列车直接驶过该站但站台无乘客时)在车站控制室操作 IBP 打开站台门配合站台排烟。列车在隧道内发生火灾时，应尽可能驶向前方车站停车疏散乘客，在列车进站前与车站值班人员联系，打开所有滑动门配合乘客到站台后迅速疏散。列车在区间隧道发生火灾或故障并无法继续行驶到车站时，站务人员应打开站台端门配合隧道内乘客迅速疏散到车站站台，或乘客从隧道侧推开端门疏散到车站站台。

（3）控制方式。站台门控制系统具有系统级（信号系统控制）、站台级（含 PSL 控制和紧急模式 IBP 盘控制）和手动操作三级控制方式（包括 LCB 控制、手动解锁开门等），其中手动操作优先级最高，站台级次之，系统级控制优先级最低，从而确保站台门滑动门在任何情况下均可开启，提供乘客进出需求。

（4）自动扶梯及电梯。根据建筑专业消防计算结果，如需要自动扶梯参与车站紧急疏散，则当车站发生火灾时，承担紧急疏散任务且与车站疏散方向相同运行的自动扶梯将继续保持运行状态。不承担紧急疏散任务以及与疏散方向相反运行的自动扶梯全部停下来，不允许作为固定楼梯供乘客疏散。参与紧急疏散的自动扶梯均按照一级负荷配电，其他自动扶梯则按照二级负荷配电。无机房电梯不作为消防电梯使用，当车站发生火灾时，电梯自动返回疏散层开门放人后自动退出服务。

21. 车辆段防灾措施

车场内应设环形消防道并与城市主道路连通。

库房内采用钢架结构时，应采用有效的防火措施。

基地内的地面建筑应符合《建筑设计防火规范》（GB 50016—2014）等规范和标准要求。

车辆防火措施：车内所有设备和配件应采用非燃烧体或难燃体材料。车辆客室内应设置手动紧急报警装置。车辆客室内设有与车站、控制中心、防灾中心等联系的紧急信号设备。

22. 区间隧道

当区间隧道连贯长度大于 600m 时，二区间隧道之间有相连通的旁通道，通道内设双向开启的甲级防火门。

城市轨道交通的设计应以人为本，尽量减少列车在事故、故障条件下乘客的疏散障碍。地铁工程全线设置应急疏散平台，在有限的空间内为乘客提供最多的疏散通道和疏散空间。

全线正线区间设置区间应急疏散平台，平台应兼顾检修人员使用。应急平台的宽度不小于 600mm。地下段设置在行车方向左侧，与联络通道相接，高架段设置在两线之间，单侧最小宽度不小于 600mm。应急平台面高度为轨面上方 900mm 处。

疏散平台的设置起到增加疏散空间、提高疏散速度等作用，但由于其宽度较窄、离地面较高，存在二次伤害的风险，根据《地铁设计规范》（GB 50157—2013）要求，城市轨道交通中，应将道床作为主要的疏散通道，疏散平台作为辅助通道。

避免乘客在道床上行走有过多的障碍，要求区间各类设备应尽量避免设置在两轨之间，对过轨的管线、道床面上的信号设备布置，采取不妨碍疏散的无障碍处理措施。在区间及车站站端平台断开设置步梯处，也应设置过轨平台板，便于人员行走疏散。

区间隧道列车火灾时，应组织好通风、排烟，力争将列车送至前方车站疏散乘客并进行灭火。

设于车站两端的 TVF 风机应具有逆转功能。

区间隧道内设疏散指标标志，区间旁通道外应设安全出口标志灯。

防地震、防水淹、防雷击、防风措施：地铁防灾除火灾外，还有水淹、风灾、地震、雷击等灾害，国家和地方均设有防洪、气象和地震监视监测部门，发布灾情预报更为可靠，故地铁工程不考虑设置相应的监测设施。为了有效地防止这些灾害发生造成的损失，考虑在控制中心设置与气象、防洪、地震监视监测部门的联络设施，直接接受有关的预报信息。

23. 防地震

结构抗震设计应按国家和地方现行有关抗震规范执行，车站、区间隧道和高架桥梁结构抗震设防烈度为 7 度，抗震构造措施按 8 度地震考虑，抗震等级为三级。

24. 防淹

列车出入线洞口及露天出入口，应设排雨水泵站。并在洞口道床的适当位置设置横向截水沟，保证将雨水导流至泵站集水池。排雨水泵站的排水量，按 50 年一遇的暴雨强度计算。集流时间按 5min 计算确定。

洞口的区间泵站内设潜水排污泵三台，大泵平时两用一备，最大工况时同时使用。每台大泵的排水能力应大于最大小时排水量的 1/3。

排水泵站的排水泵实行二级管理：相邻就近车站设一级监控，泵站终端控制器设二级监控。即可根据水位高低自动控制水泵的停启，现场亦可手动控制，相邻车站控制室远程控制水泵的停启。并在就近相邻车站控制室内显示排水泵站的工作状态和水位信号。

车站出入口的台阶应高出地面 600mm，并应调查车站附近防淹高度，设置防淹闸槽。风亭门洞下沿应高出地面 1000mm，如地面车站位于河流附近，应调查 100 年洪水位，必要时出入口宜采取特殊防淹措施。

地面线路跨较大河流的桥梁设计，按 100 年洪水位考虑。

通过地下建筑结构和地面相通的管道、孔洞及沟槽均必须采取防止雨水涌进轨道交通内部的措施。

25. 防雷及防风

地铁的地面车站、高架车站、停车场建筑、控制中心需要进行防雷设计，屋顶避雷带、避雷针、防雷引下线及接地体按相应的规范进行设计，引下线及接地体将尽量利用结构柱和结构基础钢筋。

每个单体采用共用接地系统，电气设备的保护接地、建筑物的防雷接地、弱电设备系统的接地将采用共用接地装置，接地电阻不大于 0.5Ω。在变电所内设置总等电位连接，在各配电室、卫生间等场所设局部等电位连接；重要设备的配电回路需要设防雷击电磁脉冲引起的过电压保护。

所有电气设备的金属外壳、配电的金属管线、金属电缆桥架、金属电缆托架、电缆的金属护套等均与 PE 线做可靠的电气连接。

地面及高架车站结构在最大风力的作用下，应具有足够的强度、刚度和稳定性，确保建筑物的安全。

第九章

地铁高架站设计创新实践——以广州六号线浔峰岗工程为例

第一节 工程概况

地铁高架车站是指区间及站台架空于城市路面以上，以高架桥梁为走行方式的轨道交通车站。轨道交通高架车站是对城市公共空间集约利用的一种方式，也是城市轨道交通网络的重要组成部分与节点。高架轨道交通建设经济效益显著，运行良好，将为城市的交通发展起着巨大的作用。本着快捷，安全，投资少，运营成本低的模式，城市高架轨道交通是未来轨道交通的发展方向之一。

广州轨道交通六号线线路西起白云区的金沙洲浔峰岗山脚，向东南穿越荔湾区，经越秀区，后转至东北方向至天河区，止于黄埔区，大致呈东西“U 形”走向。线路全长41.94km，其中高架线路总长约 2.7km；共设置 32 座车站，其中浔峰岗站、横沙站、沙贝站为高架车站；列车采用 4 节编组 L 型列车。于 2013 年 12 月 28 日开通运营一期工程，2016 年 12 月 28 日开通运营二期工程。

一、站址概况

广州市轨道交通六号线工程浔峰岗站是六号线的起点站，位于广州金沙洲居住用地中，在金沙洲路东北侧，规划路西南侧，设有站前折返线。车站从 2005 年 6 月开始设计，于 2013 年 12 月开通运营，历时 8 年。

二、站址周边及地质环境

浔峰岗站是六号线首期工程起点站，站址位于广州金沙洲规划居住用地中，站位东侧为广佛高速公路，车站设置在金沙洲路东北侧，规划路西南侧，设有站前折返线。站址西北面为浔峰山，周边环境为具有优良的景观生态资源。站址位置原为金沙洲事故停车场，珍宝停车保养场及其配建用房。规划东北面为大型的住宅小区御金沙，一期已建成。规划西南面为公交枢纽，现状是荒地。站址环境内延线路方向两侧都设有道路，故车站在路中的一个孤岛上。车站左侧金沙洲路规划 40m 宽，已建成，车流量不大。车站右侧规划路20m 宽，已建成，车流量小。

金沙洲路地下有一排水暗渠，故乘客过街不能采用地下通道，主要客流通过天桥，进入车站乘车。车站沿街设有二个乘客的主要出入口，两端的设备管理区内共设有 5 个工作人员出入口。车站主要客流来自车站东北面的居住区及来自西南面的公交客流，所以车站站厅公共区在车站的东北面和西南面各设置了一个出入口，与周边道路连接在一起，有利于人流的疏散和吸引。

三、车站技术指标

本工程包括车站设计起点里程至车站设计终点里程范围内的车站主体部分及人行天桥。浔峰岗站总建筑面积为 8380.7m^2，其中车站主体面积为 7510m^2，人行天桥建筑面积为 870.7m^2。车站总长为 105m，宽度为 29.00m，车站外包总高为 17.149m。轨面标高 8.080m（绝对标高 23.190m）。由于行车要求，本车站有三条线路，线间距为 4.6m 和 12m，一岛一侧站台，前后均有配线。岛式站台宽度为 9.0m，侧式站台宽度为 3.6m，有效站台长度 72m，安全门长度 67.72m。车站地面站厅共设 3 个出入口。

车站结构采用桥建分离高架车站，主体结构框架结构，车站地面三层，地下局部有一层地下室电缆夹层。本工程的建筑场地土类别为 II 类。地基基础设计等级为甲级。本工程采用钻(冲)孔成孔灌注桩基础，钻(冲)孔桩设计为嵌岩桩，桩端持力层为中、微风化粉砂岩。基础桩径 0.8m 及 1.0m 共 2 种。桩净长 H 约 12~32m 深。

第二节　车站设计

一、高架站的特点

地铁高架车站具有出资小、建造施工周期短、内部技术体系简单、乘坐舒适性和景象性强、运营维护费用低等优势。在城市规划中，轨道交通高架车站与周边区域的修建景象、空间规划是展示城市面貌和人文景象的主要元素。高架站的外立面五光十色，外型富有改变。因而，把轨道交通沿线各高架站点及其外部空间作为城市中主要的公共空间和城市景象的聚焦点，并对其出入口广场、大街环境小品、户外照明、植株美化等进行整体的美化规划，这对提高全部城市的环境质量有相当大的效果。轨道交通高架线路对城市景象的影响主要有两方面：一方面是高架线路两边的居民对桥梁修建物的静态景象；另一方面是车上的乘客对城市大街的动态景象。车上乘客对大街的动态景象，是高架线路的一种优势。他能感受到不断改变着的风光中的运动和空间，加上发生的速度、流线，能够感知到城市道路景象的很多信息。高架车站将是为乘客较好地展现城市风貌的活动窗口。

二、主要设计原则及技术标准

（一）主要设计原则

（1）车站设计应以人为本，必须满足客流需求，保证乘降安全，疏导迅速，布置紧凑，便于管理。并结合地形条件，综合考虑施工技术，建筑艺术，先进设备和运营管理的现代设计理念，搞好协调工作，理顺各种关系。

(2) 车站设计应符合城市总体规划，并与车站所在区域的城市规划相互协调，使车站成为周围环境有机整体的一个组成部分。在确定站址时，应对该地区的地下管线、工程地质、水文地质条件、地面建筑的拆迁或改造的可能性、地下构筑物之间的关系等做综合考虑。尽量减少房屋拆迁、管线迁移和施工对地面建筑、城市交通及市民的影响。

(3) 车站规模除满足远期高峰小时预测客流集散量和运营的需要外，还应满足事故发生时乘客紧急疏散的需要。

(4) 车站平面设计应力求功能分区合理、布局紧凑，并便于运营管理和设备布置，车站内应具有良好的通风、照明、卫生、防灾等条件。

(5) 车站设计应合理组织客流，减少交叉干扰，保证乘客进站方便，出站迅速。车站的站台、站厅、通道、出入口、楼梯、自动扶梯、售检票机等部位的通过能力应相互匹配。

(6) 车站规模应根据初、近、远期最大设计客流量、行车密度和车站本身行车管理、设备用房的需要来控制，同时要考虑车站所处地理位置的重要性及该地区远期发展规划等因素。设计客流按车站的控制客流量，并考虑高峰小时内乘客的不均匀性，计入超高峰系数(1.2~1.4)。突发客流较大的车站视实际情况而定。

(7) 车站建筑设计应简洁、明快、大方、易于识别，并应体现现代化交通建筑的特点，同时还应根据地域特点，结合城市近远期规划要求，尽量考虑与人行天桥、公共建筑相结合，在改善交通环境的同时，充分开发和利用立体空间，使车站功能向集约化、多样化发展。

(8) 车站建筑装修设计的基本原则是实用、经济、美观、简捷、明快，能体现广州市城市轨道交通建筑的艺术特色。

(9) 车站的建筑设计应符合《地铁设计规范》及国家有关规范、规定的要求。车站防灾设计严格按照《建筑抗震设计规范》《建筑设计防火规范》和《地铁设计规范》的有关规定执行。按照《城市道路和建筑无障碍设计规范》的要求车站布置还应满足无障碍通行的各项要求。

(10) 车站建筑装修首先应满足功能要求，体现线路特征，又要有各车站标识特征，尤其是需要体现出地域文化特色。应贯彻“安全、实用、经济、美观”的建设方针，尽量体现车站结构的自然美感，并应广泛采用新工艺、新材料、新技术，满足环保、防火、防潮、防腐、耐擦洗、便于维修的要求，装修效果应利于可持久保持。同时考虑到与远期的轨道交通线网完成后的情况，以及地下空间识别性差的特点，车站应在装饰与导向标识等方面增强秩序感、突出个性，方便乘客乘降。

(二) 主要技术标准

1. 车站布置要求

(1) 车站主体内部空间一般由车站公共区、管理及设备用房区和轨行区组成。车站公共区指乘客使用的空间，包括候车站台、售检票厅、垂直交通楼扶梯和无障碍电梯、出入口通道及其他乘客使用的空间等；管理及设备用房区一般与公共区相对独立，包括管理用房、设备用房、辅助用房等；轨行区指站内列车行驶的空间。

(2) 车站各部分空间，宜标准化设计，并分区明确，合理组合，满足相应要求。

（3）设置折返线、停车线等配线的车站应充分利用配线上方空间布置设备用房，剩余部分宜结合周边规划情况、工程经济技术比选考虑预留开发条件，预留空间应与车站公共区在车站主体内设置通道进行连接。

（4）车站各部位设计尺寸应能满足功能的需要，并满足施工作业和限界加宽的要求。

（5）车站内闸机口和楼梯口（自动扶梯）的总通过能力应相互协调平衡，并满足高峰小时进出站客流的通过能力。车站各种通行服务设施的最大通过服务能力见表9-1。

表9-1　车站各部分设计通过能力表

<table>
<tr><th colspan="2">部位名称</th><th>正常运营通过能力/(人/h)</th><th>紧急疏散通过能力/(人/h)</th></tr>
<tr><td rowspan="3">1m宽楼梯</td><td>上行</td><td>2580</td><td rowspan="3">3700</td></tr>
<tr><td>下行</td><td>2580</td></tr>
<tr><td>双向混行</td><td>2580</td></tr>
<tr><td rowspan="2">1m宽通道</td><td>单向</td><td>4800</td><td rowspan="2">5000</td></tr>
<tr><td>双向混行</td><td>3900</td></tr>
<tr><td rowspan="2">1m宽自动扶梯</td><td>输送速度0.65m/s，上行</td><td>6600</td><td rowspan="2">8190</td></tr>
<tr><td>输送速度0.65m/s，下行</td><td>7200</td></tr>
<tr><td rowspan="2">闸机</td><td>进闸机</td><td>1500</td><td></td></tr>
<tr><td>出闸机、双向闸机</td><td>1200</td><td></td></tr>
<tr><td colspan="2">自动售票机</td><td>240</td><td></td></tr>
</table>

2. *站厅层*

（1）站厅布置形式应根据站台形式、售检票方式以及楼扶梯、无障碍电梯及其他乘客服务设施的布局综合确定。公共区应划分为非付费区和付费区，并用闸机和栏杆隔开。车站公共区作为乘客服务的标准功能模块，设计应尽量标准化，为乘客服务的各项设置，应固定相对位置，便于识别和运营统一管理。

（2）站厅层应在合理的功能分区、流线设计的基础上，按照相关规范要求满足防火分区、安全疏散距离等消防要求。

（3）当站厅公共区采取付费区与非付费区各分设车站两端的布置形式时，车站出入口要能到达不同地块。

（4）站厅层付费区与非付费区根据具体使用情况确定，非付费区宽度按照不小于2跨且不小于16m考虑，对于公共区兼顾过街功能的大客流的车站，此宽度宜适当加宽，建议按不小于20m考虑。短时会有突发客流的车站，应适当加长非付费区长度。

（5）出入口、楼扶梯、售票机、检票机、票亭之间的距离应满足规范的要求。

（6）售票机前应预留一定距离的排队空间。一般车站售票机距离最近出入口通道的投影距离不宜小于2.5m，客流较大或者外地客流较多车站售票机距离最近出入口通道不宜小于3.5m。第一台售票机距最近的出入口通道的距离不宜小于5m。在此范围内不应设置任何设备。

3. *站台层*

（1）站台是车站内乘客等候列车和乘降的平台，其计算长度由列车编组长度确定。例如B型车，站台长度为120m，站台有效长度为112.5m。

（2）高架车站站台设置全高非封闭式屏蔽门，在屏蔽门两端外侧应留出不小于1.50m×1.50m的乘务工作空间，在靠近站台门端门一侧开设净宽不小于1.50m的乘务员乘降门。

（3）站台宽度按以下公式计算：

岛式站台宽度：

$$b_d = 2b + n \cdot z + t \tag{9-1}$$

侧式站台宽度：

$$b_c = b + z + t \tag{9-2}$$

$$b = Q_{上} \cdot \rho / L + b_a \tag{9-3}$$

$$b = Q_{上、下} \cdot \rho / L + M \tag{9-4}$$

式中，b 为侧站台宽度，m，式(9-1)和式(9-2)中，应取式(9-3)和式(9-4)计算结果的较大值；n 为横向柱数；z 为纵梁宽度(含装饰层厚度)，m；t 为每组楼梯与自动扶梯宽度之和(含与纵梁间所留空隙)，m；$Q_{上}$ 为远期或客流控制期每列车超高峰小时单侧上车设计客流量(换乘车站应含换乘客流量)，人；ρ 为站台上人流密度，取0.33~0.75m^2/人；L 为站台计算长度，m；b_a 为站台安全防护带宽度，取0.4，采用站台门时，用 M 代替 b_a 值；$Q_{上、下}$ 为远期或客流控制期每列车超高峰小时单侧上、下车设计客流量(换乘车站应含换乘客流量)，人；M 为站台边缘至站台门立柱内侧距离，无站台门时，取0m，本线 M 取0.25m。

（4）站台公共区的楼扶梯应设不少于2~3组楼扶梯通往站厅层，至少一处设上下行扶梯，宜纵向分布均匀，站台公共区上任意一点至最近的通道口或梯口的距离不得大于50m。全线标准车站站台楼扶梯、电梯的相对位置宜一致。

（5）岛式站台车站设备、管理用房必要时可伸入有效站台内，但不应超过一节车厢长度。

（6）设计标准。

① 标准岛式站台宽度(一般情况下)≥10000mm(设计客流较小的车站可采用≥8000mm站台宽)，岛式站台侧站台宽度(装修后净宽)≥2500mm。

② 侧式站台宽度。长向范围内设梯的侧站台(装修后净宽)≥2500mm，垂直于侧站台开通道口的侧站台(装修后净宽)≥3500mm，公共区装修后净高≥3000mm，公共区地面至任何悬挂障碍物≥2400mm，变电所及设备用房净空应满足各专业技术要求。

4. 车站出入口

（1）车站出入口一般平行或垂直于城市道路位于道路红线以外或城市广场周边，并与地面交通相结合。出入口宜分散均匀布置，出入口之间的距离应尽可能大。

（2）出入口退缩道路红线的距离应根据规划、地域的要求来确定。独立修建的地面出入口一般应设在规划道路红线以外，在特殊情况下，临时出入口可踏红线或设于人行道上，但必须征得规划部门的同意。独立出入口的地面造型应注意与城市环境协调，与周边建筑物的距离应满足防火间距要求。

（3）出入口布置应与主客流方向一致，应尽可能靠近人行道边醒目位置。宜与过街天桥、相邻公建结合或连通，统一规划，同步或分期实施。

(4) 设在城市主干道交叉路口的出入口，其开口不宜朝向道路交叉口。条件困难必须设置时，应留有足够的距离，并不得侵入道路红线抹角范围。

(5) 车站出入口的数量应根据吸引与疏散客流要求设置，每个出入口通道的宽度应按远期分向设计客流量乘以 1.1~1.25 加不均匀系数计算确定，兼作城市过街功能的，应根据过街客流量加宽。每个出入口防淹平台前集散广场所需范围由各车站根据各出入口实际客流情况确定，原则上台阶或坡道末端至道路各类车行道的距离不应小于 5m。有条件地方宜预留自行车停放场地。

高架站出入口的位置选择依据现状地形，但不局限于现状地形，在现状建筑物与远期规划不符的地段，以远期规划红、绿线为控制条件，尽量满足车站功能的合理性，在优先满足车站使用前提下控制用地。未来详细设计时可依据周边具体情况，结合附近建筑，进行综合开发设计或在已控地范围内呼应周边建筑合理布局，满足城市环境及景观的要求。

5. 车站电缆夹层

车站电缆夹层净高不小于 1.7m，同时变电所区域电缆夹层纵梁下反，有条件时采用十字梁形式。车站电缆夹层内环网电缆通道主要供地铁牵引环网电缆和动力照明电缆穿行，其宽度应满足电缆穿越和检修要求。车站电缆夹层板上应设检修人孔，沿车站电缆夹层板纵向宜不大于 50m 设一个，一般宜设置在变电所内的隐蔽处，设备用房内的人孔应按照相关设备专业的要求设置。

6. 车站主要设备

(1) 自动扶梯。车站自动扶梯的数量应满足远期超高峰小时设计客流的平时使用及紧急疏散需要，同时须考虑提升高度的要求设置相应的数量。出入口的自动扶梯应按近期设计客流设置、远期设计客流量预留。站厅到站台的自动扶梯应按近、远期设计客流量(取大者)设置。上下行扶梯布置方式需与左右线进出站近、远期设计客流(取大值)流线相一致。每台自动扶梯的汇集客流应尽可能相等。

自动扶梯的倾角为 30°，有效净宽按 1m 计算，运输速度采用 0.65m/s，作为事故疏散用的自动扶梯应采用一级负荷供电。

(2) 电梯。站台至站厅、站厅至地面应设无障碍电梯。位于出入口通道内的无障碍电梯，其口部的地面标高应高于相邻通道地面标高，电梯底坑应设排水措施。电梯地面亭应根据车站周边环境和规划要求采取独立修建或者与出入口合建。位于地面部分的电梯厅梯门前应设置门斗或雨篷，电梯门前应设防淹平台，平台高度应高于周边规划场地的防洪、防涝要求，平台与地面间应设无障碍坡道，地面电梯亭不宜采用透明结构型式。地面至站厅无障碍电梯布置在出入口通道内时，梯门前应留有足够的等候空间。当电梯与出入口合建时，电梯通道进出口不得影响上下楼扶梯乘客通行。

(3) 楼梯。管理及设备有人集中区内应设一座净宽≥1.20m 的工作人员楼梯间。设计标准(踏步宽 b/踏步高 h)：乘客使用楼梯 $b=300\text{mm}/h=150$。

(4) 栏杆。当楼梯净宽>3600mm 时，应设置中间扶手栏杆。楼梯口部栏杆高为 1200mm，楼梯梯段栏杆高为 900mm，踏步面沿口至吊顶面净高≥2300mm。

(5) 自动售检票设施布置标准。自动售票机应设在客流不交叉，且干扰小的地方。售票机前应预留一定距离的排队空间。自动售票机数量考虑合适的储值票比例、按近期设计客流需求设置，并预留远期设计客流需求数量的安装位置。车站内售票机宜布置在公共区两端头，并应结合车站不同的客流方向成组设置，宜不少于两处。

(6) 检票机。进站闸机应设在售票区至下行楼扶梯进站客流流线上。出站闸机应设在上行楼扶梯出站客流流线上。其数量按近期设计客流需求设置，预留远期设计客流需求数量的安装位置。其布置方式需与左右线进出站近、远期设计客流(取大值)相一致。远期设计客流量潮汐现象明显的车站，应适当增加双向检票机的设置数量。进出站闸机位置一般应分别集中、垂直客流方向，设置位置应便于管理，避免客流交叉，前方留出足够的客流集散空间。客服中心应设在付费区与非付费区的分隔带上，一般车站客服中心设 2 座，分设于两侧付费区与非付费区交界处，特殊车站根据客流情况及车站布置情况可增加客服中心设置。客服中心全线采用成品定制。闸机的数量应与楼梯、自动扶梯的通过能力相匹配。

三、浔峰岗的车站设计

开始设计车站方案的时候，就应该要考虑到，车站建设要充分体现岭南特色，呼应气候环境和文化特点，打造整体协调、统一的城市风貌。车站是交通建筑，不需要讲究奢侈的建筑物，而是要形成蕴含本地岭南文化特色和人文取向。地铁建设在快速发展，同时需要我们进行冷静的思考。

浔峰岗站需要充分体现城市和建筑的地域性、文化性和时代性，抓住每一个建筑的内涵和特点，与地域特征、文化特色结合起来。因地制宜、体现其自身及所处环境金沙洲浔峰岗的特点。

传统岭南建筑因为兼容、务实、创新等特点，自成一派，与京派、海派三足鼎立。新时期岭南特色建筑的内涵是否有新的发展，按照现在的标准，究竟什么样的建筑算得上有岭南特色的建筑？

新时期岭南建筑的内涵要随着时代进步而有新的发展，这也是岭南建筑的一个基本特点。岭南建筑一直是在与时俱进的。因此，岭南特色的建筑要能够反映建筑自身的规律性、反映其地域特点和文化特征，又能够与时代相结合，充分适应当今时代的特点和要求，采用现代的技术手段和建筑语言将其表现出来。

钢结构、铝板、玻璃幕墙的建筑，能够代表岭南特色吗？岭南建筑也要与时俱进，符合时代要求。像玻璃幕墙在建筑上的应用，就是建筑与科学技术的结合。强调岭南特色，并不是纯粹的地方主义。由此，可以总结出一个“两观三性”的建筑创作理念——即建筑要有整体观和可持续发展观，要将建筑的地域性、文化性、时代性结合起来，在发展中不断开拓创新。

现代的交通建筑，也可以创作出岭南特色。钢结构、铝板、玻璃幕墙，和地铁站的地域性、文化性、时代性结合起来，创作出一个有岭南特色的现代交通建筑。

(一) 总平面布置

浔峰岗站车站有效站台总长 72m，安全门长度为 67.72m，有效站台中心线轨面标高为 22.310m，由于行车要求，本车站有三条线路，线间距为 4.6m 和 12m，一岛一侧站台。总平面图如图 9-1 所示。

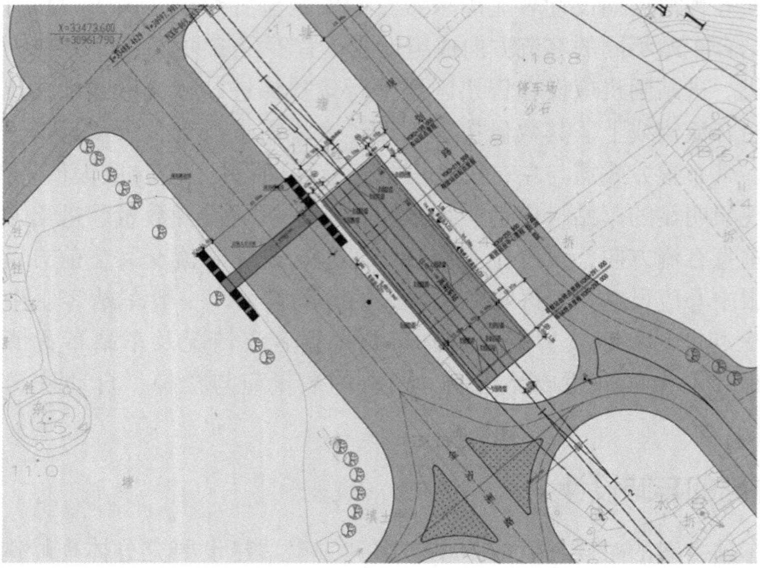

图 9-1　总平面图

站址环境内延线路方向两侧都设有规划道路，故车站在路中的一个孤岛上。主要客流通过天桥，进入车站乘车。车站沿街设有 2 个乘客的主要出入口，两端的设备管理区内共设有 5 个工作人员出入口。

（二）车站具体设计要点

1. 确定高架车站合理层高

为减少车站体量、规模，车站高度原则上能低则低。结合本线特点，还应从高架车站周边地块景观、高架车站与两边交通衔接等方面分析。

（1）我国轨道交通桥梁经过 20 多年的建设实践，桥梁跨度已由原来的小跨度逐步向 30m 跨发展。从区间桥梁景观分析成果，桥梁跨度与桥高之间的比例关系，桥高建议控制在 10~12m 的范围。

（2）从车站的位置上分析，车站东北部为浔峰岗，是一个小山，规划为居住小区。居住区里的行人从道路的北侧看南侧的景物，位于三层效果更佳。

（3）车站北面站台考虑增设连接市政过街天桥的小站厅，并加设出站闸机及票亭，出站客流可直接通过天桥出站，并体现轨道交通“以人为本”的设计理念。

（4）浔峰岗站由于是线路第一个高架站，线路从浔峰岗车辆段出来，为使线路坡度减少，站台标高压到最低。

综上分析，本车站推荐：采用三层高架车站方案。

2. 选择合适的车站型式

高架车站的型式是依据车站线路条件、客流特征、车站功能布局及运营等因素进行综合比选决定的。

岛式车站具有使用效率高，乘客使用方便，车站设备少，车站规模、体量相对小，经济性好的优点。但是岛式车站带来的问题是区间喇叭口段对景观的影响。

车站采用侧式站台型式，方便区间架桥机架设轨道梁。

广州市气候属北亚热带季风气候区，温暖湿润，雨量充沛，同时广州地区是易受台风影响的地区，因此车站站台设在线路的两侧，必需考虑挡雨，站台屋架需采用全包式，车站体量较大。

通过以上分析比较，浔峰岗站采用一岛一侧的形式，外形采用半包，包住侧式站台部分，岛式站台的侧面采用开敞的形式(图 9-2、图 9-3)。结合岭南气候，注重“以人为本”设计理念。

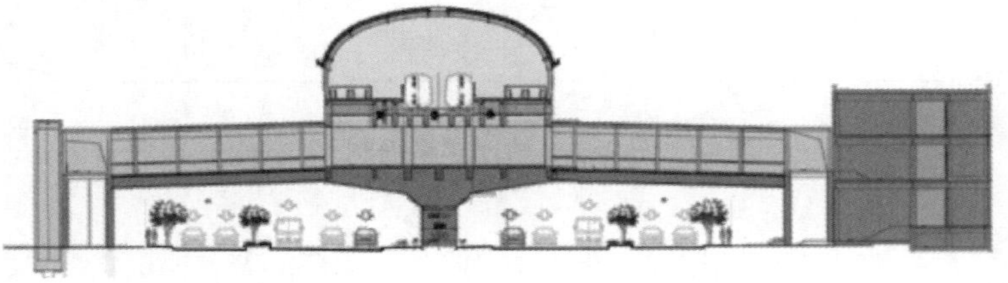

图 9-2　侧式站台剖面图

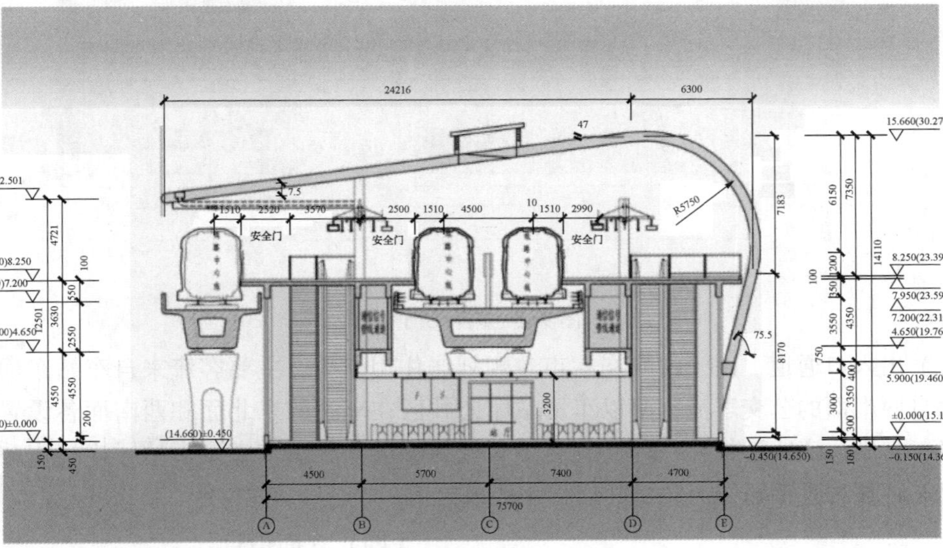

图 9-3　横剖面图

(三) 车站建筑布置

车站设计为三层框架混凝土结构的建筑。

(1) 站厅层(图 9-4)。站厅层位于主体建筑的一层，主要功能分区为中间设置公共区，两端布置设备管理用房。在车站南端布置降压变电所。公共区分为付费区与非付费区。付费区内设置通向各站台的楼梯 3 部，上、下行扶梯各 1 台，以及透明无机房电梯 2 台。

(2) 站台层(图 9-5)。站台层设置了一岛式站台和一侧式站台，根据线路、客流等数据，岛式站台宽度为 8.98m，侧式站台宽度为 8.29m，有效站台长度为 72m，线间距 12m，设置安全门系统，安全门长度为 67.72m，站台层轨面高程 22.310(广州高程)。

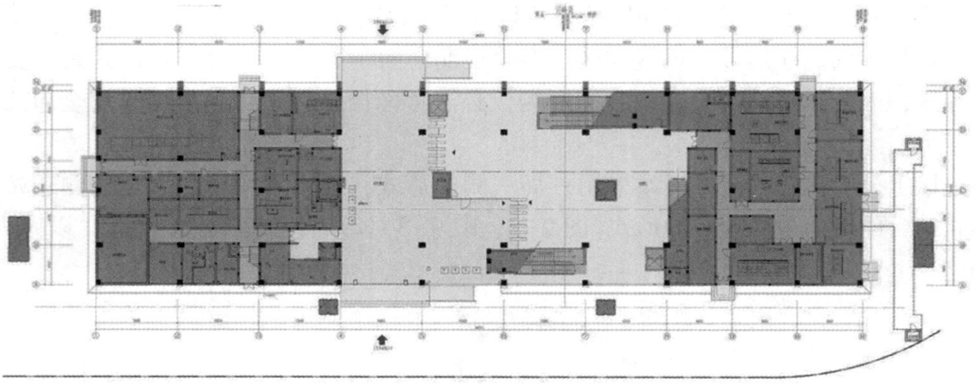

图 9-4　站厅层平面图

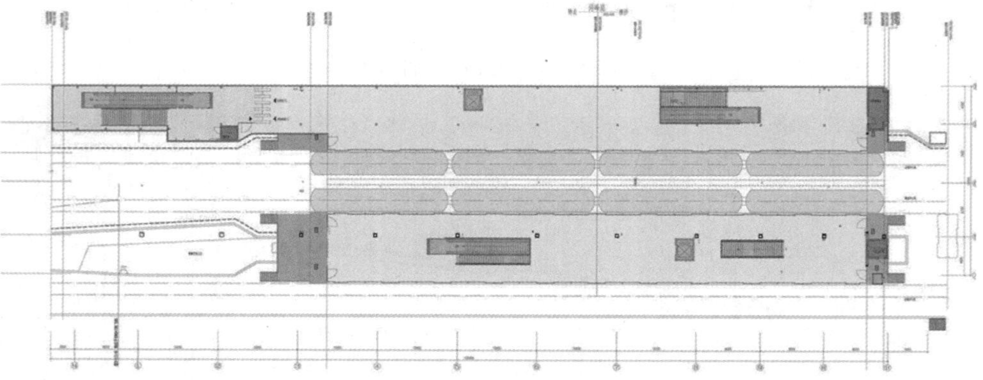

图 9-5　站台层平面图

（3）出入口通道。由于浔峰岗在市政规划居住用地中，主要客流来自车站东面的居住区及来自西南面的公交客流，所以车站站厅公共区在车站的东北面和西南面各设置了一个出入口，与周边道路连接在一起，有利于人流的疏散和吸引。增设小站厅连接市政过街天桥，出站客流可直接通过天桥到达居住小区或过街。

（四）立面设计

本高架车站立面构想是强调车站建筑轻巧、明快、简约的风格，力求在建筑造型上与周围自然景观相协调。建筑以铝锰镁板材屋面，配以玻璃块面及大百叶的设计，削弱了大体量建筑对道路、景观的压迫感，同时结合山型的屋面造型设计，通过虚实对比，以及对景观色彩的摄取，使建筑物融入自然景观中(图 9-6)。功能上顺应站台弧度展开，确保乘客免受不良天气影响。满足自然通风，遮阳避雨、卫生防灾、抗震减噪的要求。

图 9-6　鸟瞰图

第三节　工程特点与技术创新

一、工程特点

（一）站厅

为方便行人进出，地面站厅东南侧被划分为收费区，四周被行人通道包围，站厅收费区设有多组专用电梯(升降机)、扶手电梯以及楼梯供乘客前往月台。

本站公共洗手间位于地面站厅非付费区处。

商店及自助服务方面，浔峰岗站设有民生银行自动柜员机以及羊城通充值机。

本站设有一个岛式月台和一个侧式月台，位于金沙洲路东侧上空。目前仅使用侧式的2号月台以及岛式月台靠近上行线的1号月台；岛式月台另一侧的3号月台目前作为备用月台，用于存放备用列车，于高峰期开出疏导客流。

本站站前设有一条单渡线；站后亦设有数条单渡线，呈“八”字形布置。现时列车主要使用站后渡线进行折返。站后渡线后方的正线则直接通往浔峰岗停车场，作为出入段线。

值得一提的是，本站站前单渡线及站后折返线岔区由于线路限界的原因，接触轨有几个断口。因此该处上空亦架设有柔性接触网，在列车所有受电靴都处于接触轨断口无法取得电力时，能够通过降靴升弓从接触网取电，从而自行恢复动力。

（二）出入口

浔峰岗站现时设有3个出入口，其中A、B出入口设于地面站厅，C出口设在2号月台北侧，并直接连接地上一层的行人过街天桥。行人过街天桥位于金沙洲路的东西两侧，均设有楼梯以及升降机连接地面行人道。

由于本站C出入口只能出站而不能进站，因此车站方面在出口扶梯处设有告示牌，提醒乘客不能由此处进站。

二、设计技术创新

浔峰岗站设计本着“安全、实用、经济、高效”的原则，遵循以人为本，技术创新的设计理念，经多方面研究和论证，在设计中采用了一系列的新技术和创新，主要有以下几方面。

（1）全国首个“一岛一侧”的高架车站。车站为起点站，岛式站台主要为上车客流，侧式站台为下车客流，流线清晰，互不交叉。

六号线二期线路延长萝岗后，客流将会大量增加，9m宽的岛式站台及8.3m宽的侧式站台，适应远期客流的增长。

（2）全国首个在三层高的站台上直接出站的车站。站台加设出站闸机及票亭，车站增设小站厅连接市政过街天桥，出站客流可直接通过天桥到达居住小区或过街，体现轨道交通“以人为本”的设计理念。

乘客不需经过楼梯、电动扶梯或电梯到达首层站厅，通过闸机出站，再上天桥过对面马路，进行换乘或到达小区。因此，能节省车站内的出站时间，极大地提高了通勤效率。

(3) 车站设两座人行过街天桥，均采用钢结构桁架桥式，在钢结构天桥中具有较高的经济性，在广州市天桥设计中属首例。

车站西南侧跨金沙洲路天桥桁架跨度 40.7m，高 3.3m，宽 4.7m，每平米用钢量 200kg。钢材比原来的钢箱梁结构天桥省了 1/2。

(4) 车站采用桥建分离，轨道梁及其下部结构与车站主体结构分离，车站主体结构为普通框架结构。为后续车站乃至全国此类工程提供范例和参考。

(5) 公共区普通照明全采用绿色环保 LED 照明，LED 照明具有体积小、节能、寿命长、高亮度环保等特点，在广州轨道交通是首次全面地、大规模地在线路开通时即采用 LED 照明，为今后轨道交通照明设计提供成功范例。

(6) 风机就地控制箱采用远程智能型，将传统的风机至就地控制箱的控制电缆改为通信总线，减少环控电控室出线数量，并能方便监控到每个风机就地控制箱的通信状态，提高了环控智能低压系统的智能化程度，在广州轨道交通是首次。

(7) 变电所采用温控风机，根据室内温度控制风机的启停。车站大小系统空调采用变制冷剂流量系统，运营控制方便，有效节约电量。站台层采用自然通风，乘务员房间采用分体空调，节省了空调能耗。

(8) 站内设置公共厕所。

(9) 人性化、环境保护要求高，车站两端的轨道旁均设置声屏障，对环境敏感点采取减震、降噪措施。

(10) 车站进行节能设计。墙体采用蒸压加气混凝土小砌块，公共区采用中空 Low-E 玻璃(6 中透光 Low-E+12 空气+6 透明玻璃)，出入口加设空气幕，有效防止空调外泄。设计建筑全年能耗远小于参照建筑全年能耗，本车站完全满足节能要求。

浔峰岗站设备系统功能在既有地铁线路水平的基础上适当提高，满足运营的方便、快捷、舒适、安全。机电设备系统充分考虑分期投入及系统的完整性。子系统和单项设备的选用保证整个系统的先进性，并尽可能选用成熟可靠的国产设备。

图 9-7　建设效果图

第四节　经济、社会和环境效益

一、地铁工程的效益分析

（一）地铁工程经济效益

1. 地铁工程经济效益的发展现状

轨道交通作为一种绿色交通方式，具有环保、准时、快捷、安全、运量大的特点。它是世界主要发达国家城市公共交通系统的主体。自 1863 年第一条伦敦地铁建成以来，城市轨道交通系统逐渐成为特大城市客运的主体，对中长期出行需求具有显著的适应性。同时，它在缓解城市交通拥堵、引导城市空间发展格局、促进城市综合客运系统网络形态发展、避免地面道路交通能力枯竭等方面发挥着重要作用。随着中心城市空间布局的多样化和城市规模的扩大，城市轨道交通规划建设发展迅速。城市轨道交通已成为中国大中型城市建设的重点，如北京、上海、广州、深圳、南京、重庆、成都、杭州、郑州、合肥、大连、长沙等。目前，一些大中城市的轨道交通建设已进入快速发展时期。近五年来，经国务院发改委批准的城市轨道交通项目总长度已达 1700km，投资 6000 多亿元，几乎相当于三峡工程。

2. 城市轨道交通经济效益特征分析

城市交通是综合交通系统的重要组成部分，是城市社会经济系统的一个子系统。城市轨道交通系统的规划和建设是根据城市出行结构、城市交通基础设施投资比例、国家宏观交通发展战略和城市国民经济能力综合确定的，因此城市轨道交通系统产生的大部分效益属于其他部分。城市轨道交通系统作为一种准公共产品，其系统属性不仅表现为承担居民出行的交通运输，还具有社会系统赋予的社会经济效益属性，包括经济效益和社会效益。一般而言，城市轨道交通系统的属性既包括交通功能属性，也包括社会经济效益属性，后者主要表现为经济效益和社会效益。城市轨道交通市场的驱动力是什么？有专家统计分析，轨道交通每投资 1 亿元，就能带动相关产业发展 2 亿~2.6 亿元。

（1）资产权益放大，提升保值增值空间。物质文明的发展使人们对出行环境和服务水平提出了更高的要求，日益增长的客流倾向于选择准时、高效、安全的城市轨道交通。从长远来看，轨道交通票务收入将呈现增长趋势。随着地铁的建设，沿线的居住条件优势和商业经济发展基础将随着时间的推移逐步显现。此外，城市轨道交通隧道的使用寿命可达 100 年，一次性投资将获得长期的商业回报。因此，城市轨道交通资产增值潜力巨大。

（2）强大的现金吸收能力。地铁投资建设是资金密集型、技术密集型产业，投资大、技术复杂、建设周期长、资金沉淀期长。“产品”只有在项目投入使用后才能生产。因此，投入和产出在短期内无法平衡。然而，城市轨道交通项目使用寿命长，影响范围广，长期稳定，现金吸收能力持续增长，民间资本的进入可以在时间和空间上得到政府的保障，因此采用多元化的市场融资方式是非常现实的。以香港为例，香港地铁业务基本上采用“只租不卖”的模式，香港开发商对招商和运营管理拥有绝对统一的管理权。

（3）产业集群效应与资源整合效应。地铁频率高，承载能力大。地铁运载大量乘客，客观上凝聚了巨大的消费需求。地铁“城市网络+郊区辐射”的总体结构模式使城市区域内的商业点从点到面、从线到线相互连接，地铁运送的人流也凝聚了资金流、人流和价值流。通过对这些需求的有效分析和整合，通过大规模、集约化的系统开发，实现品牌化、专业化和连锁化管理，最大限度地激活地铁商圈，提升范围经济，挖掘轨道交通所附带的商机。在保证运营安全的前提下，通过发展广告、沿线物业、常规零售、票务等，增加地铁项目的衍生收益。充分利用地铁商业区的现代营销手段，挖掘沿线的房地产、地下空间、广告等资源，进一步实现地下商业网络覆盖和地面商业空间的有效延伸和扩展。

3. 地铁经济效益发展分析

地铁经济资源以客流为基础，通过充分挖掘和精细利用，商业资源的开发可以成为地铁企业市场化发展的重要支柱。商业资源主要包括土地资源、贸易资源、广告资源、传播资源等。

商业资源主要是指充分利用地铁站周围的剩余空间，通过独立经营或租赁将剩余面积转给企业盈利的资源形式。它不仅可以充分利用空间，还可以为乘客提供更多的便利。地铁乘客往往生活在快节奏中，更加注重时间的价值，因此地铁业务的发展可以充分满足他们的便利需求。主要类别为车站大厅内分散的商铺、自助设施、车站银行、地下空间商业步行街和站房商业。在实际运营过程中，立足地铁网络运营安全，借助市场经济，力求“品牌定位、服务精细化、连锁化、投资整合、网络管理”，努力实现企业形象、服务便捷化、经济效益提升的总体目标，实现社会经济效益的长期稳定。

广告资源主要是指通过地铁沿线、车站和车厢内的广告为地铁运营提供收入的形式。由于地铁站属于城市交通换乘枢纽，是人们的集散地，通过地铁站、配送大厅等空间进行广告投放，由于广告数量大，容易受到广告主的青睐。同时，地铁广告也提高了车站地下空间的审美效果。通过对车站内部广告、车站外部广告等优势媒体资源的整合和统筹，进一步提升媒体资源的管理价值；积极推广地铁文化，搭建运营与乘客互动平台，提升社会影响力，强化地铁文化服务功能。

（二）地铁建设的社会效益

1. 增加社会就业

地铁建造需要大量的劳动力，建造过程中消耗大量物资而这些物资又需要工人来生产，另外地铁运行之后需要大量从业人员。有研究表明，每投资 1 亿元的地铁项目，带动相关行业提供就业岗位 4000 个以上。

2. 促进区域经济发展

成熟化的城市，往往在已有的中心区发展潜力有限，需要不断地扩充其影响范围，形成多个卫星城，而地铁途径的区域往往会迅速升值，成为新的城市中心，从而对整个区域的发展起到巨大的促进作用。

3. 解决居民住房问题

地铁修到城市外缘甚至是卫星城市对于缓解城市房价上涨和住房困难是很有帮助的，

一部分希望在城市中心置业而经济收入较低的消费者可以选在地铁所到的郊区甚至是卫星城市去置业。这样低收入者即能以较低的成本解决住房问题又能够不受交通限制享受城市中心的便捷和生活条件。随着部分希望在城市中心买房消费者分流到了城市外围，市区房价将会更理性的回调，大城市病也将会

更得到缓解。地铁不仅能解决出行难的问题，而且能解决中低收入家庭的住房难的问题，同时也创造一个新的卫星城市。

4. 节约能源

就能源消耗来说，地铁是最佳大众交通运输工具。由于地铁行车速度稳定，大量节省通勤时间，使民众乐于搭乘，也取代了许多开车所消耗的能源。有资料表明，汽车每年约消耗我国汽油总产量的85%，柴油总产量的20%，据国务院发展研究中心产业部预测，到2010年和2020年，机动车的燃油需求分别为1.38亿t和2.56亿t，为当年全国石油总需求的43%和57%，也就是说，到那时汽车将要“吃”掉一半左右的自产和进口石油。采用不同的交通方式，每百公里的能源消耗差异巨大。美国环保协会的研究表明，如果以汽车的能耗为10L汽油的话，地铁折合为0.5L。汽车的人均百公里能耗是地铁的20倍。由此可见，在能源日益紧缺、能源产品炙手可热的今天，发展城市地铁交通无疑是降低我国能源消耗的一项有效措施。根据住建部城市交通工程技术中心的测算，如果采用汽车出行的人有1%转乘轨道交通，仅此一项全国每年可节省燃油8000万L，价值4.8亿元人民币。

5. 降低环境污染

地铁被称为“绿色交通”，使用环保的电能，具有低能耗、低污染等特点。它在能源消耗、人均排放以及人均噪声污染等方面是各种交通方式中最低的。地铁一旦建成，繁忙的地面交通状况可以得到大大改善，使地面机动车数量大为减少，从而减轻机动车尾气排放以及噪声对环境的污染，减轻城市交通污染造成的城市生态环境恶化的程度、改善城市居民生活环境。

6. 改善城市交通拥挤

地铁具有快捷、安全、准时、大容量等特点，能够及时疏解大量密集人群。在交通拥挤单靠道路建设已无法解决的情况下，要满足城市交通发展需要，必须构建以快速、大运量的地铁交通为骨干，中小运量公交为辅助的多层次现代化公共交通体系才能适应居民日益增长的出行需求。规划中的广州地铁线路基本上实现了覆盖市区所有交通枢纽并联结市郊交通，再配以公共汽车为主体的区域公共交通，将提高道路通过能力，能以更快的速度疏散人流及车流，从而解决广州各个交通拥挤的点与点以及面与面之间的交通问题。地铁与公交一起形成立体化的公共交通体系，打破环状放射形的路网布局，实现综合交通网络结构的优化，最终达到改善城市交通的目的。

二、浔峰岗地铁站的效益分析

广州市轨道交通六号线工程浔峰岗站，是金沙洲对外连通的重要的交通枢纽。广州市中心的发展向周边的辐射将是未来广州扩张的趋势。金沙洲位于广州西部，处于广佛的交界，数万的广佛人在这里生活，包括万科、保利、恒大等大开发商也早已进驻这里。但此前金沙洲的生活配套和交通配套一直为人所诟。广州地铁六号线横穿金沙洲，浔峰岗站给

金沙洲板块的交通和城区发展带来质的飞跃。

（一）经济效益

1. 拉动国内生产总值

广州市轨道交通六号线成为广州第三条东西轨道大动脉。六号线的建设大力配合了国家和地方政府以基础建设投资拉动国内经济增长的政策，为广州市经济快速健康发展作出了积极贡献。六号线大规模的建设，拉动起广州市的GDP。浔峰岗站作为六号线的起点站，起着重要的作用。

2. 促使金沙洲的土地和房产升值

根据香港楼市的经验，地铁沿线楼盘的价格会比同类非沿线楼盘高出20%~30%，这是因为地铁沿线物业的保有量及可建设量有限、地铁沿线楼盘的交通方便、地铁上盖物业具有更好的保值性能和升值潜力。随着地铁的开通，浔峰岗地铁站是金沙洲对外连通的重要的交通枢纽，对周边的楼盘商业开发和办公均起到推动的作用。原车站设计时，周边还是空地，目前国内比较大的开发商，如越秀城建、保利、万科、丽运等均在车站附近进行大规模的开发，并且华侨中学金沙洲校区也落户地铁站附近。如浔峰岗地铁站附近楼盘新房均价已至18000元/m^2，而2004年时金沙洲楼盘均价仅为3300元/m^2，由此可见，其升值巨大。

3. 节约乘客时间

住建部、国家环境保护总局《改善中国城市交通与环境问题的建议书》指出，我国城市交通与环境问题(包括时间资源浪费)已经相当严重。交通拥挤已使城市机动车行驶速度急剧下降，并直接导致公共交通服务水平下降，客流减少。不合理的交通结构产生巨大的时间成本。

广州市轨道交通六号线工程建立了金沙洲与旧城中心区、东部新城区的快速联系，建立了广州市旧城中心区东西向的又一条交通大通道，六号线东延至罗岗，进一步完善了广州市的东西向交通走廊。金沙洲人可通过六号线连接到商业中心的北京路、风景优美的东山湖公园等。

乘客出行选择地铁比选择地面公交所节省的时间，为另一方面的节约时间，乘客可利用该段时间为社会所创造的价值为节约时间效益。

（二）社会效益

1. 促进“广佛同城化”

浔峰岗站处于广佛交界处，可为“广佛同城化”提速。2009年1月8日，《珠江三角洲地区改革发展规划纲要(2008—2020)》明确，分属不同行政区划的广州和佛山两个城市将按照一个城市来规划和发展，以交通先行加快广佛同城化步伐。2009年3月19日，时任广州市市长张广宁、时任佛山市市长陈云贤签署《广州市佛山市同城化建设合作协议》及两市城市规划、交通基础设施、产业协作、环境保护等4个对接协议，标志着广佛同城正式启动。

六号线浔峰岗站的开通，是市民从广佛同城中能实实在在感受到的好处。六号线浔峰岗站对“广佛同城化”的发展起到推动作用。

2. 改善金沙洲的交通条件

金沙洲地区公共配套设施咨询监督委员会(简称咨监委)2013 年 7 月在官方微博上晒出“成绩单”。咨监委将公众意见和建议(22 条)以及市建委的反馈，通过官方微博向广大洲民征询意见。在众多意见中，交通问题依然是洲民最关心的。地铁 6 号线开通前，金沙洲对外交通主要依靠金沙洲大桥，通过北环高速和西环高速也能通往东部或南部，但上述两个环城高速在金沙洲段没有出入口。

浔峰岗站是两市市民愿意化身“候鸟”，往返于双城之间的推动力。六号线的开通，解决一大群广佛候鸟的上下班问题。轨道交通建设是为广佛居民搭建的“黄金线”，他们的生活水平也随之大大“提速”。

(三) 环境效益

1. 节约能源，节省运营成本，确保整体运营效益

浔峰岗站在节能方面尽力做好，按照绿色建筑的标准来严格要求。土建采用加气混凝土砌块，站台采用自然通风，自然排烟。采用绿色环保 LED 照明、节能扶梯、变制冷剂流量系统等系列措施。

设计在过程中贯彻“产品全寿命周期成本”的设备选型原则，经过多年来广州地铁的实践，本工程设备的可靠性大大提高，维修量及运营管理人员也明显减少，降低了运营的成本。节约能源的效益主要体现在轨道交通每个乘客的每公里能耗比汽车低。

2. 减少污染、减少噪声与振动

交通运输产生的大气污染物颗粒物、NO_x(氮氧化合物)、CO(一氧化碳)和 C_nH_m(表示由碳、氢两种元素组成的化合物，可以是烷烃、烯烃、炔烃中的一种)会造成大气质量下降，由此影响人类的生活与生产活动，并产生多种社会经济后果。排入大气中碳氢化合物和氮氧化物，在太阳光的照射下，起光化学反应生成氧化剂，产生光化学烟雾。此外，汽车尾气中的碳氢化合物在燃烧不完全的情况下，还会产生少量的多环芳烃类致癌物质，影响人类的健康。CO 是有毒气体，对人和动物都有较大的毒害作用。矿石燃料(如汽油、柴油)燃烧时产生大量的 CO_2，可形成城市的热岛效应。使用汽车作交通运输工具，除了产生大气污染外，还造成了噪声的污染。地铁运行时，其噪声一般为 62~76dB(A)，噪声与振动会对居民产生一定的影响，但在采取声屏障和减振道床后，可以减少噪声的干扰及振动的产生。但是，公共汽车的噪声较高，一般达到 82~86dB(A)，在加速时尤为显著。本工程采用与广州地铁已运营多年的四、五号线相同的系统制式，实践证明多年运营效果良好，因此本工程对降低城市噪声的污染有较大的贡献。

综上所述，广州轨道交通六号线工程浔峰岗站的建成开通，无疑会降低城市的大气污染和噪声污染，为实现环境的可持续发展作出贡献。

3. 节约土地资源

当前国内城市的公共交通结构比较单一，基本上依靠地面交通，城市道路增长速度难以适应快速增长的国民经济对城市车辆的需求。

轨道交通的强大吞吐能力，可为不胜重负的公路交通分忧解难，公路的运能可以更多用于货物运输，而让客运分流到更快捷安全的轨道交通。

三、总体评价结论

广州市轨道交通六号线工程浔峰岗站，是金沙洲对外连通的重要的交通枢纽。本工程产生了显著的社会效益，它拉动国内生产总值，促使金沙洲的土地和房产升值；促进“广佛同城化”；加强了金沙洲与广州市城区的联系，改善金沙洲的交通条件，解决广佛候鸟的上下班问题。

节约能源，节省运营成本，确保整体运营效益，减少污染，减少事故，节约乘客时间，节约土地资源，以及改善交通等，取得了显著的社会经济效益。

第十章

有轨电车设计创新实践——以广州海珠环线试验段为例

第一节　有轨电车概述

新型有轨电车是在传统的有轨电车基础上发展起来的快速交通系统，经过100多年的发展，有轨电车系统已经发展得比较完善，具有环境友好，噪声低；路权选择多样；线路适应性强，转弯灵活；编组灵活等特点。与公共汽车相比，运量大，速度快，污染小，舒适安全，使用寿命更长。与地铁相比，工程投资省，建设速度快，运营费用低，维修方便。但目前存在着技术标准高低不一，建设水平参差不齐等问题。随着有轨电车的逐步推广和专业技术的迅速发展，对有轨电车项目的设计和建设等方面的要求不断提高。

海珠新型有轨电车试验段工程(以下简称海珠试验段)长约7.7km，共设置11座车站，停车场一处。其中，万胜围站与已建地铁四、八号线接驳；广州塔站与已建地铁三号线、APM接驳。采用100%低地板储能式有轨电车车辆。列车最高运行速度70km/h，是国内目前客流最大的有轨电车线路。

海珠试验段采用电力为主要动力，使用超级电容储能技术作为能量介质，满足低碳、环保、绿色、亲民的生态要求，其造价低、无污染、乘坐舒适、建设周期较短，是安全、环保的“绿色”交通系统。

第二节　建筑设计技术方案

一、车站建筑设计技术方案

海珠环岛新型有轨电车系统试验段起始于万胜围站，终止于广州塔站，基本沿新港东路、阅江路布设，线路全长7.7m，共设置10座车站，全部为地面车站，全部为侧式站台车站。根据全线客流预测，并结合突发客流情况和其他因素考虑，侧式站台宽度设计为3.00m，全部为开放式车站形式，根据行车组织和列车模块组合形式，车站按初、近期客流预测设计，有效站台长度为 40m，但是建设时预留远期有效站台长度为 60.00m 的实施条件。

海珠环岛新型有轨电车试验段工程设置 11 个地面车站，有 2 个车站与规划和既有地铁线网换乘。其中万胜围站与既有运营地铁线网 8 号线及 4 号线换乘，广州塔与 3 号线、APM 线换乘。

根据新型有轨电车的系统特点和功能要求，车站由站台和设备站两大功能要素组成，考虑海珠环岛新型有轨电车试验段工程全线几乎沿海珠区阅江路敷设，沿线景观优美、环境丰富、城市风景宜人，从景观、功能、环境、地质等要素角度考虑，为减少车站体量，使车站更通透、灵巧和灵动，将车站站台和充电站分开设置，并对设备站外立面进行一定的装修景观设计，同时为了美化环境、营造人与绿化、江边休闲空间的和谐统一，车站范围均考虑一定的绿化景观设计。

详细内容如下：

（1）车站的景观设计。车站基本沿江边绿化带、休闲主题公园和城市景观重要控制区设置，所以在试验段车站设计之初，将车站定位为景观为主的景观小品，以适应江边休闲空间和城市景观重要控制区及主题公园。

（2）车站的造型控制。车站位于珠江江边绿化带，比邻琶洲区域，覆盖中轴线广州塔，是城市景观较好的地区，作为城市天际线的一部分，故对车站造型有严格的控制条件。

（3）车站的文化定位。试验段车站与国际化大都市广州的中轴线相交，临近珠江新城 CBD 中心。线路沿珠江江边设置，地面公共交通系统是城市精神文明和传统历史文化的一面窗口，因此车站设计需要反映出岭南文化。

（4）车站的交通功能。有轨电车作为一种公共交通形式，故其车站必然具有交通性功能，要求其简洁、明了、可识别性强，具有快速疏散大量乘客的功能。同时要处理好乘客的流线组织避免进出站客流、接驳换乘客流和过街、市政步行等客流的交叉干扰。

（5）车站与周边地块的处理。试验段线路沿道路路侧进行设置，大多车站均需设置在道路一侧，这就需要与线路经由的地块紧密联系，合理解决车站功能与地块功能，保证客流的顺畅性。同时在车站所在的一定地块内，车站考虑与周边地块合建形式，以更好地与周边地块进行联系。

（6）车站与市政设置的要求。作为交通性质的有轨电车车站，需要与市政其他设施进行衔接，如公交站、步行系统、江边休闲系统、绿道系统、地铁系统等，就需要做好无障碍设计工作，必须与周边所有系统进行无障碍衔接，不能影响其他系统，其他系统也不得影响有轨电车车站功能。

二、停车场建筑设计技术方案

传统的有轨电车停车场定义均是一个封闭的工业厂房建筑，属于工业建筑范畴，但本次试验段的停车场定义为岭南园林式建筑，在本质上已突破传统停车场概念，将其性质已升华为一个可持续发展的环境要素。在车场与环境充分融合的前提下进行工艺创新。将传统的工艺输入新的发展理念。

第三节　建筑设计原则

一、一般规定

（1）总体布局符合广州市城市规划、城市交通规划、环境保护、文物保护和城市景观的要求，妥善处理好与地面建筑、地面绿化景观、地面道路、地下管线、地下构筑物及施工时交通组织等之间的关系，尽量减少房屋拆迁、管线迁移和施工时对地面建筑物、绿化景观、地面交通及市民的影响。

（2）建筑设计与周围的城市道路、交通设施、建筑的规划积极配合，合理布置车站的位置，最大限度地吸引客流，有条件时应尽可能考虑与市政地下过街通道、人行天桥和周边建筑合建。

（3）接驳换乘车站应根据线网规划、线路敷设方式及建设时序，结合客流特征选择便捷合理的接驳换乘方式，处理好与其他公共交通衔接。

（4）以功能为主，体量应小，造型应简洁明快、美观大方、易于识别，充分体现交通建筑的特点，满足南方气候的遮风、防飘雨及防排水的要求，并与周边环境相统一协调。

（5）车站规模应按预测的初、近期高峰小时设计客流量的大小、车站所处位置的重要性，及该地区远期发展规划等因素综合考虑确定，且设计时预留好远期高峰小时设计客流量的增加条件。

（6）建筑设计宜结合所在地块的用地性质，综合地块规划整体考虑。

（7）建筑设计考虑无障碍设计，并应与市政无障碍设施连接。

（8）车站的站型采用标准化设计。

二、设计原则

（一）总平面

总体布局应根据线路条件、道路红线宽度、地面交通状况、周边环境及城市景观和园林绿化等因素确定，站位可采取路侧或路中，车站可采用多种形式。

基于车站设置在地面的空间组成，车站不应跨越十字路口设置。

车站总平面控制标高应按广州城建高程系统设计。

（二）平面

（1）车站空间由车站公共区、设备空间和轨行区组成。车站公共区指乘客使用的空间，包括候车站台、售票空间及其他乘客接触的空间等；设备空间指设备占有的空间等；轨行区指站内列车行驶的空间。

（2）车站各部分空间，应尽量标准化设计，并分区明确，合理组合，满足相应要求。

（3）车站各部位设计尺寸应能满足功能的需要，并满足限界的要求。

（4）车站的规模应相互协调平衡，并满足高峰小时客流的通行能力。另需组织好上下车及进出站的客流，避免交叉干扰。

(5) 原则上有效站台应位于线路直线段，特殊情况下采用曲线站台时，应满足限界要求。

(6) 车站设备的布置和空间关系应采用标准设计，既要紧凑合理、方便管理，又要满足功能。

(三) 接驳换乘车站

有轨电车的车站需充分考虑与既有地铁车站、公交车、共享单车的接驳。

(四) 车站主要服务设施

车站服务设施是指车站内为乘客服务的多种设备的统称，主要包括售票设施、无障碍设施、导向、时钟等车站运营设施。

(1) 售票。售票机的布置应方便、合理，不应影响站台等候的乘客，且要在其前方预留一定空间供乘客排队使用。

(2) 无障碍设施。各车站内和车站广场均应设置无障碍设施，并满足《无障碍设计规范》(GB50763—2012)的规定。由于选用100%低地板有轨电车，车站的站台至市政公共空间的地面的高差均采用无障碍坡道形式，坡道坡度不大于1/12，宽度符合使用要求。不考虑再设置台阶进出车站。新型有轨电车的每列车辆均应设置无障碍车厢。车站内的各种无障碍设施均有专门标志和指示牌，力求为所有乘客提供同质同量的高水平服务。车站无障碍各类设施的构造设计，应满足无障碍通行和使用安全要求。

(五) 造型、装修及导向设计

(1) 设计整体遵循安全、适应、经济、美观的原则，并能充分体现方便、舒适、快捷的交通建筑特点及岭南建筑特色和地域文化内涵及人文底蕴。

(2) 景观造型设计应与本线所在区域环境背景和文化背景相协调，充分考虑地域性和人文性，符合城市环境特征并满足乘客的心理文化需求。

(3) 车站设计体现交通建筑特色，选材经久耐用，同时遮风挡雨。

(4) 装修设计应根据线路所经区域的环境和历史背景、营运特征、不同的车站型式，采用统一的艺术构思手法，建立明快的导向系统，既满足功能需求又保证乘客等候搭乘的舒适感。

(5) 进出车站应结合地面规划和构筑物的具体情况，可以单独设置与市政人行道和江边步行系统相接，也可与市政天桥或地下通道、甚至是周边建筑物合建，单独设置时，其形式既要具有统一的标示性和识别性，又要与周边环境相融合，尽量简洁、明快。

(7) 导向系统及广告系统可参考现有的《广州地铁导向标识系统导则》的规定和格式，并结合本线的特点和装修概念设计来体现本线的特色，与整个车站装修设计相互协调并形成统一的整体。

(8) 广告灯箱的设置原则：根据每个车站的具体情况，适当利用墙面，以不影响车站导向牌的布置及乘客视线为前提条件，采用经济、美观、节能的材料，布置适量的广告灯箱。装修前要预留位置，预埋角码、电源管线，避开龙骨，并覆盖装饰面，尽量减少对车站装修效果的影响。

（9）在不影响乘客行走路线的前提下，在公共区应安装公用电话，其数量按具体情况而定。

（10）每个车站应在吊顶下口设适量的时钟（可与旅客信息显示器统一考虑），以方便乘客掌握时间。

（11）每个车站应设适量的 PIDS 屏（与旅客信息、时钟显示器合并考虑）。

（12）以上各种设备不能互相遮挡，且应满足安装与维护的要求。

（13）建筑材料的选择与组合应根据其特点、功能进行设计。

（14）装修材料应耐久、防火（不燃）、防潮、防腐、无毒、无异味、防滑、防静电吸尘，放射性符合国际标准，易清洁卫生，便于施工维护，并具有足够强度、硬度。车站所采用的固定措施和装修构造均应保证安全、合理、牢固、耐久、便于施工、便于维修，并具有抗震、抗相应风荷载和抗列车振动的能力。

（六）节能设计

应执行国家及广东省《公共建筑节能设计标准》（GB 50189—2015 及 DGJ32/J 96—2010），应符合其中对夏热冬暖地区公共建筑节能设计标准的相关规定。

施工图阶段应按照《广东省民用建筑工程施工图设计文件（节能专篇）编制深度规定》（2009 年版）进行节能专篇的编制。

第四节　具体设计方案

车站均为地面站台车站，有效站台范围根据列车模块组成和行车组织设计为 40.00m 长，但预留远期 60.0m 长的实施条件，根据客流预测和客流情况，侧式站台宽度设计为 3.00m 宽，岛式站台宽度设计为 5.00m，在有效站台范围内，除了布置必要的安全门、结构柱、广告牌、候车座椅以及其他公共设施外，几乎不布置设备用房和其他设备。在有效站台范围两端预留一定的缓冲空间后，设置进出车站的检票闸机，在非付费空间设置一定的设备用房和管理人员房间。非付费区预留一定的空间后，设置进出车站的斑马线进行过轨。

全部车站均为路侧侧式站台车站。由于海珠区阅江路已建成并通车，且在会展期车流量极大，试验段工程线路选择在靠近江边一侧的路侧进行敷设。琶洲塔站受站后区间水泵房控制，线路也沿规划路路侧敷设。根据客流组织、线路布设、市政人行、车行及绿道系统综合考虑，车站设计成侧式站台形式。

一、万胜围站

万胜围站（图 10-1）位于新港东路，沿新港路东西向路中设置，为路中车站，有轨电车试验段第一个车站。其中新港东路规划红线宽约 80m，为城市主干道。车站与现状运营的地铁 4、8 号线进行换乘。

图 10-1　万胜围站

车站设置在道路中间现有绿化带内，需要解决进出站客流和道路交通组织问题。站位现状有运营的地铁 4、8 号线换乘站——万胜围站，本站实施需要考虑换乘问题。施工时尽量减少对道路交通和运营地铁线路的影响，尽量减少与地铁、公交的接驳距离。

二、会展中心站

会展中心站(图 10-2)位于阅江中路与会展中路交叉路口处，车站沿阅江中路东西向路侧江边设置，为一个侧式站台车站。车站周边地块规划为江边公共绿化用地、文化娱乐用地和商业金融用地(图 10-3)。

图 10-2　会展中心站照片

图 10-3　会展中心站周边环境

车站位置在会展时期两条路的交通流量极大，车站实施时应避免对其道路交通的影响。站位位于江边绿化带内，对江边景观产生影响，车站应在设计风格、体量、造型设计与环境相融合。

三、猎德大桥站

车站为一侧式站台车站，猎德大桥站(图 10-4、图 10-5)位于猎德大桥与阅江西路交叉路口处，车站前后线路均沿阅江路方向路侧江边绿化带内敷设，并在靠近道路江边一侧设置站位。

图 10-4　猎德大桥站照片

图 10-5　猎德大桥站周边环境

车站选取半圆型的圆拱作为设计元素，凸显车站位置的同时，又与江边的围栏和对岸的景观相互映衬，设计简洁，功能完善，造型优美，现代感强。猎德大桥站总平面图如图 10-6所示。

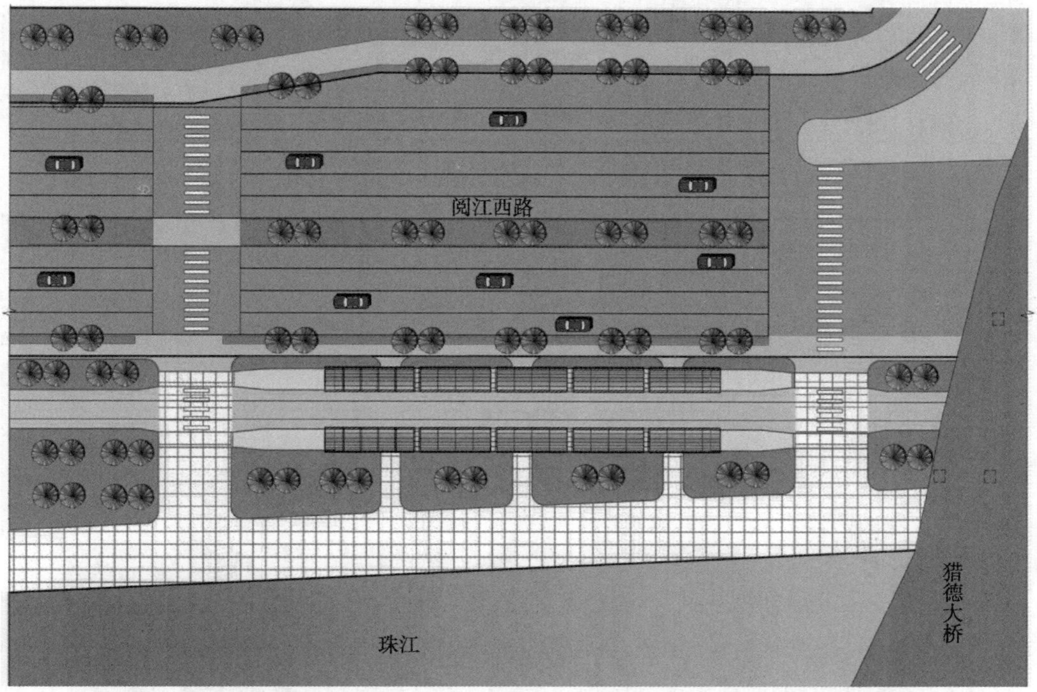

图 10-6　猎德大桥站总平面图

四、琶醍站

琶醍站(原啤酒博物馆站)位于阅江西路磨碟沙隧道上方珠江啤酒酒吧街处，车站沿磨碟沙隧道方向东西向江边设置，为试验段工程内一个与现状周边物业进行结合的侧式站台车站。现状阅江西路规划红线宽约 60m，为城市主干道，磨碟沙隧道宽为 20m。车站站位周边为酒吧，休闲文化氛围浓厚。车站站位现状受磨碟沙隧道限制，设计时需充分考虑线路和车站实施时对磨碟沙隧道的影响。

啤酒博物馆站位置特殊，现状景观优美，且休闲娱乐文化气息浓厚，新型有轨电车的实施建设，必会对现状景观造成影响。本站设计主题为“隐”，把车站设置在原有水泵房上方。车站建成后，不影响现有使用功能，与周边的休闲设施和谐共存。

五、广州塔东站

广州塔东站(原艺苑东路站，图 10-7 和图 10-8)位于阅江西路与艺苑东路交叉口东侧的珠江帝景处，车站沿阅江西路东西向路侧江边设置，为一个侧式站台车站。此处交通车流量很大，需要解决进出站客流和施工时避免道路拥堵问题。

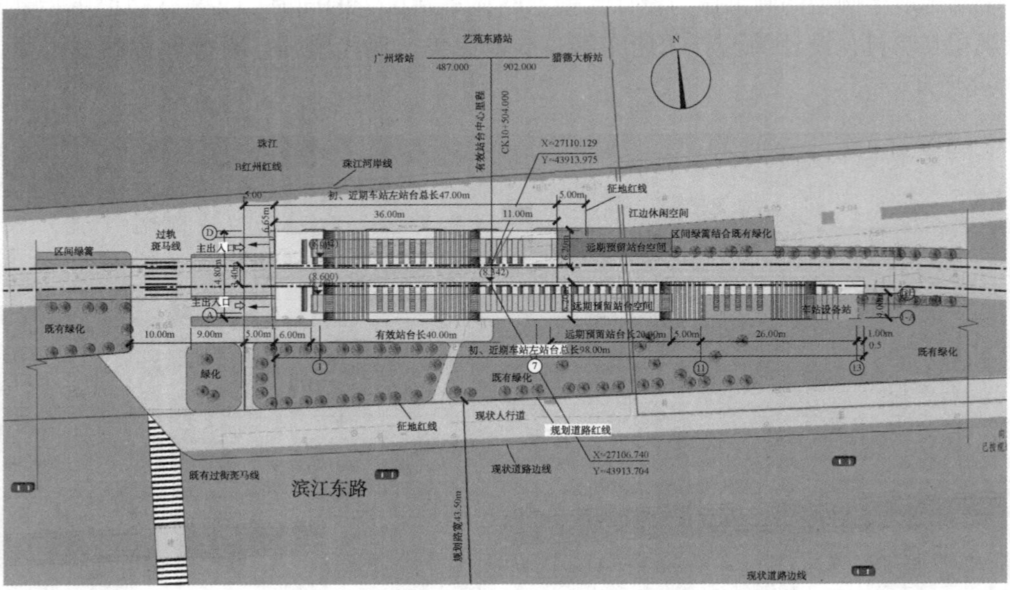

图 10-7　广州塔东站（原艺苑东路站）总平面图

图 10-8　广州塔东站（原艺苑东路站）

六、广州塔站

广州塔站（图 10-9、图 10-10）为试验段工程最后一个车站，位于滨江东路与艺苑路交叉路口处，车站沿滨江东路东西向路侧珠江边设置，根据客流情况将车站设计为侧式站台车站。其中滨江东路规划红线宽 40m，为城市主干道，艺苑路规划红线宽 30m，均为城市次干道。车站与现状运营的地铁 3 号线、APM 线赤岗塔站进行换乘。站位位于广州的标志性建筑——广州塔脚下，附近又有广州多栋标志性建筑（广州塔、广东博物馆、广州歌剧院等），所以车站设计需与其相呼应，对造型提出很高的要求。

据新型有轨电车特点，在地面层设置站台层，根据列车模块组成及行车组织要求，车站有效站台长度近期为 40. 0m，预留远期 60. 0m 长的实施条件，另根据新型有轨电车列车载荷人数及客流预测情况，侧式站台宽度设计为 3. 0m。在有效站台范围内，除设置必要的柱子和候车座椅外，几乎不设置其他设备。

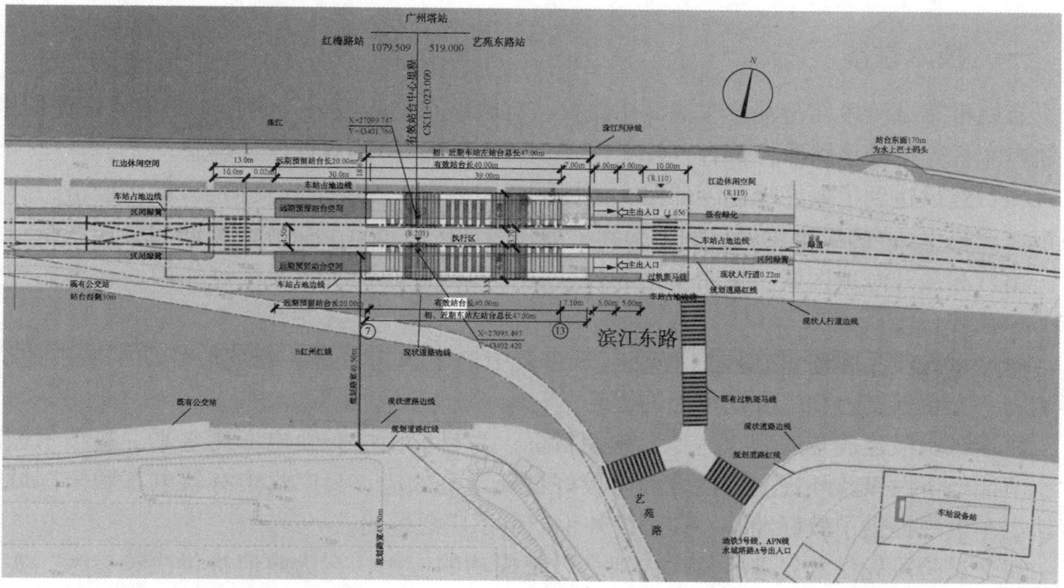

图 10-9　广州塔站总平面图

图 10-10　施工中的广州塔站

七、小结

试验段工程 10 个车站，均为侧式站台车站。车站均沿阅江路和滨江东路江边路侧靠江边设置。另有万胜围站、会展中心站、啤酒博物馆站和广州塔四个车站，车站雨棚为一种形式，其余 7 个车站，车站雨棚为另一种形式，包括琶洲塔站、水博苑站、会展东站、会展西站、华南大桥、猎德大桥、艺苑东路站。本节选了几个有代表性的车站进行说明，其余车站就不再一一阐述。

第五节　技术创新

一、技术性能

有轨电车试验段在与社会车辆共用路权，有轨电车试验段采用了相应的信号优先原则，有轨电车优先行驶该路段，符合“公交优先、大运量优先”的规划设计理念。

项目建设达到了发展绿色、环保、便捷的新型公交系统要求，贯彻了“低碳经济、智慧城市、幸福生活”的城市发展目标，起到了加强海珠区城市重要服务设施间的交通联系，为市民出行和提升海珠区城区文明水平和现代化交通服务起到了重要推进作用，具有先行先试的示范性。

海珠试验段品牌建设在国内有轨电车建设中处于领先水平，有效地带动了城市地位、影响力、文化软实力和综合竞争力的提升。

海珠试验段建成开通后，达到了预期目标，为目前国内有轨电车高水平，在技术创新性、节能经济性以及环境友好性方面有较好创新示范效应，为广州市有轨电车和全国城市有轨电车发展提供了较好经验，在海内外也产生了广泛影响。

海珠试验段凭借其先进的技术、理念以及成功的应用，在为政府提供决策参考，实现资源共享、节约建设投资、降低未来运营成本等方面取得了预期的效果；为行业规划、设计、施工、监理与科研发展提供最新实例参考与试验条件，综合社会、经济、环境效益明显，具有国际领先水平及较高的推广应用价值。

海珠新型有轨电车试验段是海珠生态城和国际会展区域地区的公交骨干线，满足城市综合交通规划、轨道交通规划与海珠区重点区域发展的功能需要，增强了海珠区沿江走廊公共交通覆盖，对支持重点发展地区建设、构建一体化公共交通系统、提升公交服务水平、推进绿色环保交通建设有重大意义。

海珠试验段于 2013 年 11 月份正式开工建设，2014 年 12 月 31 日开通运营。在技术创新性、节能经济性以及环境友好性方面有较好创新示范效应。

该工程的设计本着“安全、实用、经济、高效”的原则，遵循“以人为本，技术创新”的设计理念，经多方研究和论证，总结出下述成果：

（1）采用了无架空接触网技术、超级电容随电随充、车身 100%低地板技术。

（2）有轨电车试验段选用钢轮钢轨制式的有轨电车系统，制式选择合理；首次在国内采用车载储能式 100%低地板多模块组合铰接式车辆，具有创新性；供电、通信、信号、售检票、排水等设备系统设计符合有轨电车工程的特点，满足运营的要求。

（3）在与社会车辆共用路权方面，有轨电车试验段采用了相应的信号优先原则，有轨电车优先行驶该路段，符合“公交优先、大运量优先”的规划设计理念。

二、技术创新性

1. 轨道

国内轨道交通工程中首次采用了槽型钢轨胶接绝缘接头夹板，为实现跨区间无缝线路疏通了一个关键环节；国内首次采用了国产钢轨护套（阻尼材料）；是国内最先实现超小曲线半径（最小曲线半径70m）无缝线路的轨道交通工程之一；是国内首个将计轴器磁头安装于槽型钢轨工作边的有轨电车线路，提高了信号计轴设备的精确性。国内现代有轨电车工程首次采用预应力混凝土长枕式整体道床，适合广州地区软土路基地段，铺设精度高，施工方便、快速，后期病害少。

2. 建筑

本项目是国内第一条停车场建在公园内的有轨电车线路。车场建设成为具有岭南特色的开放式花园厂房。

3. 路基

首次采用了倒梯形窄路肩路基断面，同时路基表层设置刚性垫层及半刚性水稳层过渡至土基，以适应有轨电车快速施工及管线布设的特点，节约投资，节省施工工期，有利于后续轨道顺利施工。

三、技术成熟程度

关于有轨电车相关专业技术方案、施工组织等论证成果，均在海珠新型有轨电车试验段工程中得到成功应用，技术成熟可靠，可以推广应用。国内外同类技术的对比分析：海珠区环岛新型有轨电车采用电力为主要动力，使用超级电容储能技术作为能量介质，是目前最为先进的“绿色”交通系统。海珠区新型有轨电车试验段的建设对我国各城市群区域轨道交通规划、建设及营运将起到较好的示范作用，将对广州当下及未来，乃至国内外城市发展带来深远的影响和重要的意义。

海珠试验段凭借其先进的技术、理念以及成功的应用，在海内外产生了广泛影响，该系统制式在行业内迅速得到推广，淮安已采用相同系统，在2015年底建成通车；武汉、宁波等城市已开始建设，深圳、贵州、云南、美国洛杉矶、刚果布拉柴维尔、玻利维亚哥查班巴等地也有采用该制式有轨电车的意向，本工程的示范推广作用逐渐展现出来。

结　语

随着我国经济的迅速发展，生活水平的不断提高，城市轨道交通伴随着我国社会进入快速发展阶段，不同类型的轨道交通也进入了并行发展时期，呈现出多元化发展趋势，开始注重轨道交通与城市环境的协调发展。

地铁的技术要求很严格，但是由于地铁的发展比较晚，所以对于地铁建设工程的设计，还不能做到科学的、经济的发展。为了快速的、科学的发展地铁的经济，我们从设计方面、施工质量、工程建设管理、技术应用等方面综合评估，建立完善的地铁建设体制，做到保障安全。

在不断提升自己专业知识的同时，分析探讨地铁现状，从设计结构方面，提升整体要求。做好准备工作，共同走向新的地铁发展高潮。地铁的发展也在推动经济的发展，起着相辅相成的作用。

参 考 文 献

[1] F. Brian Talbot. Resource-Constrained Project Scheduling with Time-Resource Tradeoffs: The Nonpreemptive Case[J]. Management Science. 1982, 28(10). 1197-1210.

[2] J. Basbagill, F. Flager, M. Lepech. Application of life-cycle assessment to early stage building design for reduced embodied environmental impacts[J]. Building and environment. 2013, 60(Feb.). 81~92.

[3] Stephen S. Altus, Ilan M. Kroo, Peter J. Gage. A genetic algorithm for scheduling and decomposition of multidisciplinary design problems[J]. Journal of mechanical design. 1996, 118(4).

[4] Tyson R. Browning, Mike Danilovic. Managing complex product development projects with design structure matrices and domain mapping matrices[J]. International Journal of Project Management. 2007, 25(3).

[5] 蔡炜歆. 城市轨道交通项目设计管理[J]. 地下工程与隧道, 2011(02), 49-50+53+57.

[6] 陈钢. 广州市轨道交通六号线工程设计管理研究[D]. 2011.

[7] 陈小波. "BIM& 云"管理体系安全研究[J]. 建筑经济. 2013, (7), 93-96.

[8] 董碧满. 政府投资公共建筑项目的设计管理研究[D]. 2017.

[9] 董勇. 城市轨道交通设计管理模式分析[J]. 低碳世界. 2018, (4), 281-282.

[10] 郭俊礼, 滕佳颖, 吴贤国, 等. 基于 BIM 的 IPD 建设项目协同管理方法研究[J]. 施工技术. 2012, (22), 75-79.

[11] 胡章喜. 城市轨道交通设计管理模式的探讨[J]. 城市轨道交通研究. 2010, (9), 8-11.

[12] 黄丽丽. 探讨如何有效管理大型建设项目设计界面[J]. 建筑知识(学术刊). 2014, (0), 149, 154.

[13] 金雅婷. 浅谈我国本科阶段设计管理教学的现状与问题[J]. 科技资讯. 2011, (33), 155-156.

[14] 李冬梅. 房地产项目业主方的设计管理研究[D]. 2014.

[15] 李瑞林. 城市综合体项目设计特点和设计管理重点探讨[J]. 工业建筑. 2013, (0S1), 41-44.

[16] 马丽. 浅谈对工程设计中项目管理的沟通与协调的分析[J]. 商品与质量: 房地产研究. 2014, (2), 262.

[17] 倪士浩. 地铁防淹门系统的方案比选和设计[J]. 铁道标准设计. 2008, (11), 118-122.

[18] 倪士浩. 基于功能拓展的常州地铁 2 号线车辆基地的设计[J]. 工程建设与设计, 2021, (09), 52-54.

[19] 秦建设. 轨道交通工程设计管理思考与研究[J]. 浙江建筑. 2017, (5). 62-65, 69.

[20] 秦旋, 张泳. 建设项目异地协同管理研究[J]. 武汉理工大学学报(信息与管理工程版). 2007, (2), 92-95, 107.

[21] 屈伟萍. 我国建设工程项目设计管理优化研究[D]. 2009.

[22] 孙亮. 界面管理在大型建设项目业主方设计管理中的应用[D]. 2010.

[23] 汤漩. BIM 技术在我国城市轨道交通项目设计管理的应用[J]. 施工技术. 2018, (0s1).

[24] 滕佳颖, 吴贤国, 翟海周, 等. 基于 BIM 和多方合同的 IPD 协同管理框架[J]. 土木工程与管理学报. 2013, (2), 80-84.

[25] 王健. BIM 设计的多种管理模式探究[D]. 2018.

[26] 王威威. 基于 BIM 的建筑工程施工质量协同管理研究[D]. 2018.

[27] 王晓晨. 基于 BIM 的地铁土建施工进度管理应用研究[D]. 2018.

[28] 王欣. 大型公建建筑设计管理的研究[D]. 2014.

[29] 杨辉宇, 冯涛, 樊金海. 工程项目计划阶段的协调管理研究[J]. 建筑经济. 2009, (0S2). 72-73.

[30] 杨先艺. 设计策划与管理研究[D]. 2005.

[31] 姚远. BIM 协同设计的现状[J]. 四川建材. 2011, (1), 193-194.

[32] 尹小华．基于序参量原理的食品质量链协同水平研究[D]. 2014.
[33] 于瑞海．大型建设项目的设计管理研究[D]. 2012.
[34] 云朋，吴海斌．BIM 与建筑的生态节能分析与设计[J]．时代建筑．2013，(2)，44-47.
[35] 张庆宇．量化评价在建筑工程设计质量管理中的应用研究[D]. 2013.
[36] 赵彬，牛博生，王友群．建筑业中精益建造与 BIM 技术的交互应用研究[J]．工程管理学报．2011，(5)，482-486.
[37] 赵彬，王友群，牛博生．基于 BIM 的 4D 虚拟建造技术在工程项目进度管理中的应用[J]．建筑经济．2011，(9)，93-95.
[38] 郑飞熊．轨道交通设计总体总包管理系统的设计[J]．铁路计算机应用．2018，(2)，56-60.
[39] 周慧敏．轨道交通设计总包管理工作浅谈[J]．建材与装饰．2018，(30)，279.
[40] 周恺运．轨道交通精细化设计管理体系探讨[J]．交通世界(中旬刊). 2018，(6)，33-34.